新编21世纪高等职业教育精品教材

智慧财经系列

大数据税务风险防控

主　编　郝万丽　朱红云

副主编　丁春玲　张　晶

　　　　徐　静　李济含

中国人民大学出版社

· 北京 ·

图书在版编目（CIP）数据

大数据税务风险防控 / 郝万丽，朱红云主编．-- 北京：中国人民大学出版社，2024.1

新编 21 世纪高等职业教育精品教材．智慧财经系列

ISBN 978-7-300-32000-7

Ⅰ．①大… Ⅱ．①郝… ②朱… Ⅲ．①税收管理－风险管理－高等职业教育－教材 Ⅳ．① F810.423

中国国家版本馆 CIP 数据核字（2023）第 143232 号

新编 21 世纪高等职业教育精品教材・智慧财经系列

大数据税务风险防控

主　编　郝万丽　朱红云

副主编　丁春玲　张　晶　徐　静　李济含

Dashuju Shuiwu Fengxian Fangkong

出版发行	中国人民大学出版社		
社　　址	北京中关村大街 31 号	邮政编码	100080
电　　话	010－62511242（总编室）		010－62511770（质管部）
	010－82501766（邮购部）		010－62514148（门市部）
	010－62515195（发行公司）		010－62515275（盗版举报）
网　　址	http://www.crup.com.cn		
经　　销	新华书店		
印　　刷	中煤（北京）印务有限公司		
开　　本	787 mm × 1092 mm　1/16	版　　次	2024 年 1 月第 1 版
印　　张	16.25	印　　次	2024 年 1 月第 1 次印刷
字　　数	368 000	定　　价	48.00 元

前言

PREFACE

当前，大数据、人工智能技术日趋完善，金税四期的监控维度和范围日益扩展，全国各地区、各部门的专家学者都在倾注大量的精力进行金税四期环境下企业涉税风险防控的研究，企业也已经身处“数据说话、信息管税”的窗口期，迫切需要借助数字信息技术的东风强化自身税务管理和风险防控能力。事实上，已经有大批企业意识到了这一点，正在逐步加强大数据管税和风险防控体系建设，但也有一部分企业尚未起步，还处于业务信息和财务信息分而治之，没有构建自身税务风险防控体系的尴尬局面。

在这种情况下，本书的写作和出版恰逢其时，可以为研究者提供税务风险防控体系构建和利用大数据进行涉税信息管理与风险控制的思路，也可以为企业提供可落地的实用风险防控技巧。

本书以习近平新时代中国特色社会主义思想为指导，贯彻落实党的二十大精神，对接新的职业标准和产业需求，充分体现新知识、新技能、新技术和新职教要求，致力于打造集思政元素、专业素材、最新技术于一体的高水平数字化教材。具体来说，本书有以下三大特色：

1. 任务平台化。与市面上同类图书相比，本书最大的特色是配套 Python 平台实操展示，提供手把手实操指引，解决了市面上税务风险管理类图书有知识讲解和分析但无技能实操展示及演练环境的问题，有助于提升使用者的实操技能。

2. 体例模块化。全书将大数据税务风险防控拆分成既密切相关又自成一体的四大模块，以“环境准备—风险认知—模型构建—大数据采集、加工与可视化”的逻辑展开，以任务为先导，详细介绍了完成任务所需知识点和技能点，并详细展示任务的实施过程，可读性和便利性极强。

3. 形式灵活化。本书采用“活页式”编排，案例和练习资源丰富，所有 Excel 表格数据可通过登录人大社官网下载，便于使用者将知识点、技能点与实际操作对应起来，充分实现做中学；全书语言通俗、图文并茂、讲练结合，并以视频、案例资源等多媒体形式辅助学习者理解，适于各层次人群学习使用。

郝万丽负责本书前言、项目一、项目三任务一、项目四任务一和任务三、项目五，以及全书“素养园地”的编写，并进行统稿；李济含负责项目二的编写；张晶负责项目四任务一和任务二的编写；丁春玲负责项目三任务二、项目四任务三的编写；朱红云负责项目三任务三、项目四任务三的编写；徐静负责项目三任务四、项目四任务三的编写。本书在编写过程中得到了百望股份有限公司在技术和数据方面的大力支持和帮助，在此由衷表示感谢。

本书案例数据取用量仅以说明大数据处理原理为限，由于时间仓促，书中疏漏之处在所难免，恳请读者批评指正。

编者

目录

CONTENTS

01

项目一

大数据入门

知识目标

1. 了解大数据的概念、特征及结构。
2. 了解大数据的现实应用场景。
3. 掌握 Python 的基本语法。

能力目标

1. 能够完成 Python 的基本安装。
2. 能够完成 Python 基础环境的搭建。
3. 能够进行简单 Python 程序的编写。

素养目标

1. 提升大数据意识，强化大数据思维。
2. 强化学科融合和创新意识。
3. 提高动手能力，培养脚踏实地的作风。

任务一 认知大数据

任务描述

大数据时代扑面而来，你是否感到无从入手、总是浅尝辄止？你是否想全面了解大数据的“前世今生”？大数据被认为是“未来的新石油”，在社会生产、流通、分配、消费活动以及经济运行机制等方面发挥着重要的作用。作为未来的财务工作者，你是否想过让大数据技术助你一臂之力，使你在未来的工作中更加游刃有余？本任务将从大数据的概念、特征及结构，大数据的社会影响和财税应用，常用的大数据处理语言等几个方面对大数据进行一个全面的介绍，为接下来的大数据风险防控学习打下坚实的基础。

任务情境

在某超市，某知名矿泉水品牌的矿泉水堆头静静地摆放在一个角落。该品牌的业务员每天例行公事地来到这个摆放点，拍摄 10 张照片：水怎么摆放、位置有什么变化、堆头高度如何……这样的摆放点每个业务员一天要跑 15 个，下班之前，150 张照片就被传回了公司总部。这乍看起来似乎并不是一个大数字。但该矿泉水品牌在全国有 10 000 个业务员，每个业务员每天产生的数据量约为 10M，所有业务员每天的数据就是 100G 左右，每月大约有 3T。当这些图片长年累月如雪片般飞入该品牌的机房时，就筑起了一座数据的“金山”。

任务清单

1. 请结合大数据的特征分析该矿泉水品牌累积的数据能不能称得上是大数据。
2. 如果上述数据是大数据，请分析这些数据属于哪一类别的大数据。
3. 请分析这些数据会给品牌的生产经营以及整个饮用水生产行业带来的影响。

任务准备

一、大数据的概念、特征及结构

（一）大数据的概念

在信息化社会里，每时每刻都在产生大量的数据。这些数据可能是一个企业的财务电子表格、产品价格信息、客户目录、新产品设计蓝图，也可能是一个人的微信聊天记录、电商网站购物信息、视频软件观看记录等，连我们日常行走的每一步都可以通过手机软件自动记录下来形成数据。但这些只能称为数据，还不是大数据。那么，什么是大数据呢？

大数据（Big Data）是诸如上述各类数据的集合，从一般意义上讲，大数据是指无法在有限的时间内用常规软件工具对其进行获取、存储、管理和处理的巨量数据集合。

最早提出“大数据”这一概念的是全球知名咨询公司麦肯锡（McKinsey & Company），它对大数据的定义是：一种规模大到在获取、存储、管理、分析方面严重超出了传统数据库软件工具能力范围的数据集合，具有海量的数据规模、快速的数据流转、多样的数据类型以及价值密度低四大特征[①]。高德纳咨询公司（Gartner Group）对大数据的定义是：需要新处理模式才能具有更强的决策力、洞察发现力和流转优化能力来适应海量、高增长率和多样化的信息资产。

从技术角度来看，大数据的战略意义不在于掌握与获取它，而在于对这些有意义的数据进行专业化处理，换言之，如果把大数据比作一种产业，那么这种产业盈利的关键就在于提高对数据的“加工能力”，通过“加工”实现数据的“增值”。在数字时代，以云计算、物联网、区块链、人工智能等为代表的技术创新使这些原本看起来很难收集和使用的数据的开发和应用成为可能并逐步成为现实，随着各行各业的不断创新，将来大数据会为人类创造更多的价值。

（二）大数据的特征

一般认为，大数据具有“4V”特征，如图 1－1 所示。

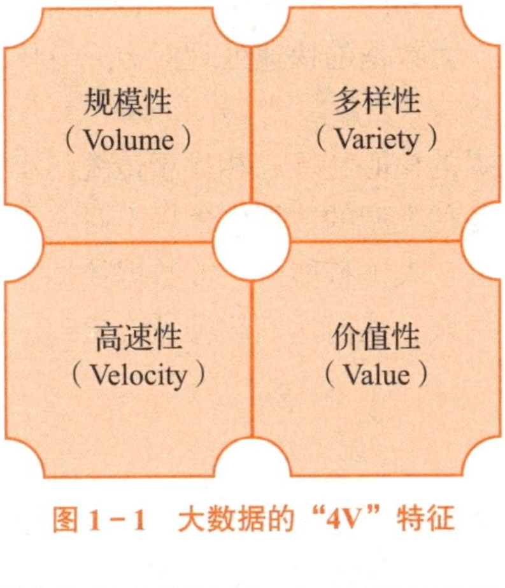

图 1－1　大数据的“4V”特征

规模性（Volume）是指随着技术的发展，数据的存储单位从 GB 发展到了 TB，甚至达到了 PB、EB 和 ZB。例如，一个中型城市的视频监控信息一天就能达到几十 TB 的数据量；某导航网站首页每天需要提供的数据为 1 ～ 5PB，如果将这些数据打印出来，会超过 5 000 亿张 A4 纸。存储单位及其换算关系如表 1－1 所示。

---

① 麦肯锡 . 大数据：下一个创新、竞争和生产力的前沿 . 2011.

表 1－1 存储单位及其换算关系

存储单位	换算关系
Byte	1Byte = 1 024bit
KB	1KB = 1 024Byte
MB	1MB = 1 024KB
GB	1GB = 1 024MB
TB	1TB = 1 024GB
PB	1PB = 1 024TB
EB	1EB = 1 024PB
ZB	1ZB = 1 024EB

多样性（Variety）是指随着传感器、智能设备、社交网络、物联网、移动计算、在线广告等新渠道和新技术的不断涌现，数据来源越来越广泛，不仅有传统的格式化数据，还有来自互联网的网络日志、点击流数据、搜索索引、社交媒体论坛数据等，数据形式越来越复杂多样，从文本到视频、音频、图片、地理位置、模拟信号等应有尽有，充分体现出大数据的多样性，也正是这样的多样性使我们利用数据创造更大的价值成为可能。

高速性（Velocity）是指数据的增长速度和处理速度快。与报纸、书信等传统数据载体的生产传播方式不同，在大数据时代，数据的交换和传播主要是通过互联网和云计算等方式实现的，其生产和传播数据的速度是非常快的。同时，大数据还要求处理数据的响应速度要快，例如，上亿条数据的分析必须在几秒内完成。数据的输入、处理与丢弃必须立刻见效，几乎无延迟。大数据的快速处理能力充分体现出它与传统数据处理技术的本质区别。

价值性（Value）是大数据的核心特征，相比于传统的小数据，大数据最大的价值在于人们可以从大量不相关的各种类型的数据中挖掘出对未来趋势与模式预测有价值的数据，还可以通过机器学习方法、人工智能方法或数据挖掘方法进行深度分析，发现新规律和新知识，并运用于各个领域，从而达到改善社会治理、提高生产效率、推进科学研究的目的。

（三）大数据的结构

从展现形式上来看，大数据可以分为结构化数据、非结构化数据和半结构化数据。

结构化数据是高度组织和整齐格式化的数据，也称为定量数据。这类数据严格遵循数据格式与长度规范，有固定的结构、属性划分和类型等信息。例如，班级人员信息表就是典型的结构化数据。表中每个人的信息占一行，包括年龄、性别、出生地等特征信息，每一列对应一个特征，每一个特征的取值范围和存储所需要的空间都有明确清晰的界定。结构化数据一般都是能够在二维表格中进行呈现的，如表 1－2 和表 1－3 所示。

表 1－2　结构化数据示例（一）

房间编号	卧室数量	······	价格（元）
1101	3		546
1102	3		546
1103	2		435
⋮	⋮		⋮
1407	1		237

表 1－3　结构化数据示例（二）

用户编号	用户年龄	······	使用次数
1	34		2
2	54		3
3	23		54
⋮	⋮		⋮
110	67		62

非结构化数据本质上是结构化数据之外的一切数据。它不符合任何预定义的模型，无法用固定结构或逻辑表达，可能是文本的，也可能是非文本的；可能是人为创造的，也可能是机器生成的。例如，用户在论坛、微博、微信或其他渠道发布的关于产品的各种投诉建议或评价就属于非结构化数据。所有格式的文本、图片、视频和音频等都属于非结构化数据，如图 1－2 所示。

图 1－2　非结构化数据示例

半结构化数据其实是非结构化数据的一种，它既具有一定的结构，又灵活多变。与普通纯文本、图片等相比，半结构化数据具有一定的结构性，但和具有严格格式与结构界定的结构化数据相比，其结构又不固定。电子邮件就是典型的半结构化数据，邮件正文和附件的内容是非结构化数据，但收、发件人邮箱地址又是结构化数据。处理这类数据可以通过信息抽取、转换等步骤，将其转化为结构化数据，或者根据数据的大小，采用非结构化数据存储方式。

经过上述分析，结构化数据和非结构化数据之间的差异逐渐变得清晰。两者最大的区别在于数据分析的便利性不同。对结构化数据的处理已具有成熟的分析工具，但用于挖掘非结构化数据的分析工具还处于萌芽和发展阶段。从当前大数据构成比例来看，非结构化数据要比结构化数据多得多，非结构化数据占到了数据总量的 80% 以上，并且以每年 55% ～ 65% 的速度增长。所以，未来对非结构化数据的处理将变得越来越重要，研究开发出合适的工具来分析这些海量数据将给企业发展和社会进步带来巨大的价值。

二、大数据的社会影响和财税应用

（一）大数据的社会影响

我国大数据行业发展突飞猛进，已经具备了产业应用的良好技术基础和根基。我国大数据产业发展现状如图 1－3 所示。

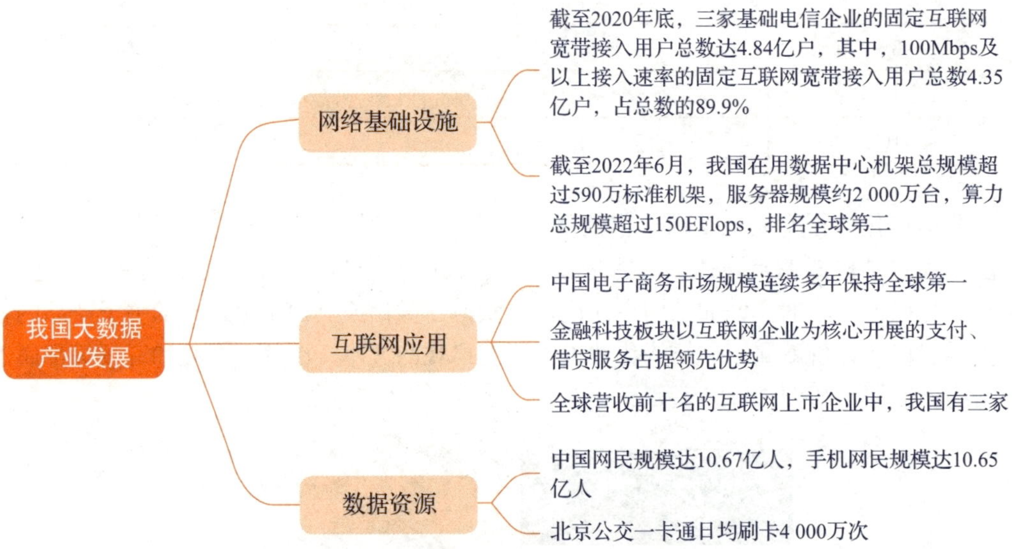

图 1－3　我国大数据产业发展现状

随着互联网和大数据技术的不断发展，数据信息化离我们的生活也越来越近，大数据技术在我们日常生活中的应用和作用越加明显，体现在衣、食、住、行的方方面面。

1. 衣

大数据对“衣”的影响，最典型的表现就是电商平台的应用。现在大多数人想买衣服时，首先想到的就是电商平台，这就造成线下实体门店销售额的比重越来越小，存在感越来越弱。我们在电商网站浏览页面寻找需要的衣物信息时，可以通过大数据模拟搭建的 24 小时智能客服随时咨询了解商品信息，我们的浏览信息也会被记录下来，以后浏览平台相关信息时，平台会根据之前累积的大数据信息来优先推荐相匹配的商品，从而达到精准匹配、刺激消费的目的。对于消费者来说，也可以更快地找到自己心仪的商品，提高效率。图 1－4 所示为某服饰鞋包电商网站的特卖模块，该模块里推荐的商品一般都是用户最近经常浏览的商品的近似品，这就是大数据的作用。

图 1-4　某服饰鞋包电商网站的特卖模块

2. 食

大数据对于食品类商品的影响和衣物类似，都体现在电商平台的应用上。和衣物类商品不同的是，食品的需求刚性更强，其在线下的需求量也是非常大的。因此，食品类商品的大数据应用还可以实现线下拓展。比如通过各个地域、人群的差异化分析，利用大数据分析出最适合企业产品的群体，然后针对他们精准投放营销广告，从而实现扩大销售的目的。

3. 住

大数据对我们的住所和居住条件的影响从房屋租售平台的成熟和使用可见一斑。在大数据被广泛应用之前，我们在寻找住所时获取的是一条条分散的信息，包括该住所处于什么位置、周围人口多少、环境如何等，我们需要在众多信息中寻求与妥协，找到最适合自己的那一个。但是，当越来越多的信息被统计和收纳在一个数据库中形成大数据时，我们只需按照自己对于区位、人口、环境的预期，输入坐标区间，即可得到满意的结果；房屋租售平台也可以通过大数据的精准分析获客来寻找客户，然后再精准投放租房信息。某智能房屋租售平台功能应用如图 1-5 所示。

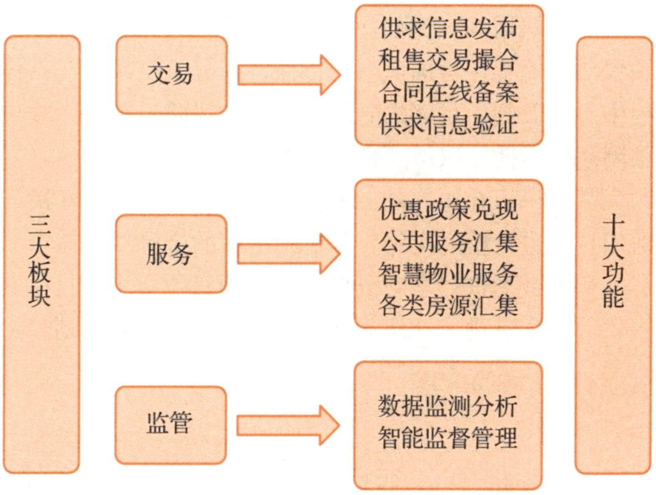

图 1-5　某智能房屋租售平台功能应用

4. 行

大数据对“行”的影响，最明显的表现就是 GPS 导航，如图 1－6 所示。导航地图利用大数据功能，提前采集各区域交通运行信息，用户只需设置好出发地和目的地，大数据便会迅速规划好路线并在行进过程中实时反馈交通状况进而优化路线。另外，利用大数据技术，结合高清监控视频及其他专业数据，再辅以智能研判，交通管理部门可以搭建起智慧道路管理平台。

图 1－6　家用车载 GPS 导航

除了对我们日常生活的影响外，大数据还可以通过影响企业生产、政府治理、舆情监测、商业创新、文化教育科研、医疗保健、休闲娱乐等方面，与每个人产生密切的联系。

比如，在政府治理领域，多地都在尝试建设“智慧城市”，通过大数据分析，政府部门可以感知社会的发展变化，把握市民需求，从而更加科学、精准、合理地为市民提供相应的公共服务以及资源配置。

在医疗领域，通过临床数据对比、实时统计分析、远程病人数据分析、就诊行为分析等，可以辅助医生进行临床决策，规范诊疗路径。大数据分析技术还可以用来监控疾病传播趋势，从而及时采取措施。例如 2009 年，甲型 H1N1 流感爆发的前几周，“谷歌流感趋势”就成功预测了流感在美国境内的传播，其分析结果甚至具体到了特定的州和地区，为美国疾控中心争取到了足够的时间防范这场风险；在新冠疫情期间，我国也使用这种技术辅助预测病毒传播，取得了良好的效果。

在金融领域，大数据可以在用户画像的基础上，根据用户的年龄、资产规模、理财偏好等辅助银行对用户群进行精准定位，分析出潜在的金融服务需求。

在教育领域，利用大数据进行学习分析，可以为每位学生创设一套量身定做的个性化课程，为学生提供一个富有挑战性而非令人逐渐厌倦的学习计划。

（二）大数据在财税领域的应用

1. 财务机器人

财务机器人并不是实体机器人，而是一款部署和安装在电脑中的软件和操作系统，它可以通过可视化操作界面模拟人工，帮助企业财务部门处理复杂的和重复性较高的工作，实现业务流程自动化，从而大大减少人力成本的投入，同时也大幅提高工作效率。

目前的财务机器人主要由三个部分组成：财务机器人的眼睛——光学字符识别（OCR）系统，财务机器人的双手——机器人流程自动化（RPA）系统，财务机器人的大脑——电子账务记账系统。这三个部分相互配合，完成数据自动采集和识别、智能收付款、智能数据核算和记账、结账等工作。据预测，未来高达 80% 的基础财务工作会由财务机器人来完成，从而实现解放生产力的目的，使财务人员从日常繁杂的事务性工作中解放出来，回归到服务业务经营决策的本职。

2. 涉税大数据管理

随着全球税务管理数字化的发展，传统的税务征管模式正在发生巨大变革，企业以往的税务管理模式已不能满足新型税务征管模式下实时数据管理、实时税务申报的要求，通过大数据、机器学习以及区块链等前沿技术的应用，实现复杂的合规申报管理、实时税务数据交互、各地区税务数据分享已然成为大势所趋。

涉税大数据管理一方面可以助力税务机关通过信息化手段实现税务数据收集和大数据分析，强化“智慧税务”建设，既精确打击“假企业”“假出口”“虚开票”等涉税违法犯罪行为，又实现对正常生产经营纳税人的“无风险不打扰”，有效维护公平公正的良好税收秩序，营造更加公平的营商环境；另一方面也可以助力企业通过信息化手段广泛实现对涉税数据的识别、归集和整理，利用涉税数据控制企业成本，提高企业管理智能化水平，使企业在重大战略上的决策更加科学化。

3. 纳税服务模式创新

大数据推动了纳税服务模式的创新。在大数据背景下，税务机关可以通过对海量的数据进行分析，精准挖掘纳税人动态需求，建设内容更加全面、功能更加强大、操作更加简单的多元化、个性化、开放式的纳税服务平台，为纳税人提供包括智能引导、智能监控、智能分析、智能预警等在内的系列智慧化服务，满足纳税人的个性化纳税服务需求，优化服务资源配置，拓展服务措施，赋予纳税服务新的生命力。

在大数据背景下，税务机关还可以通过网络学校、税务论坛、税务云等多种途径，整合分散的碎片化税务资源，通过语音、文字、视频、游戏等形式进行政策解读、税案解析、纳税辅导，为纳税人提供更加深入、更加广泛的纳税服务。

三、常用的大数据处理语言

大数据技术的本质是人通过操纵计算机完成大批量的数据处理，人与计算机的沟通和人与人的沟通一样，也需要语言这一桥梁，也就是我们通常所说的编程语言。在“AI+”时代，编程已不再是程序员、工程师的专属技能，而是一种应用广泛的工具和技巧，可以为工作助力，本质上跟 Word、PPT 没有太大的区别。

编程语言俗称计算机语言，是一种被标准化的交流技巧，用来向计算机发出指令。计算机的每一次动作、每一个操作步骤，都是按照用计算机语言编好的程序来执行的，而程序是计算机要执行的指令的集合，计算机通过执行人类设定的程序来完成特定任务，实现特定目的。大数据技术的应用都是通过计算机程序来完成的，因此要想熟练使用大数据技术，了解和掌握编程语言是必不可少的。目前，大数据处理领域常用的编程语言有如下几种。

（一）R 语言

R 语言由罗斯·伊哈卡（Ross Ihaka）和罗伯特·杰特曼（Robert Gentleman）在新西兰奥克兰大学创建。它的优点在于简单易上手，通过 R 语言，你可以从复杂的数据集中筛选出需要的数据、使用复杂的模型函数操作数据、建立井然有序的图表来呈现数据，这些都只需要几行程序代码就可以实现。作为统计界第一语言，R 语言在学术研究和调查工作中使用得比较多，并逐渐延伸到商业界。使用 R 语言不一定需要计算机背景，在统计、金融、经济、核电、环境、医疗、物流管理乃至人文学科，R 语言都有广阔的应用空间。

（二）Java

虽然 Java 没有和 R 语言与 Python 语言一样好的可视化功能，它也不是统计建模的最佳工具，但是 Java 在大数据开发方面还是有很大优势的，目前流行的大数据 Hadoop 框架、MapReduce 框架，很多部分都是用开源的 Java 语言编写的。

（三）Scala

Scala 是一种以 Java 为基础的语言，和 Java 很像，在进行大规模的机械学习或是建立高阶算法方面，Scala 的应用越来越广泛，它既善于呈现，又拥有建立可靠系统的能力。

（四）Python 语言

Python 语言以其快速处理复杂数据的能力以及更务实的功能等特质，迅速成为大数据处理编程语言的主流，它的生态系统近几年来不可思议地快速成长，已经被广泛应用于自动化办公、自动化运维、网站开发、网络爬虫、大数据分析、数据挖掘、科学计算、机器学习、深度学习、神经网络等各个领域。如今，Python 语言已经超越 C 语言和 Java，成为 TIOBE 编程语言排行榜上的冠军，如图 1－7 所示。

May 2023	May 2022	Change	Programming Language	Ratings	Change
1	1		Python	13.45%	+0.71%
2	2		C	13.35%	+1.76%
3	3		Java	12.22%	+1.22%
4	4		C++	11.96%	+3.13%
5	5		C#	7.43%	+1.04%
6	6		Visual Basic	3.84%	-2.02%
7	7		JavaScript	2.44%	+0.32%
8	10	˄	PHP	1.59%	+0.07%
9	9		SQL	1.48%	-0.39%
10	8	˅	Assembly language	1.20%	-0.72%

图 1－7　TIOBE 编程语言排行榜前十名

在众多的大数据编程语言中，Python 语言是最容易上手的，也是对非计算机专业人员最友好的，在接下来的大数据税务风控分析中，我们将主要介绍和使用这一语言。

任务实施

1. 请结合大数据的特征分析任务情境中的矿泉水品牌累积的数据能不能称得上是大数据。

（1）该品牌的数据符合大数据规模性的特征吗？

（2）该品牌的数据符合大数据多样性的特征吗？

（3）该品牌的数据符合大数据高速性的特征吗？

（4）该品牌的数据符合大数据价值性的特征吗？

你的结论是____

2. 对大数据的结构类型有了一定了解后，请结合所学辨别该品牌累积的数据属于哪一类别的大数据（在横线上勾选并阐述理由）。

结构化数据 ________非结构化数据 ________半结构化数据 ________

3. 请分析这些数据会给该品牌的生产经营以及社会的饮用水生产行业带来哪些影响，并用思维导图的方式展示出来。

任务实训

1. 在搜索引擎上搜一搜“大数据可以做什么”“大数据应用案例”等内容，探索大数据的更多用途，并说说发生在你周边的大数据应用案例。

2. 想一想在会计记账、税务申报的智慧化流程中，会涉及处理哪些数据，它们分别属于结构化数据、非结构化数据和半结构化数据中的哪一类。

通关测试

手机扫描右方二维码，完成大数据知识小测试。

素养园地

蓬勃发展的大数据产业

近年来，我国数字经济快速发展，数据规模呈爆发式增长态势。党中央、国务院对大数据产业给予了高度重视，不断出台国家层面的发展战略和规划措施，从顶层设计层面为大数据产业的发展指明了方向（见图 1-8），我国的大数据产业正在进入蓬勃发展的黄金期。

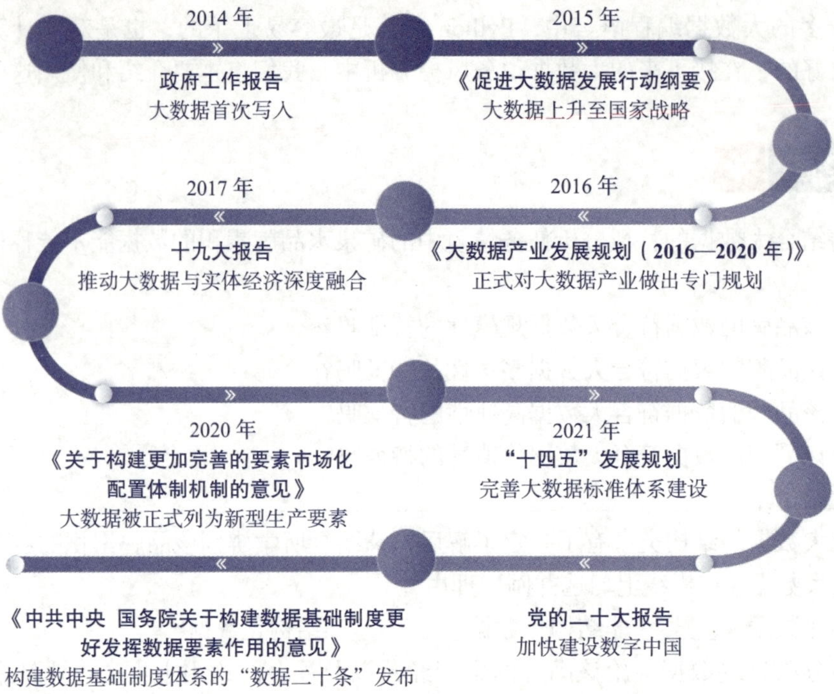

图 1－8　我国大数据产业顶层设计的发展脉络

任务二 准备 Python 环境

任务描述

“工欲善其事，必先利其器”。既然我们决定使用 Python 来完成接下来的学习和工作，那么首先要做的就是了解这个工具，并在我们的电脑中装好它，配置好相应的运行环境，掌握它的基本语法，就像学习一门外语需要掌握其基本语法的道理一样。

在本任务中，我们将在认识 Python、完成安装配置并学习其基本语法的基础上，对 Python 爬虫、数据分析、可视化等核心功能进行基本学习和训练。

任务情境

小 A 毕业后在一家超市工作，其主要工作内容就是制作各类数据统计表、台账、数据图表等，日报表、周报表、半年报表、年报表“表表不息”，另外还需要去各大电商网站收集不同商品的价格信息供超市定价参考。这个岗位之前的同事每天都要花3.5～4个小时使用数据透视图、vlookup以及各类函数制作表格，比如内含3 000多条数据的日报、10 000多条数据的周报以及更海量数据的年报。如果领导需要某类统计数据，那又会是一个庞大的系统工程，常常需要加班到半夜才能整理完毕。小A刚接手工作的时候，面对的就是一个高达200多兆的Excel文件汇总包，每次光打开电脑就需要20分钟，且数据格式还存在各种混乱情况。

一个偶然的机会，小A听说了Python在海量数据处理上的巨大优势，为解决手头的困境，小A打算好好学习一下这个工具。但学习之初就碰到了“一只拦路虎”，Python的安装远没有普通软件那么简单，还涉及环境配置等繁杂的工作。

任务清单

如果你是小A：

1. 请在电脑中完成Python安装。
2. 请在电脑中完成PyCharm运行环境准备。
3. 请在PyCharm中完成爬虫、数据分析、数据可视化的工具准备。
4. 请从头开始，完成简单的Python操作。

任务准备

一、Python的历史沿革和主要特点

（一）Python的历史沿革

Python语言起源于1989年末，创建者为当时荷兰国家数学与计算机科学研究中心（CWI）的研究员吉多·范罗苏姆（Guido van Rossum）。为创建新语言，吉多从高级数学语言ABC（All Basic Code）中汲取了大量语法，并从系统编程语言Modula-3中借鉴了错误处理机制。吉多希望这一新创建的语言能够具备功能全面、易学易用、可拓展的优点，现在来看，他做到了。Python在诞生和发展的过程中经历的重要时间节点如下：

（1）1989年12月，吉多开始编写Python语言编译器。

（2）1991年2月，第一个Python语言编译器（同时也是解释器）诞生，它建立在C语言的基础上，可以调用C语言的库函数，同时提供“列表”“字典”等核心数据类型，支持以模块为基础的扩展系统。

（3）1994年1月，Python 1.0正式发布。

（4）2000年10月16日，Python 2.0发布，增加了垃圾回收功能，并且支持统一码（Unicode）。与此同时，Python的整个开发过程更加透明，社区对开发进度的影响逐步

扩大，生态圈慢慢形成。

（5）2004 年 11 月 30 日，Python 2.4 发布，是 Python 2.× 的经典版本。

（6）2005 年，Python 中流行的开发框架 Django 发布。

（7）2008 年 10 月，Python 2.6 发布，随后又增加了许多兼容 Python 3 的语法，Python 2.6 和后来发布的 Python 2.7 成为 Python 2.× 的过渡版本。

（8）2008 年 12 月 3 日，Python 3.0 发布，此版本不兼容之前的 Python 代码，但很多新特性被移植到旧的 Python 版本中。

（9）2010 年 7 月 3 日，Python 2.7 发布。同年，Python 中流行的 Flask 框架发布，现已与 Django 共同成为 Python 语言中最受欢迎的两大 Web 框架。

（10）2014 年 4 月，吉多宣布 Python 2.7 的技术支持时间延长到 2020 年，且不会再有 Python 2.8。

（11）2016 年 12 月，Python 3.6 发布。

（12）2018 年 6 月 27 日，Python 3.7 发布。

（13）2019 年 10 月 14 日，Python 3.8 发布。

（14）2020 年 10 月 5 日，Python 3.9 发布。

（15）2021 年 10 月 4 日，Python 3.10 发布。

（16）2022 年 10 月 24 日，Python 3.11 发布。

（17）2023 年 10 月 6 日，Python 3.12 发布。

（二）Python 的主要特点

Python 之所以能够成为目前编程界和大数据应用领域知名度最高的语言，主要是因为它具备能够迅速推广与应用的先决条件和特点。

1. 简单

Python 是一种代表简单主义思想的语言，阅读一个良好的 Python 程序就像是在阅读简单的英文段落。Python 这种伪代码属性是其最大的优点，能够使用户专注于问题的解决而不是对语言本身的学习。

2. 易学

Python 的语法在所有语言中称得上是最简单的，完全不限定学习和使用者的年龄，有简单英语基础即可学习，并且与其他语言相比，Python 的代码量要小得多，特别适合初学者。

3. 免费、开源

Python 用户可以完全免费地自由获取和阅读 Python 源代码，对其做出复制、改动并应用于新的程序开发中。

4. 丰富的库

Python 拥有非常庞大的标准库和许多高质量的其他库，在很多情况下，我们不需要自己编写代码，直接调用已有库的功能模块就能够完成诸如发送电子邮件、生成文档、爬取数据、处理分析等多种功能，既缩短了学习时间，又降低了工作成本，还减少了工作量。

二、Python 编译环境与开发环境

Python 的运行需要编译环境和开发环境（Integrated Development Environment，IDE，也称集成开发环境）。编译环境就像盖房子时打的地基，只有地基稳固，房子才能在这个基础上顺利搭建起来；而开发环境是保证房主的需求更好地被工人了解并执行，从而使盖房子这项工作更有效率的一个重要工具。Python 安装完成后就完成了编译环境的搭建，同时 Python 软件包会自带一款开发环境（Integrated Development and Learning Environment，IDLE），市面上也存在一些需要单独安装的、方便使用的 Python IDE。对于这一点我们可以对照手机来理解，比如手机一般会自带视频播放软件，但大多数时候我们不会使用，而是会选择安装一些功能更丰富、使用更便捷的 App，IDLE 和可选择安装的 Python IDE 就是这样的关系。

PyCharm 是由 JetBrains（一家捷克的软件开发公司）打造的一款 Python IDE，它带有一整套可以帮助用户在使用 Python 语言时提高效率的工具。除一般 Python IDE 都有的调试、语法高亮、项目管理、代码跳转、智能提示、自动完成、单元测试、版本控制等之外，该 IDE 还提供了一些高级功能，如支持 Django 框架下的专业 Web 开发、支持 Google App Engine、支持 Iron Python，这些功能在先进代码分析程序的支持下，使 Python 成为适合专业开发人员和新手使用的有力工具。

三、Python 基本语法

学习任何一门编程语言都必须掌握其语法知识，Python 也不例外。本部分将介绍为完成后续大数据税务风控的学习和训练所必需的 Python 基础语法知识，包括格式框架、函数、变量、数据类型、运算符、数据转换和模块等。当然，学好一门编程语言仅仅如此是不够的，如果想要实现对 Python 的完全掌握，建议大家查找专门书籍深入学习。

重要提示：在 Python 中，所有的标点符号都必须是英文输入法状态下的符号。

（一）格式框架

1. 缩进

Python 最具特色的语法是使用缩进来表示代码块，用行首的空白（空格或制表符）来决定逻辑行的缩进层次，不同的代码块用缩进的不同距离来进行区分，同一代码块的语句必须有相同的缩进距离，缩进不一致会导致代码运行错误。

比如，图 1－9 所示的 Python 程序，橙色框区域是一个代码块，深蓝色框区域也是一个代码块。各个区域的代码，缩进的空格数量是相同的，橙色框部分缩进的空格是 0 个，深蓝色框部分缩进的空格是 4 个。如果缩进错误，如深蓝色部分未空格，运行会出现错误提示，如图 1－10 所示。

```
list=[1,2,3,4]
for i in list:
    print(i)
```

图 1－9　Python 程序

```
 File "D:/software/pycharm/anzhuang/venv/python学习.py", line 3
   print(i)
       ^
IndentationError: expected an indented block
```

图 1-10　缩进不正确的错误提示

2. 注释

在 Python 中，用“#”开头对语句进行注释，注释的快捷键是“Ctrl+/”，注释的目的是让阅读人员能够轻松读懂每一行代码的含义，同时也为后期代码维护提供便利，如图 1-11 所示。

```
# 开始学习 Python
print("Hello,World")# 打印“Hello,World”
```

图 1-11　对语句进行注释

当注释内容超过 1 行时，可以在每行开头都使用“#”形成多行注释，也可以使用 '''（连续 3 个英文半角单引号）或 """（连续 3 个英文半角双引号）将多行注释内容包括起来。

3. 保留字

保留字也称关键字，是由程序的设计者或维护者预先创建并保留使用的标识符，具有约定俗成的意义，在编写程序的时候不能定义与保留字相同的标识符。也就是说，保留字有特定的含义，不能再被命名为变量了。Python 3.x 版本一共有 35 个保留字，即 False、None、True、and、as、assert、async、await、break、class、continue、def、del、elif、else、except、finally、for、from、global、if、import、in、is、lambda、nonlocal、not、or、pass、raise、return、try、while、with、yield。这些保留字中只有 True、False、None 含有大写字母，其余保留字全为小写字母。由于 Python 区分大小写，因此在书写保留字的时候要注意大小写的区分，比如 in 和 IN 是不一样的，in 是保留字，表示“在……之中”，IN 不是保留字。

（二）函数

函数是 Python 中组织好的、可重复使用的、用来实现单一或相关联功能的代码段。函数能提高应用的模块性和代码的重复利用率。Python 提供了许多内嵌函数，用户也可以自己创建函数，也就是用户自定义函数。此处我们着重介绍最简单也是最常用的函数 print()。

print() 函数的功能是打印内容，即让计算机把用户给它的指令结果，也就是括号里的内容显示在屏幕上，括号中的内容可以是汉字、英文、数字，也可以是符号。它的用法主要有两种：不带引号，搭配单、双引号。当括号里的内容加引号时，代表的指令是要求计算机识别括号里的内容并打印结果。比如执行 print(1234) 时，计算机会识别括号里的数字并将其显示出来，但对于数字以外的其他内容，计算机是无法识别的，我们需要将内容加上引号，代表的指令是计算机不需要识别括号里的内容，原样显示即可，如执行 print(" 大数据分析 ") 时，计算机虽然不认识“大数据分析”这几个字，但可以直接将它们在屏幕上显示出来。在这里，使用单、双引号都能实现这一功能，没有区别。

调用函数的方法就是在程序语句中直接使用函数名，并在函数名之后的括号中传入参数，多个参数之间用半角逗号隔开。调用函数的基本语法格式如下：print(" 大数据分析 ")。其中，print 为函数名，“大数据分析”是参数。

（三）变量

所谓变量，就是可以改变的量。在 Python 中，存储一个数据，就需要定义一个变量，然后将数据值赋给变量，完成数据的存储工作。比如，number=1 就是命名了 number 这个变量，用来保存数据 1，通过在 number 与 1 之间加“ = ”完成赋值的过程，数值 1 就被赋给了变量 number 并存储在了 Python 中，1 这个数值称为变量值。我们可以把不同的数值赋给变量 number，后面的赋值会自动覆盖前面的赋值。比如，我们再进行一次赋值 number=2，那么新的 number 变量值就变为 2。之所以被称为变量，就是因为它保存的数据是可以随时改变的。

变量的值虽然是可以随时改变的，但我们在命名变量的时候，还是需要遵守一定的规则，否则命名可能无法被计算机识别，我们就无法达到目的了。具体来说，变量的命名规则如下：

（1）只能包含数字、字母和下划线，除了下划线以外，不能有其他任何特殊字符。

（2）不能以数字开头。比如“12Python”的命名就是不合法的。

（3）命名尽量能够描述所包含的数据内容，也就是尽量使用易理解、行业通用的变量名。比如，如果数据内容为数字，那么最好命名为 number；如果数据内容是姓名，那么最好命名为 name 或 xingming。尽量不要出现 aa、bbb、cc 这样的命名，否则我们在编写代码时可能就无法分辨冗杂的数据内容。

（4）命名对大小写敏感。比如 a=2 和 A=2 是命名了两个变量，并分别把数字 2 赋值给这两个变量。

（5）命名不能使用保留字。比如 if、while 就不能被用作变量名。

在对变量赋值时，除了上述将数值作为一个变量赋值的情况，还可以有其他的赋值方式。比如将表达式的运行结果赋值给变量：

```
成本 =100+20
str1=" 大数据税务风险分析的课程网址是 "+"www.dsjfxfx.com"
```

再比如同时为多变量赋值：

```
x, y=" 负债 "," 所有者权益 "
x, y, z=[" 负债 "," 所有者权益 "," 资产 "]
```

（四）数据类型

了解了变量之后，我们再详细了解一下 Python 中对变量进行赋值的数据类型，常用的数据类型有 7 种：string（字符串）、number（数字）、bool（布尔）、list（列表）、

tuple（元组）、sets（集合）、dictionary（字典）。

1. string（字符串）

字符串又称字符型数据，英文名为 string，简称 str，是由一个个字符连接起来构成的组合，平时所见的字母、数字、汉字、符号都是字符，字符串可以用来表示词、语句甚至是数学公式。在 Python 中，一般使用单引号、双引号和三引号来定义字符串。

单引号示例：print('Hello,World')；双引号示例：print("Hello,World")。

单引号和双引号的功能是一致的，但当语句内容已经包含单引号时，作为字符串标志的引号就需要使用双引号，比如 print("what's your name?")。

三引号用来指示一个多行的字符串，也可以在三引号中自由使用单引号和双引号，如图 1－12 所示。代码显示出来就是两行的效果，如图 1－13 所示。

```
print('''大数据风险分析
Python 实战应用''')
```

图 1－12　使用三引号的字符串

```
大数据风险分析
Python 实战应用
```

图 1－13　三引号应用效果

2. number（数字）

除了字符串这种计算机无法直接识别的数据类型之外，Python 中还有一大类数值型数据，在使用时无须加引号，可以直接被计算机识别，常见的又分为没有小数点的数字，即整数型数据（整数），英文名为 int；有小数点的数字，即浮点型数据（浮点数），英文名为 float。比如 8、6、7 是整数型数据，1.5、4.27 是浮点型数据。但务必注意，在 Python 中数字加引号出现就变为字符串了，比如 "8"、"6"、"7"、"1.5"、"4.27" 是字符串。

3. bool（布尔）

布尔型数据主要用于逻辑判断，如 True=1，False=0。这类数据通常在 if 和 while 等语句中使用。在数值上下文环境中，True 和 False 都可以参与数值运算，比如 True+3=4。在 Python 中，通常将以下数据判定为 False：

（1）None。

（2）False。

（3）数值类型的 0 值，如 0，0.0 等。

（4）空序列，如 ()、[]、{} 等。

4. list（列表）

Python 列表是任意对象的有序集合，用中括号 [] 进行归集，列表内的元素之间用逗号隔开，元素可重复、可修改，类型可重复。例如：

list=["Python",12,[1,2,3],3.14,True]

5. tuple（元组）

元组用括号 () 进行归集，元组内的元素之间用逗号隔开。元组的结构与列表类似，不同之处在于元组的元素不能修改。例如：

tuple=("Python",12,[1,2,3],3.14,True)

6. sets（集合）

集合是一个无序不重复的序列，可以使用花括号 {} 或 set() 函数进行创建。需要注意的是，如果是空集，则不能使用 {} 进行创建，这是创建空字典的命令。例如：

set={"Python",12,3.14,True}

7. dictionary（字典）

字典是一个无序的键（key）值（value）对集合，定义了每一组键值对的一一对应关系。例如：

dictionary={" 山东 ":" 济南 "," 陕西 ":" 西安 "," 河南 ":" 郑州 "}

（五）运算符

在 Python 中对整数和浮点数进行计算时要使用计算运算符，常见的计算运算符有 “+” “–” “*” “/”，运算优先级跟数学上整数、小数的运算符是一样的，按照从左到右的顺序，先算乘除，再算加减，有括号的先算括号里的。除了计算运算符，还有可以用于整数和浮点数比较的比较运算符，常见的比较运算符及其应用如表 1－4 所示。

表 1－4　常见的比较运算符及其应用

比较运算符	含义	True	False
==	等于	2==2	2==3
!=	不等于	3!=2	2!=2
<	小于	2<22	2<2
<=	小于或等于	2<=5	5<=2
>	大于	20>2	2>20
>=	大于或等于	5>=2	2>=5

在 Python 中，对字符型数据的运算使用的是拼接方式，拼接符号为 “+”，通过 “+” 的使用可以把不同的字符串拼接起来，组成我们想要的词句。

需要注意的是，字符串与数字不能混合运算和拼接，只有字符串与字符串才能拼接，如果想在字符串后接数字，就需要把数字转换成字符串。比如，变量 a= "Python"，b=2.0，这样的两个变量是不能直接拼接在一起的，如果 b="2.0"，就可以通过 print(a+b) 函数将结果输出在计算机屏幕上。

（六）数据转换

通过前面的学习我们知道，字符型和数值型数据不能相互拼接，需要把数字转换成字符串后才能拼接在一起，这就是数据转换。通过 str()、int()、float() 这三个函数可以轻松实现数据转换，str() 可以把数值型数据转换为字符串，int() 可以把数值型数据转换为整数，float() 可以把数值型数据转换为浮点数。前面提到的 b=2.0，通过 str(b) 就可以转换为 b="2.0" 了。

（七）模块

模块是比函数更高级的程序组织单元，一个模块可以包含若干功能相似的函数文件。模块可以被 Python 程序导入，以调用该模块中的函数。与函数类似，模块可以分为标准库模块和用户自定义模块。标准库模块是 Python 自带的函数处理模块，Python 提供了大量的标准库，可以在不用大量编写代码的情况下实现数据运算、数据处理、数据分析等常用功能，这也是 Python 简单高效的秘诀。

用户可以在安装了 Python 编程环境的情况下通过导入命令使用所需要的模块。执行 import 语句可以导入 Python 模块，语句格式为：import 模块 1, 模块 2……。执行 from 语句可以从一个模块中导入特定的项目，语句格式为：from 模块 import 项目 1, 项目 2……。

四、Python 的主要功能

对财务工作者来说，每天都要与数据打交道，数据统计占据日常工作的大部分时间，反复、枯燥、耗时成为日常工作的痛点，而 Python 的出现，很好地解决了这些问题，因为它在数据处理方面具有其他大数据工具不可比拟的优越性。Python 的爬虫、数据处理、数据分析几大功能可以完成从数据的获取到形成有用信息全过程的全部事项。

（一）Python 爬虫

所谓 Python 爬虫，实质上是用 Python 语言编写的一段可以与计算机完成交流的程序，它会在网络上“自由”穿梭，按照一定的规则，自动抓取信息，拿到发出指令的人所需要的数据。

Python 所拥有的与网络爬虫相关的库，如请求库 Requests、解析库 BeautifulSoup、存储库 PyMySQL 等，可以非常便捷地爬取网络数据。比如从各大网站爬取商品折扣信息，通过比较获取最优选择；对社交网络上的发言进行收集分类，生成情绪地图，分析语言习惯；爬取网易云音乐某一类歌曲的所有评论，生成词云；按条件筛选豆瓣上的电影、图书信息并生成表格等。当然，当税务风险管理中需要爬取企业信息时，也可以通过爬虫的功能实现。

（二）Python 数据处理

Excel 是非常成熟的数据类办公软件，也是目前使用最多的数据处理软件。也许有人会提出疑问：用 Excel 就可以很方便地处理数据了，为什么还要学习 Python 呢？

如果数据处理量不大，且以数值为主，涉及的数据逻辑也比较简单，那么 Excel 是基本够用的。但是当需要处理的数据量达到百万数量级或超过百万数量级时，或者需要对多张数据表进行灵活切换、分组、聚合、索引、排序并结合函数进行操作时，Excel 就会遇到困难，包括但不限于数据线程较多、运行速度很慢等，Python 就能够发挥专长了。Python 中内置很多数据处理的库，比如 Pandas、NumPy 等，可以进行复杂的数据导入、数据清洗、数据统计运算、数据导出等，处理速度快、导入功能简单，一行代码就可以处理复杂的数据任务。

（三）Python 数据分析

在数据分析方面，Python 有很完备的生态环境。大数据分析中涉及的分布式计算、数据可视化、数据库操作等，Python 中都有成熟的模块可供选择。Python 拥有 NumPy、Matplotlib、Scikit-learn、Pandas、iPython 等工具，在数据分析方面十分有优势，尤其是 Pandas，在处理中型数据方面可以说有着无与伦比的优势，已经成为主流的数据分析工具。

（四）Python 数据可视化

数据分析离不开数据可视化，图表是展现数据最好的方式，能简单高效地沟通信息，表达数据内容。Python 中内置很多库，可以画出一些十分美观的分析图表，比如 Matplotlib 库上手容易，Seaborn 库改良了 Matplotlib 库的图表画法，Pyecharts 库和 Plotly 库可用于创建有交互性的图表等。

任务实施

一、Python 安装

请按照以下步骤完成 Python 安装。

第一步：查看计算机操作系统类型。

鼠标右键单击“我的电脑”，左键单击“属性”，如图 1－14 所示，在计算机基本信息界面中查看当前计算机的操作系统类型。一般计算机的操作系统类型分为 32 位和 64 位两种，不同的操作系统类型对应不同的安装包。

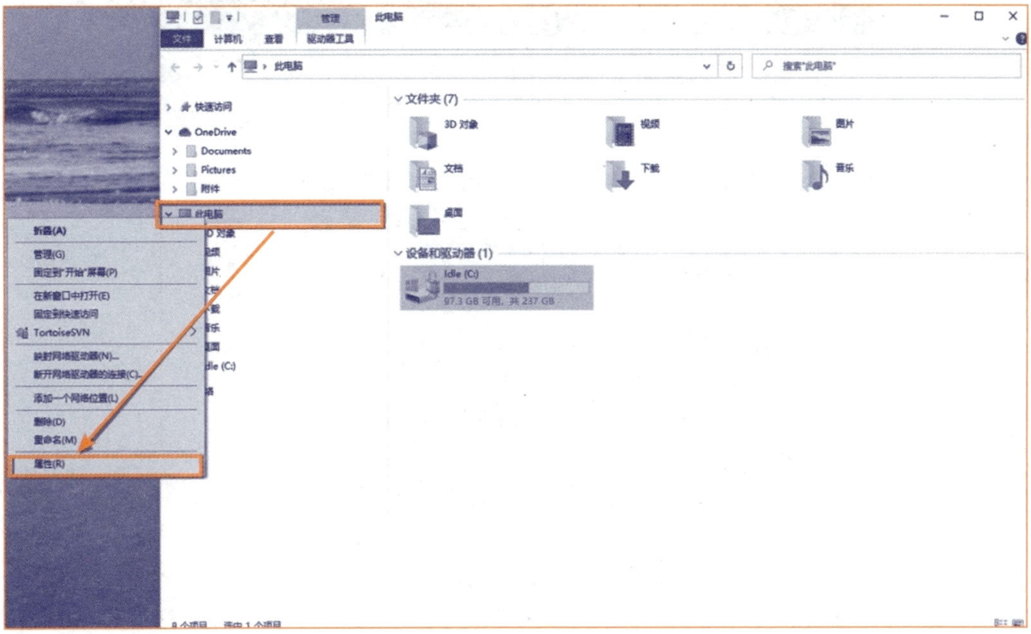

图 1－14　查看计算机操作系统类型

第二步：选择下载对应的 Python 安装包。

登录网址 https://www.python.org/getit/，选择对应的操作系统，并根据计算机操作系统类型选择对应的安装包，如图 1－15、图 1－16 所示。

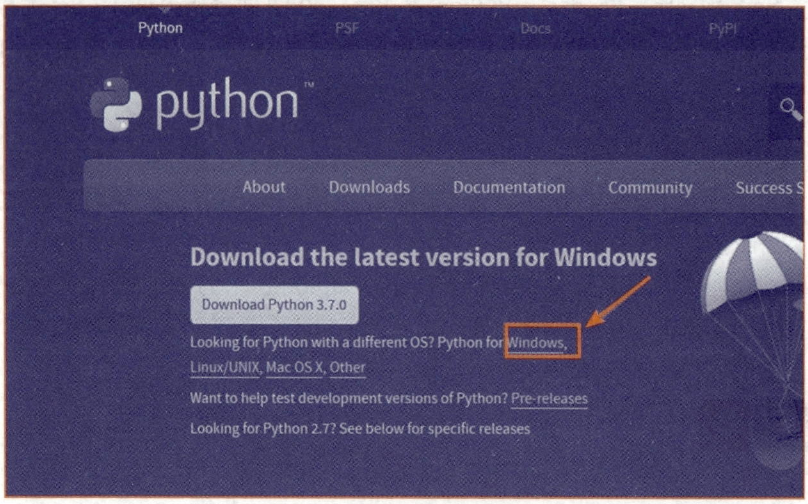

图 1－15　选择对应的操作系统

图 1－16　根据计算机操作系统类型选择对应的安装包

第三步：安装 Python（此处以 Python 3.7 为例进行说明）。

（1）双击安装包，打开安装界面，保持 Install launcher for all users（recommended）［安装对当前计算机的所有用户有效（推荐）］默认勾选不变，手动勾选下方的 Add Python 3.7 to PATH（添加 Python 到计算环境），单击 Customize installation（自定义安装），如图 1-17 所示。如需要取消安装，则单击 Cancel（取消）按钮。

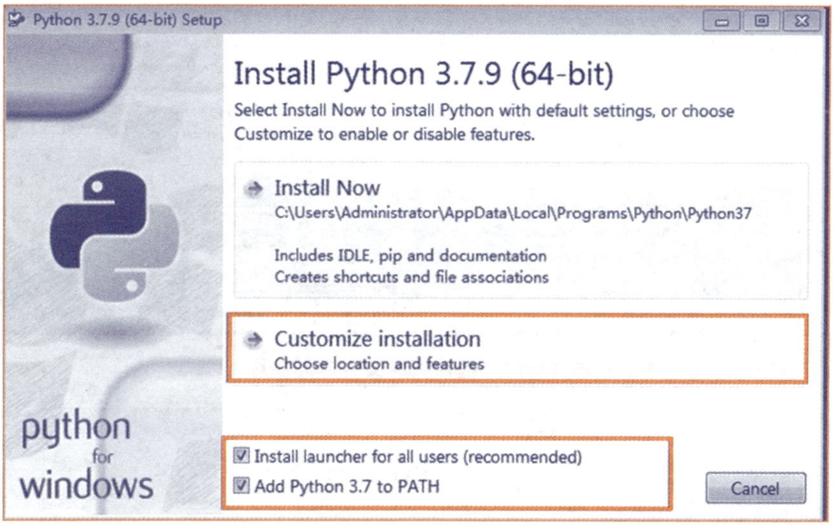

图 1-17　安装界面

（2）查看安装属性。这里的属性默认是全选的，不需要修改，单击 Next（继续）按钮，如图 1-18 所示。

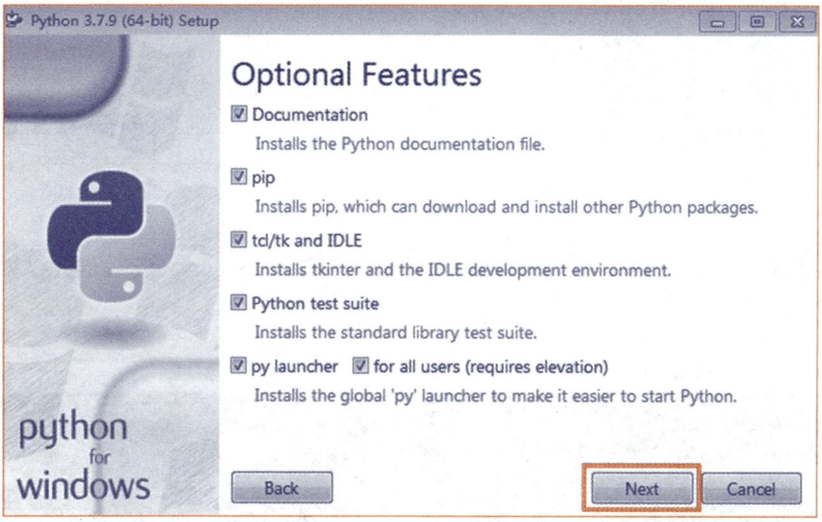

图 1-18　查看安装属性

（3）设置安装文件路径。单击 Browse（浏览）按钮选择本次安装文件的存储路径，文件存储路径可以选择本计算机内已有的文件夹，也可以新建文件夹进行存储。选择完存储文件夹后，单击 Install（安装）按钮，等待 Python 进度条加载完成，单击 Close（关闭）按钮即可，如图 1-19、图 1-20 所示。

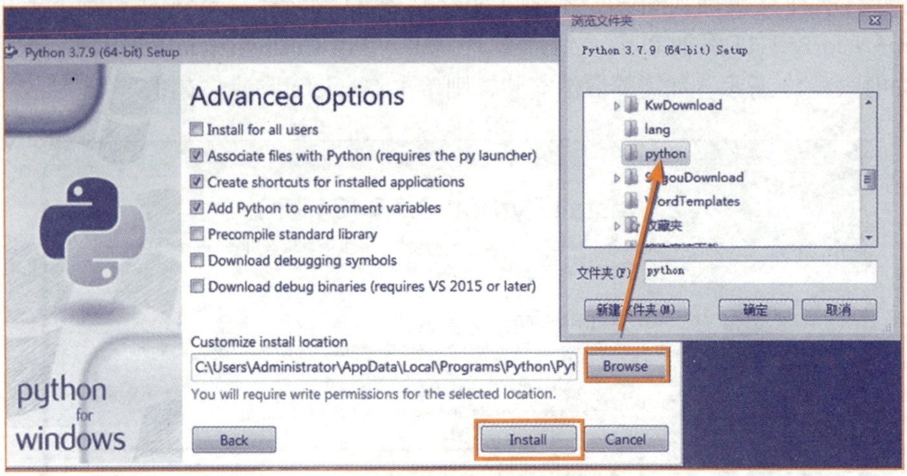

图 1-19　选择安装文件存储路径

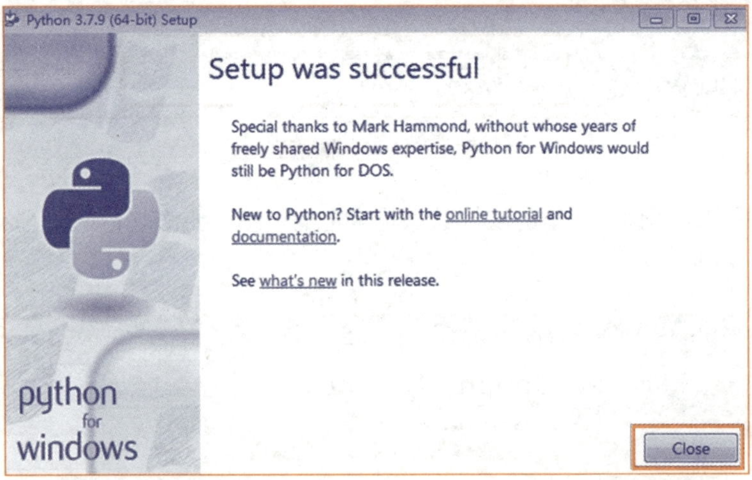

图 1-20　安装完成

（4）检查是否安装成功。打开 cmd 命令窗口，输入 Python，按回车键，如图 1-21 所示即为安装成功。

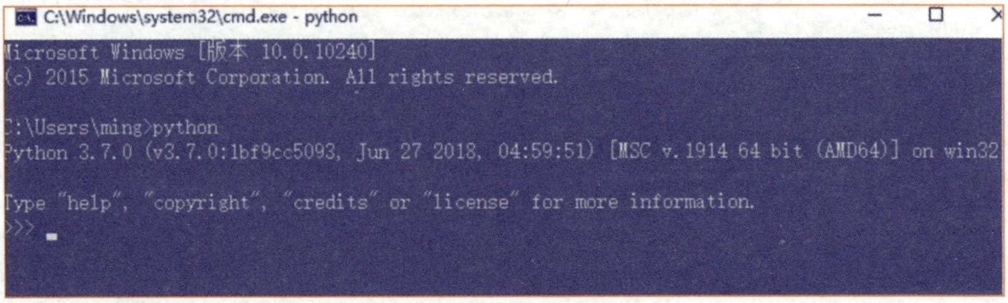

图 1-21　安装成功

第四步：程序运行测试。

在命令窗口输入 Python 命令启动 Python 解释器并录入代码 print("Hello,Python!")，命令窗口显示“Hello,Python!”，意味着程序运行正常，如图 1－22 所示。

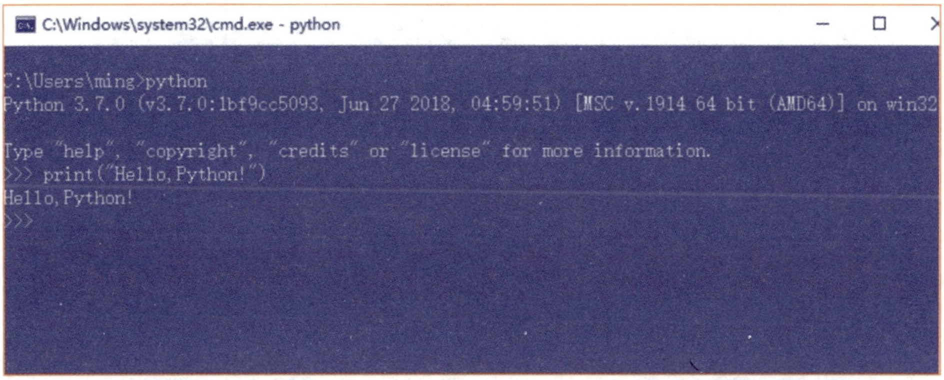

图 1－22　程序运行测试

二、Python 环境配置——PyCharm 安装

请按照以下步骤完成 PyCharm 安装。

第一步：下载安装包。

登录网址 https://www.jetbrains.com/pycharm/，进入 PyCharm 下载界面，点击页面中间的 DOWNLOAD（下载），进入下载版本选择页面，会看到有两款适合 Windows 的 PyCharm 可供选择，Professional 表示专业版，Community 表示社区版，我们选择安装可免费使用的社区版，如图 1－23 所示。

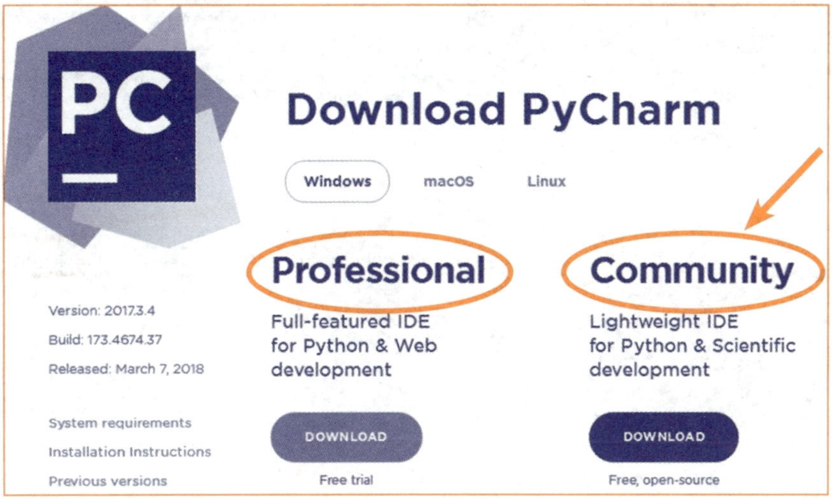

图 1－23　下载安装包

第二步：安装 PyCharm。

（1）设置安装路径。双击安装包，打开安装界面，单击 Next（继续）按钮，单击

Browse（浏览）按钮选择本次安装文件的存储路径，文件存储路径可以选择本计算机内已有的文件夹，也可以新建文件夹进行存储。选择好存储文件夹后，单击 Next（继续）按钮，如图 1－24、图 1－25 所示。

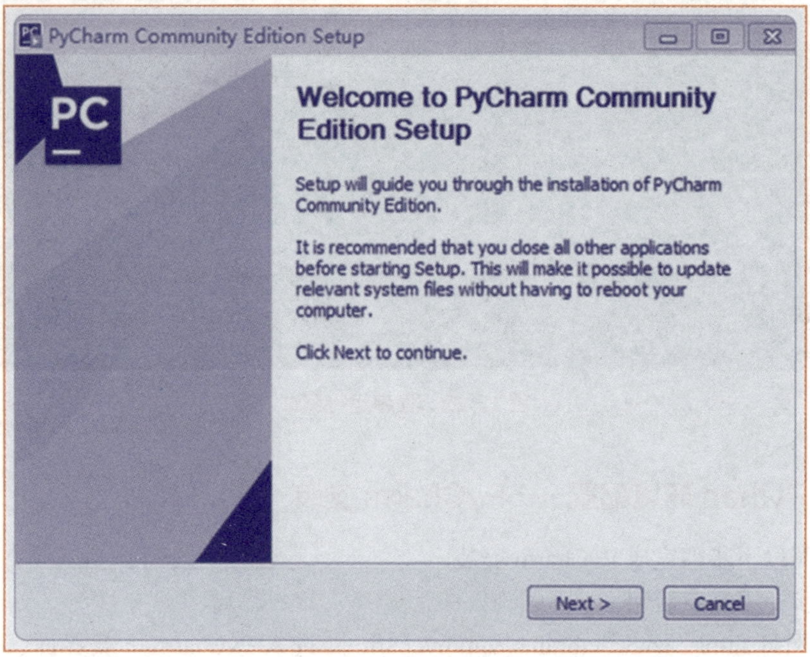

图 1－24　开始安装

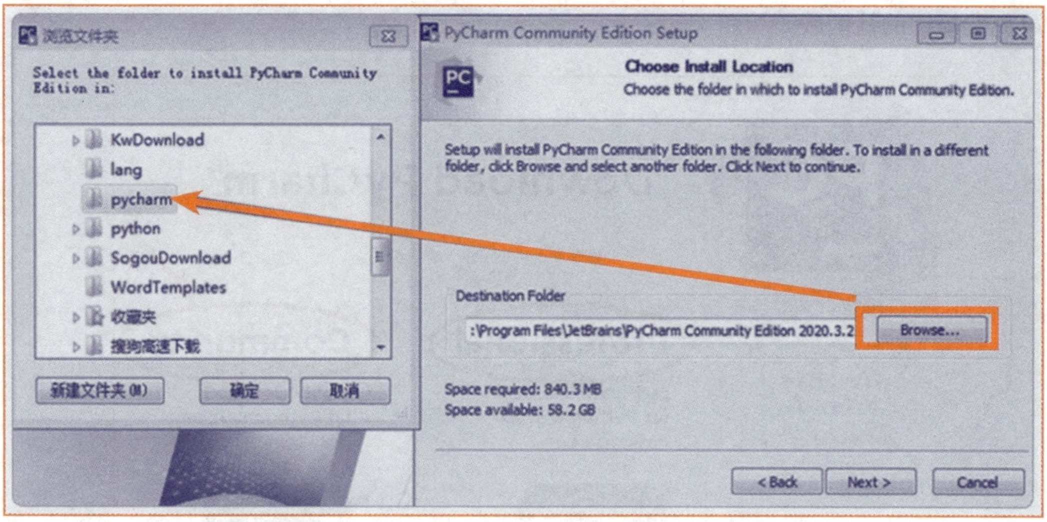

图 1－25　选择安装文件存储路径

（2）设置安装属性。按照图 1－26 所示勾选相应设置，然后单击 Next（继续）按钮。

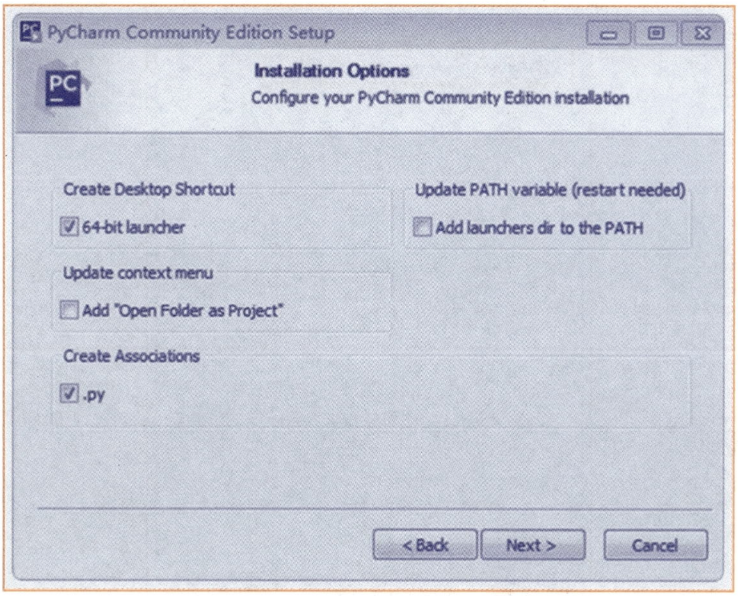

图 1－26　设置安装属性

（3）继续安装。在下一界面直接单击 Install（安装）按钮，等待 PyCharm 进度条加载完成，然后单击 Finish（完成）按钮即可，如图 1－27 所示。

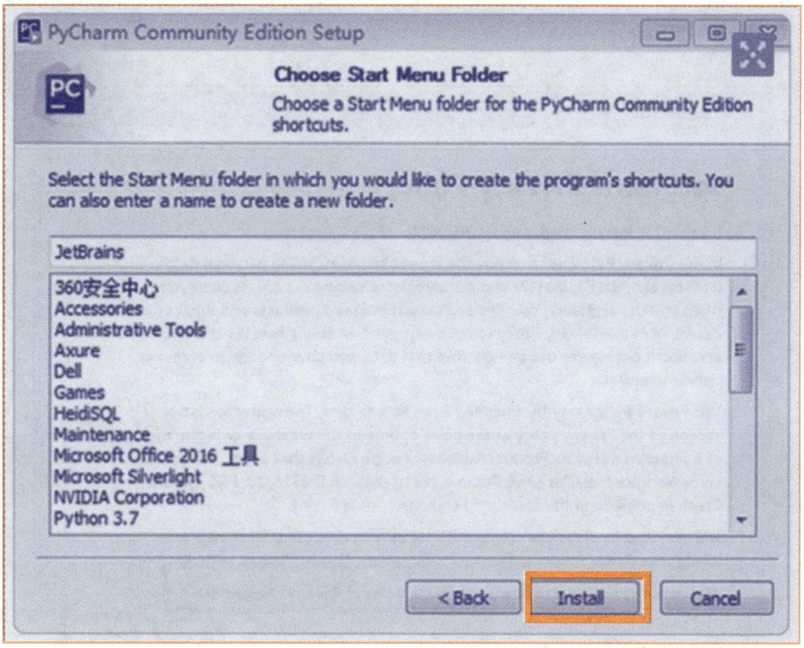

图 1－27　继续安装

第三步：启动并应用 PyCharm。

（1）启动 PyCharm。打开计算机启动菜单，在菜单中输入 PyCharm 进行搜索，看到 PyCharm 开发工具，单击打开，如图 1－28 所示。

图 1－28　启动 PyCharm

（2）应用前准备。勾选“I confirm that ...”确认隐私保护条款，单击 Continue（继续）按钮，如图 1－29 所示。

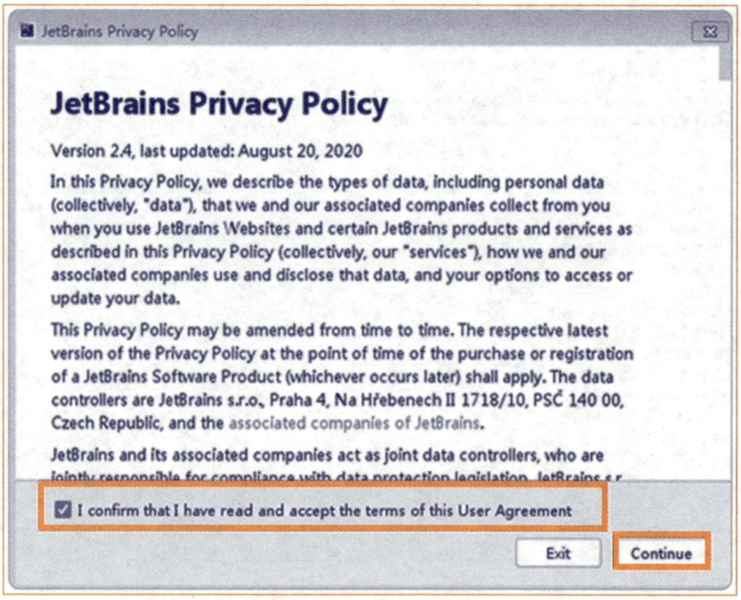

图 1－29　应用前准备

在接下来的用户反馈界面，选择 Don’t Send（不发送），确认不与 PyCharm 的开发方共享信息，如图 1－30 所示。

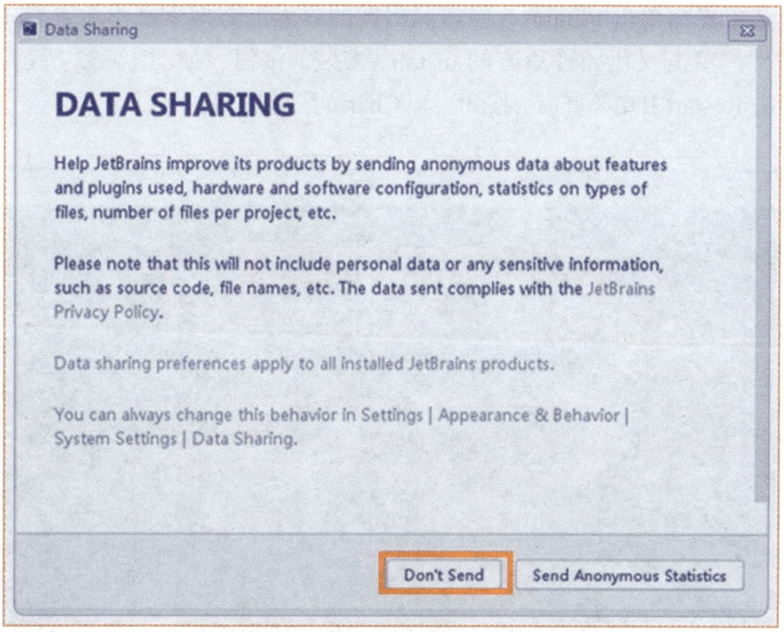

图 1-30　确认不共享信息

（3）PyCharm 汉化。在 PyCharm 项目运行界面，单击 File → Settings，调出设置菜单，如图 1-31 所示。

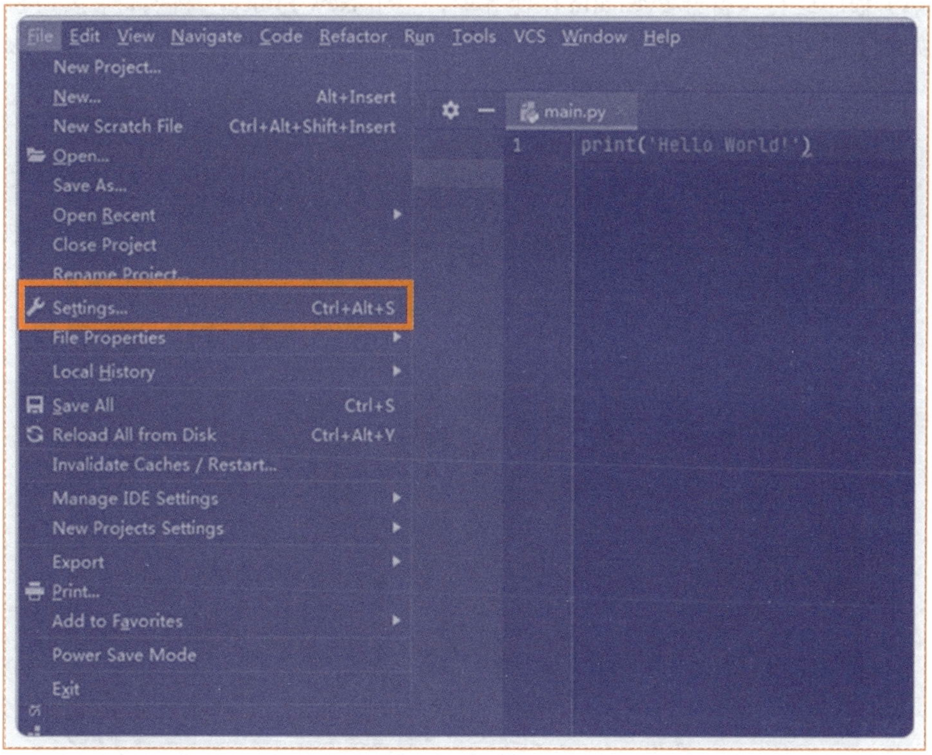

图 1-31　调出设置菜单

在设置菜单界面单击 Plugins，在右侧出现的界面上方搜索框中输入 Chinese，下方出现汉化插件，单击汉化插件后方的 Install（安装）按钮，如图 1－32 所示。等待安装完成后，单击 Restart IDE（重启）按钮，PyCharm 汉化完成。

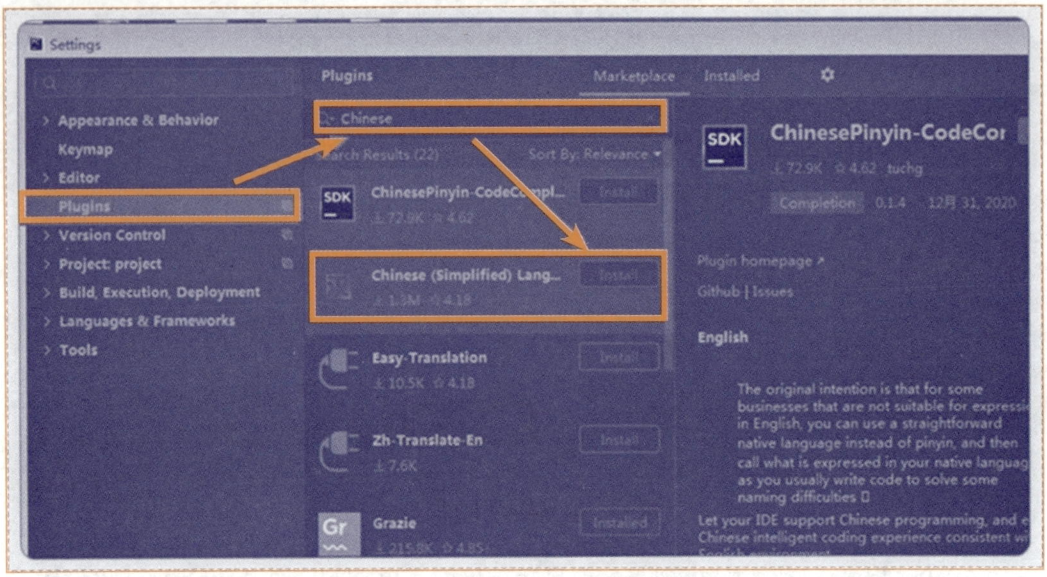

图 1－32　安装汉化插件

（4）程序运行。打开 PyCharm 操作界面，单击 New Project（新项目）按钮新建项目，如图 1－33 所示。

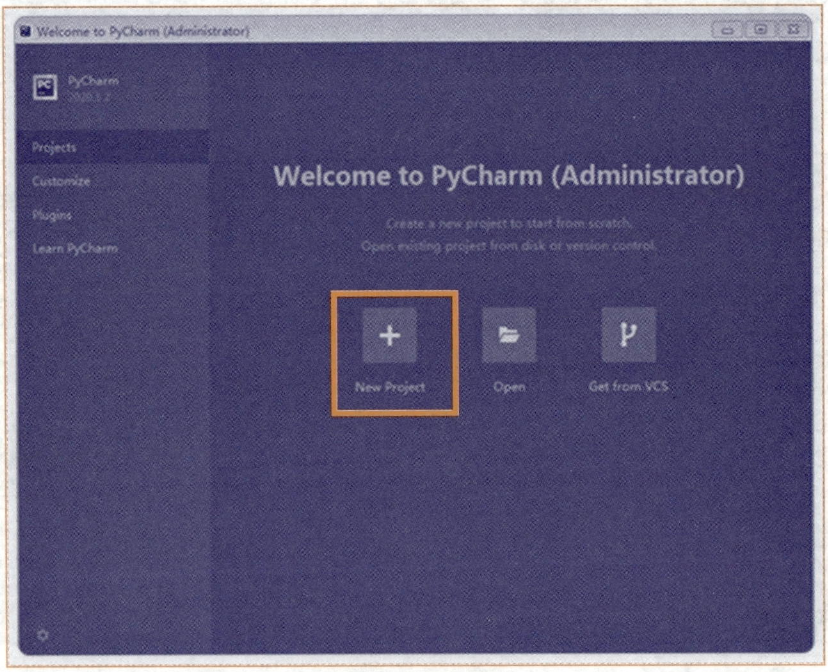

图 1－33　新建项目

选择项目存储位置，可以使用默认目录，也可以创建新的存储位置，这个存储目录需要记住，后面会经常使用。存储位置选择完毕后单击 Create（创建）按钮，如图 1 - 34 所示，进入程序编辑界面，关闭弹出框，等待环境加载完成即可。

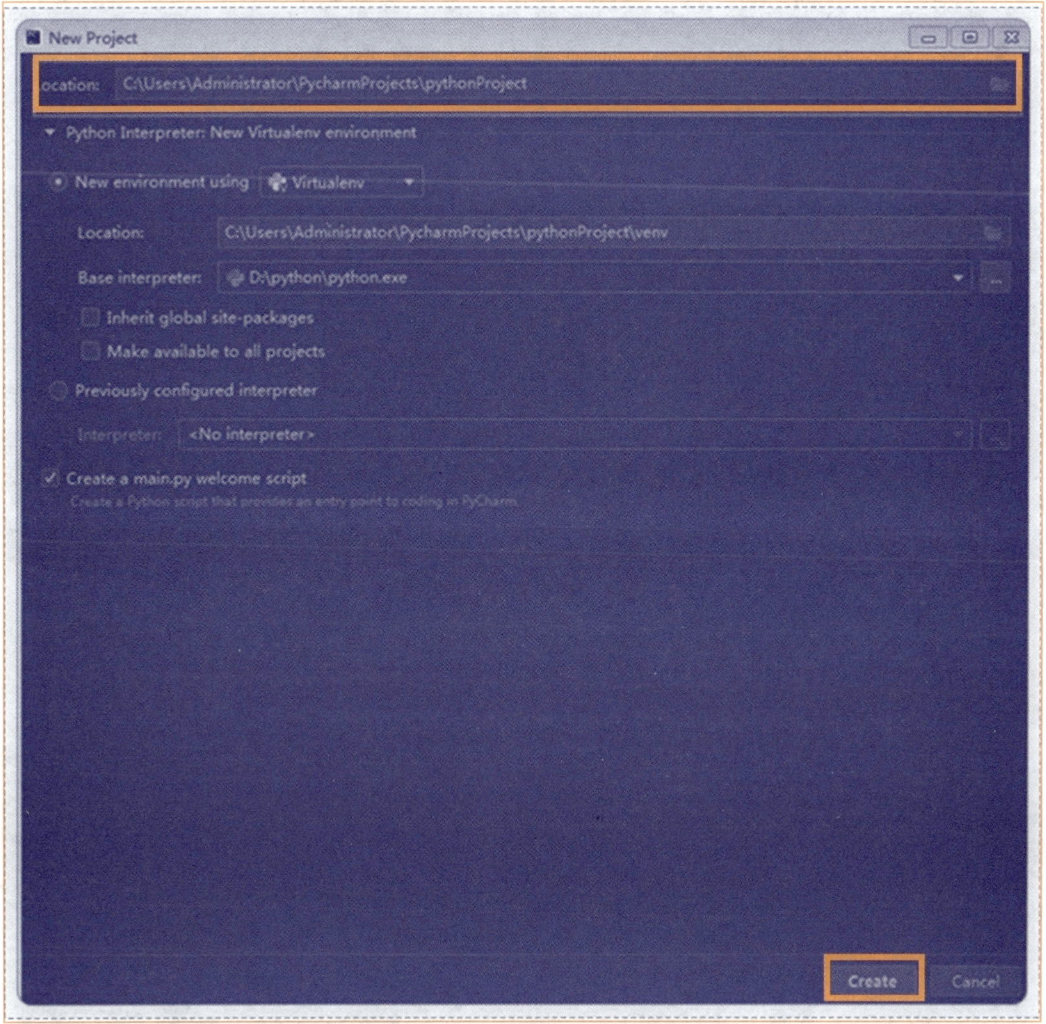

图 1 - 34　选择项目存储位置

（5）创建 py 文件。在 PyCharm 程序编辑界面默认出现的代码是对 PyCharm 操作的简单介绍，为执行下面的操作我们需要创建一个新的 py 文件，锁定存储文件夹，右键单击选择 New，单击 Python File，在弹出的窗口完成命名操作并按回车键即可完成文件创建并打开新文件，如图 1 - 35 和图 1 - 36 所示。在文件编辑窗口输入命令 print("Hello,World")，单击右上角的三角形按钮（运行），在下方控制台中出现“Hello World！”，证明 PyCharm 运行成功，如图 1 - 37 所示。

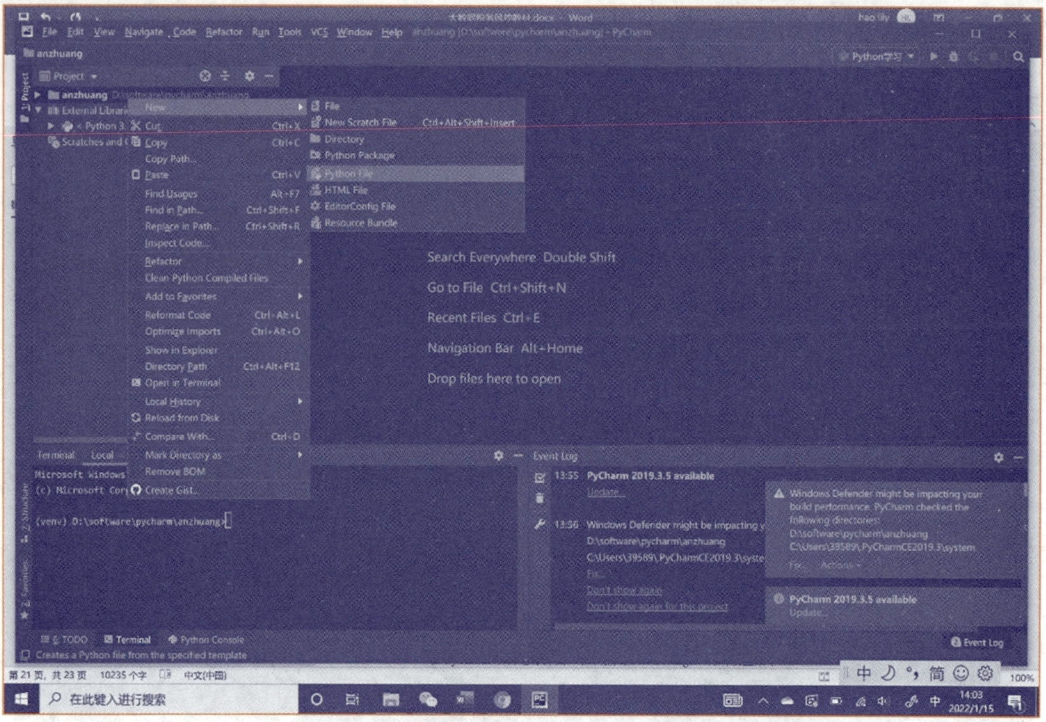

图 1-35　新建 py 文件

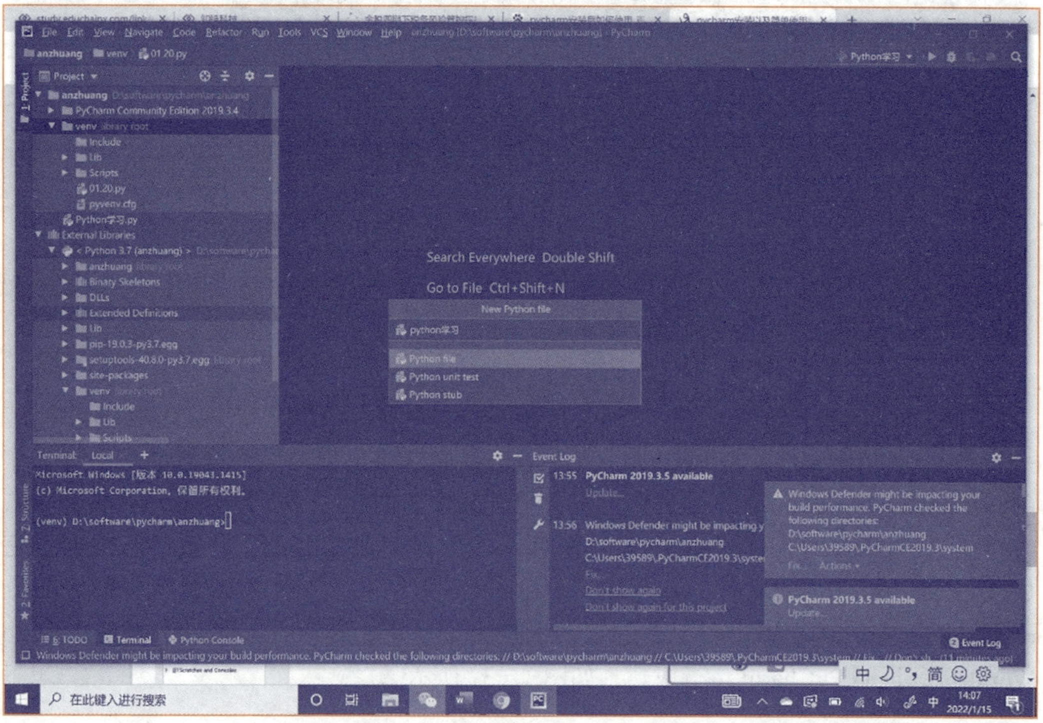

图 1-36　为 py 文件命名

图 1－37　PyCharm 运行成功

三、爬虫环境配置——Requests 库安装

请按照以下步骤完成爬虫 Requests 库安装。

在 PyCharm 的 Terminal 命令终端输入 pip install requests，按回车键后等待安装完成即可，如图 1－38、图 1－39 所示。

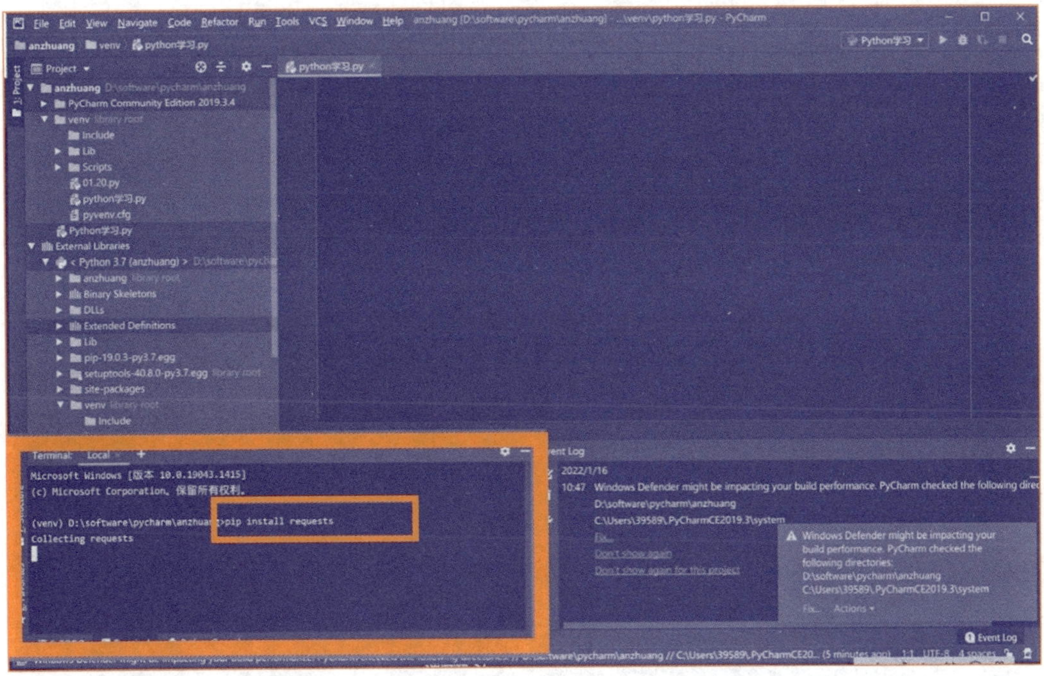

图 1－38　安装 Requests 库

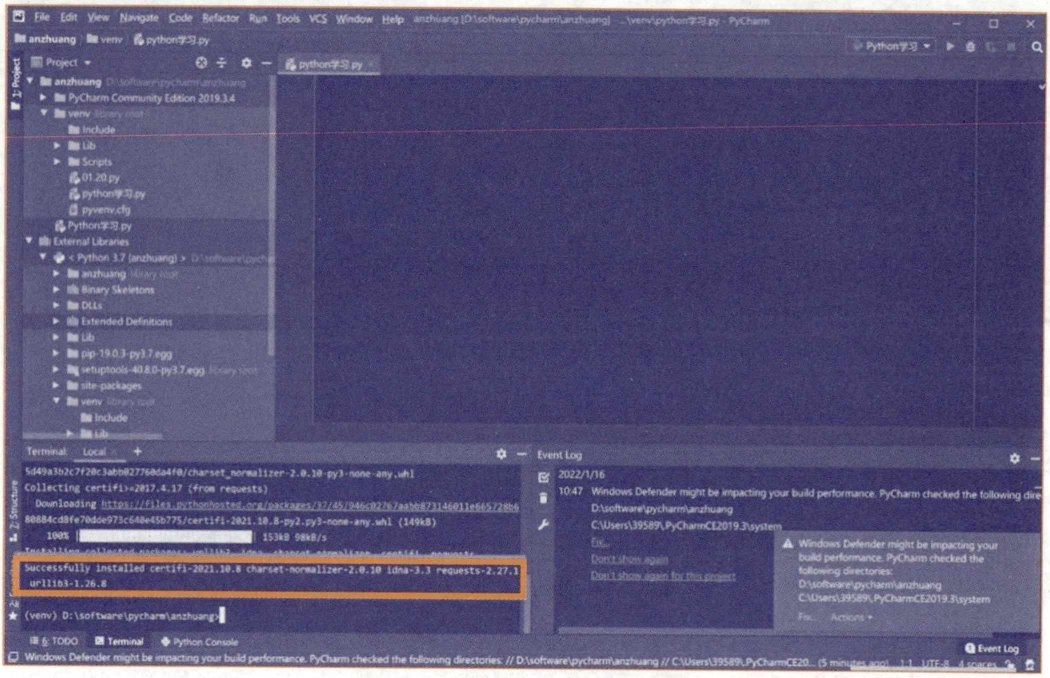

图 1-39 Requests 库安装成功

用同样的方法可以安装爬虫需要用到的另一个库——BeautifulSoup，程序代码为 pip install bs4。

四、数据分析及可视化环境配置——Pandas 库、Matplotlib 库安装

请按照以下步骤完成 Pandas 库、Matplotlib 库安装。

（1）在 PyCharm 中单击 File → Settings，出现如图 1-40 所示界面。

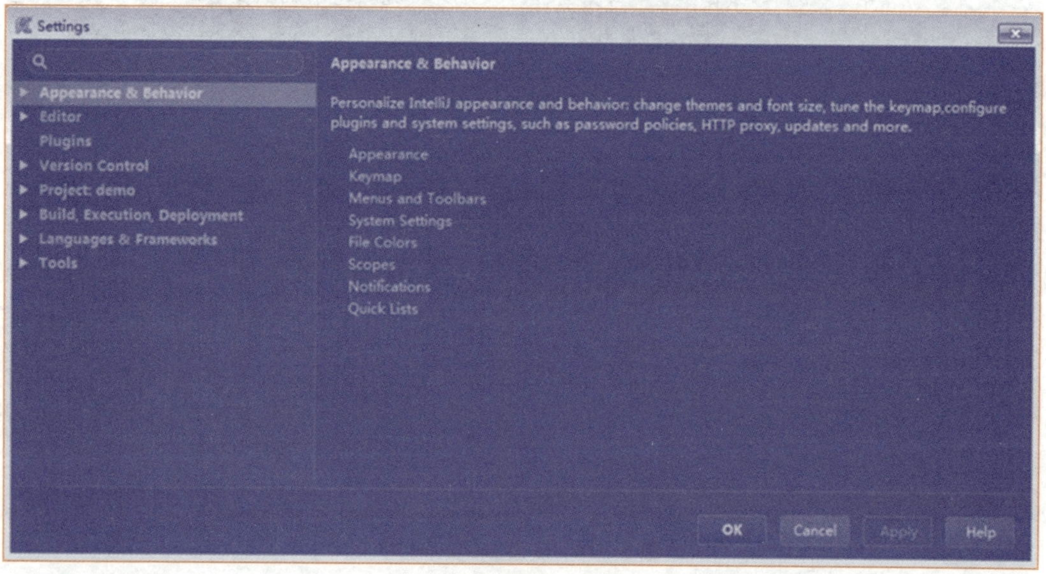

图 1-40 进入 PyCharm 设置界面

（2）在 Project 下单击 Project Interpreter，在出现的界面中单击最右侧的“+”，如图 1－41 所示。

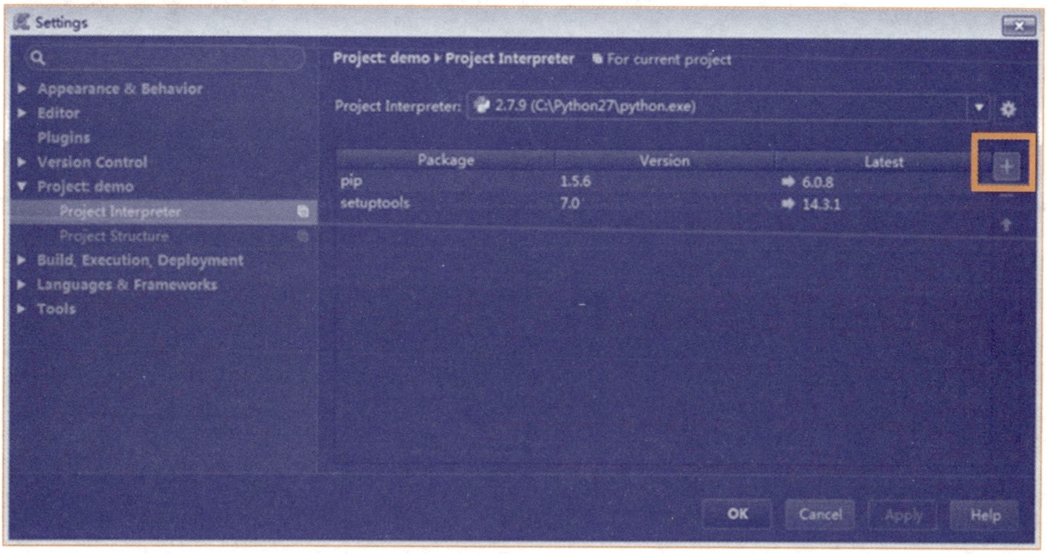

图 1－41　进入 Project Interpreter 界面

（3）在出现的搜索框中输入 pandas，单击最下方的 Install Package，耐心等待安装完成即可，如图 1－42、图 1－43 所示。

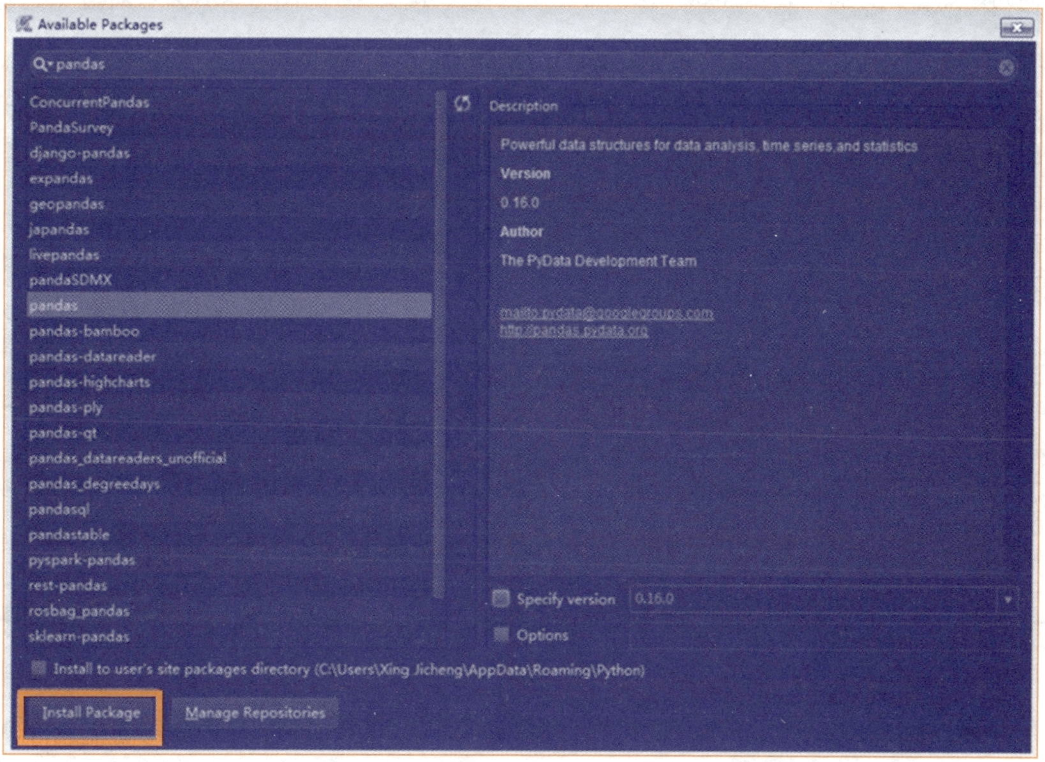

图 1－42　安装 Pandas 库

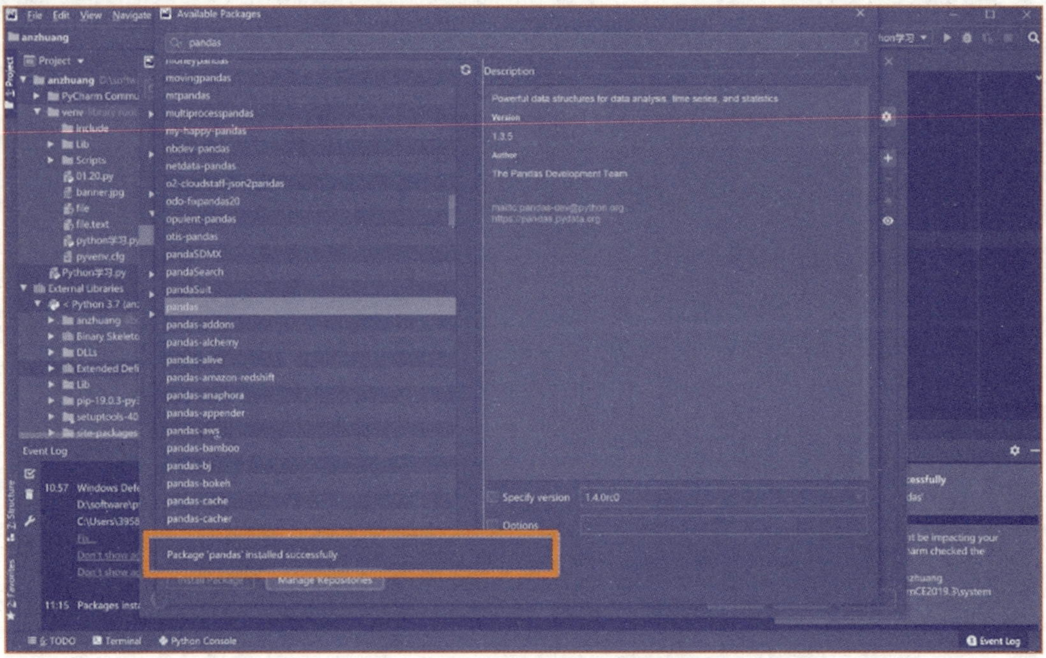

图 1-43　Pandas 库安装成功

（4）重复上面的操作流程完成 Pandas 库运行所必需的 NumPy 的安装，Pandas 库就可以正常运行了。在 PyCharm 中新建一个 py 文件，在 PyCharm 编程界面输入相应语句，点击鼠标右键，选择运行此文件，出现左下角提示即表示安装成功，如图 1-44 所示。

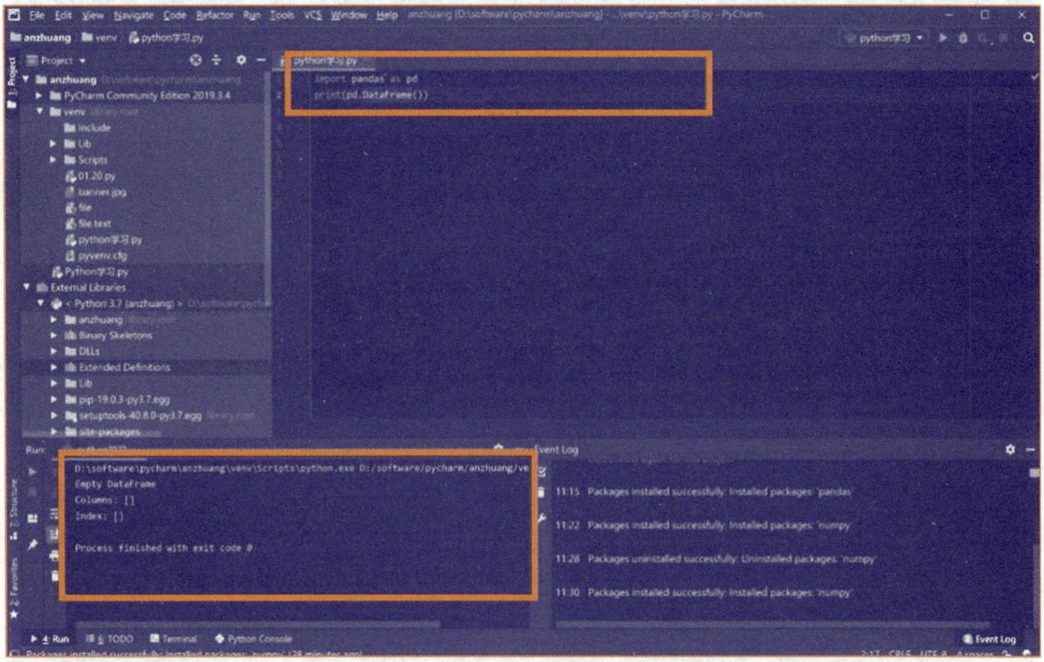

图 1-44　NumPy 安装成功

（5）按照同样的操作流程完成可视化所需要的 Matplotlib 库安装。

任务实训

1. 打开你电脑上的 PyCharm，创建新的 Python 文件，完成以下工作任务。

（1）使用 print() 函数完成以下信息的显示：

欢迎来到 Python 的世界：
a. 注册
b. 登录

思考：在 Python 中如何实现换行输出？如果想让“a. 注册”“b. 登录”以选项的方式给出以供对方选择，应该如何操作？

（2）在 PyCharm 编程界面录入以下代码片段，观察最终结果并思考总结原因：

```
X=20
X=100
X=1000
print(X)
```

（3）在 PyCharm 编程界面录入以下代码片段，思考（ ）中补充什么信息才能输出“123”的结果，实际操作试一试。

```
(  )=123
print(name)
```

2. Python 语言实质上是由若干函数拼接在一起构成的，除了之前提过的 print 函数、数据转换函数，常用的还有完成信息收集的 input 函数、进行条件判断的 if 函数和 while、for 循环函数。请搜索查询这些函数的用法，并在 PyCharm 中实践一下。

3. 创建一个包含班级全部学生姓名和序号的 DataFrame 数据集合，将其保存到一个 Excel 文件中并以班级名称命名，随后读取这个 Excel 中的信息。

4. 请尝试在 Matplotlib 库中完成简单条形图的绘制。

通关测试

手机扫描右方二维码，完成 Python 基础语法知识小测试。

素养园地

紧跟知识前沿，做时代弄潮儿

2017 年，国务院印发《新一代人工智能发展规划》，提出“实施全民智能教育项目，在中小学阶段设置人工智能相关课程，逐步推广编程教育”。

2018年，教育部进一步明确，要“构建人工智能多层次教育体系，在中小学阶段引入人工智能普及教育”。同年9月，“中小学人工智能教育项目”应运而生，在走访调研部分中小学、高校科研院所、相关企业之后，项目组聚集起包括院士、人工智能专家、教育专家、一线教师、技术人员等在内的力量，开始了人工智能教育项目的顶层设计和具体研发。

2019年，教育部在北京举行了中小学人工智能教育项目成果发布会，并指定北京、广州、深圳、武汉、西安5个城市作为第一批开展人工智能教育的试点城市，其3～8年级的学生将全面试点学习人工智能与编程的课程。

2019年3月，教育部发布了《2019年教育信息化和网络安全工作要点》，提出在中小学阶段设置人工智能相关课程，逐步推广编程教育，启动中小学生信息素养测评，编制《中国智能教育发展方案》。

从2020年起，各地教育部门陆续发布了在各级各类教育中开设人工智能相关课程并纳入考核的通知。

2022年7月，教育部印发《人工智能领域研究生指导性培养方案（试行）》，旨在适应新科技与产业革命发展趋势，服务国家重大战略和经济社会发展，特别是智能化发展转型的需求，面向原始创新、产业升级和技术革新的实际需要培养人才。

国家对人工智能教育的重视，你感受到了吗？

在这个信息化的时代，无论是大数据、物联网还是人工智能，早已渗透到千家万户的日常生活中，对于这些名词背后的知识，我们需要去接触、了解、熟悉，这样才能对信息社会形成更加真实的认知，而不会一直觉得它是模糊的、神秘的。

世界上唯一不变的就是变化。作为未来社会的中坚力量，我们要紧跟知识前沿，将最新的技术工具与自身专业领域相结合，富有远见、着眼未来，才是更好的生存发展之道。

02

项目二

金税四期与大数据税务风险

知识目标

1. 了解金税四期的特征和核心功能。
2. 熟悉金税四期对税务风险防控的影响。
3. 了解税务风险的概念、特征及类别。
4. 熟悉大数据时代税务风险的分析方法。

能力目标

1. 能够识别大数据时代的税务风险。
2. 能够利用大数据时代税务风险的分析方法对企业涉税风险进行评估。

素养目标

1. 提升税务风险防范意识，形成大数据风险管控思维。
2. 强化学科融合和创新意识。
3. 培养多角度独立观察、思考和认知能力。

任务一

认知金税四期

任务描述

金税四期的推进将会使现代化税收征管系统更加强大，实现“税费”全数据、全业务、全流程的“云化”打通，为智能办税、智慧监管提供条件和基础。那么，什么是金税四期？对比金税三期，它具有什么样的特征？它的目标是什么？本任务将从金税四期的核心内容入手，从金税四期的特征、目标、核心功能等几个方面对金税四期进行全面的介绍，为接下来大数据税务风险防控的学习奠定基础。

任务情境

2020 年至今，发生了多起知名人士因偷逃税款被国家税务总局和各级地方税务局查处曝光的案件：

2021 年 12 月，知名带货主播被浙江省税务局发现通过隐匿个人收入、虚构业务转换收入性质进行虚假申报等方式偷逃税款 6.43 亿元，其他少缴税款 0.6 亿元，被依法追缴税款、加收滞纳金并处罚款共计 13.41 亿元。

2022 年 3 月，某知名男演员被上海市税务局发现偷逃税款，经查，其在 2019 年至 2020 年期间，通过虚构业务转换收入性质进行虚假申报，偷逃个人所得税 4 765.82 万元，其他少缴个人所得税 1 399.32 万元，最终被追缴税款、加收滞纳金并处以罚款共计 1.06 亿元。

2022 年 6 月，某知名网络主播被曝光少缴个人所得税，虚假申报偷逃个人所得税，被追缴税款、加收滞纳金并处以罚款共计 1.08 亿元，还牵扯出了其他网络主播偷逃税款的案件。

这一系列打击偷逃税款的行动绝非偶然，也不是源于国家税务总局打击偷漏税的专项计划，而是按照国家关于常态化打击涉税违法犯罪行为的工作部署，依托金税四期税收大数据分析系统开展的常规工作。国家税务总局现在对于涉税违法犯罪行为秉持的态度就是坚决零容忍，“露头就打”，切实保障国家税收安全，维护税收经济秩序，优化税收营商环境。如此雷霆做法的底气来自国家税务总局在全国范围建设和布局的金税四期智能一体化管控系统，依靠数据聚合效应为税收征管赋能。

看到这里，你有没有对功能如此强大的金税四期产生好奇呢？

任务清单

1. 选择你喜欢的方法描绘我国税务信息化发展历程。
2. 使用思维导图总结概括金税四期的特点和功能。

任务准备

一、金税工程的“前世今生”

金税工程始于1994年，它是整个税收管理信息系统的总称，是经国务院批准建设的国家级电子政务、信息系统工程，是国家电子政务“十二金”工程之一，是国家电子政务建设的重要组成部分。金税工程发展至今，经历了一期、二期、三期、四期四个发展阶段。

（一）金税一期

1994年分税制改革之后，以增值税为主体的流转税制度逐步在全国建立起来，“以票管税”的思路逐渐形成，但当时税务机关缺乏通过增值税发票进行有效税收征管的手段，利用伪造、倒卖、盗窃、虚开等一系列手段进行偷、逃、骗国家税款的违法犯罪活动猖獗，严重干扰了国家的税收经济秩序。

为了强化对增值税发票尤其是专用发票的有效管理，1994年2月1日，时任国务院副总理的朱镕基同志在听取了电子工业部、航天工业总公司、财政部、国家税务总局等单位的汇报后，指示要尽快实施以加强增值税管理为主要目标的“金税工程”。

1994年3月底，金税工程试点工作正式启动，并初步建设完成增值税专用发票计算机交叉稽核系统和增值税防伪税控系统，在全国50个试点城市推广应用，这就是金税一期工程。但一期工程于1996年底停止运行，其原因是交叉稽核系统的运行依托企业对票据的手工录入进行数据采集，错误率高，并且较窄的覆盖面也并没有充分发挥出以票管税的作用。

（二）金税二期

2000年8月31日，国家税务总局向国务院汇报了金税工程二期的建设方案并得到批准。

2001年7月，增值税防伪税控开票、防伪税控认证、增值税稽核、发票协查信息管理四个子系统正式在全国全面开通。各子系统的功能如表2-1所示。

表2-1　金税二期信息管理子系统的功能

防伪税控开票子系统	防伪税控认证子系统	增值税稽核子系统	发票协查信息管理子系统
一般纳税人必须通过这一系统开具增值税发票。监控企业销售收入，解决了销项发票信息真实性问题	对一般纳税人申请抵扣的增值税发票抵扣联进行解密还原认证，经认证无误的，才能作为纳税人合法的抵扣凭证。解决了增值税进项税额抵扣的合法性问题	采取本地市、省级、总局级三级交叉稽核，即本地市发票就地交叉稽核，跨地市发票上传省级税务局稽核，跨省发票上传总局稽核	对有疑问和已证实虚开的案件协查信息、认证子系统和稽核子系统发现有问题的发票以及协查结果信息通过税务系统计算机网络逐级传递

相比金税一期，金税二期最大的成果在于在全国范围内建立起了覆盖总局、省局、地（市）局、区（县）局的四级交叉稽核系统，把稽核和防伪税控这两个原本相互独立的系统捆绑在一起，将增值税征管各个环节都放在网络上，尤其是能够自动采集纳税人的增值税申报信息和税款缴纳信息，做到了数据共享、功能互补，解决了原来人工录入数据造成的数据错误率高的问题，同时把海关增值税完税凭证并入金税工程中进行管理。

金税二期的建设和推广对加强增值税专用发票管理，打击不法分子利用伪造、倒卖、盗窃、虚开专用发票等手段偷、骗、逃国家税款的违法犯罪活动，保障国家税收收入等方面起到了积极有效的作用。

（三）金税三期

从 2005 年开始，为实现“业务一体化、技术一体化、系统一体化”，国家税务总局决定实施金税三期工程建设。

2008 年 9 月 24 日，国家发展改革委正式批准了金税三期初步设计方案和中央投资预算，标志着金税三期工程正式启动。

2013 年，金税三期工程在重庆、山东、山西等的国税局、地税局系统单轨上线运行。

2015 年 1 月 8 日，金税三期工程优化版应用系统在三省（区）六单位（广东、内蒙古、河南的国税局、地税局）单轨上线运行。

金税三期的框架可概括为“一个平台、两级处理、三个覆盖、四类系统”，如图 2－1 所示。

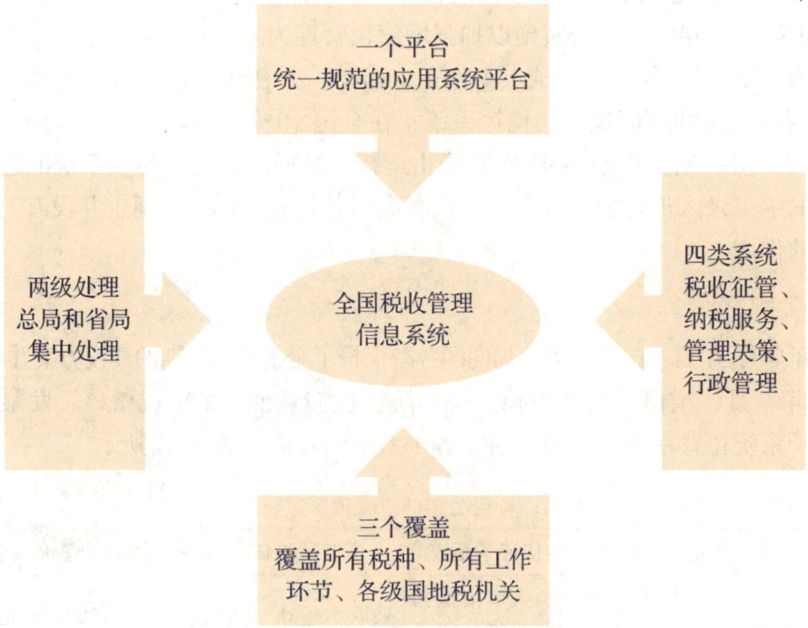

图 2－1 “一个平台、两级处理、三个覆盖、四类系统”的框架

除了“管”的理念，金税三期还融入了“服”的思想，通过网络为纳税人提供优质、便捷、全方位的纳税服务，逐步实现纳税人足不出户轻松办税，从而大大减轻了纳

税人的办税负担。除此之外，金税三期还统一了全国国地税核心征管应用系统版本，搭建了统一的业务操作和执法标准规范，实现了全国税收数据的大集中，对于进一步规范全国税收执法、优化纳税服务、提高决策的科学化水平、降低征纳成本等都起到了积极而重要的作用。

（四）金税四期

2020 年 11 月 13 日，国家税务总局发布了一则政府采购公告，标志着金税四期正式启动。

2021 年 1 月 13 日，金税四期成果正式交付。

2021 年 8 月 1 日，金税四期初期功能正式上线。金税四期实现了“以票管税”到“以数治税”的良好过渡，是税收征管从数字化完善到智能化发展的中间过程。

纵观金税工程的整个发展线可以发现，它是按照“信息化—数据化—智能化”的思路进行的：最早的增值税发票是手工抄写的，从手工抄写报税到计算机电子化报税，是金税工程的信息化过程；对以信息化手段归集的数据进行分析，更好地辅助税收执行，是金税工程的数据化过程；有了完整的数据链，进行自动智能化分析，描绘纳税人行为画像，是金税工程的智能化过程。从建设至今，金税工程形成了征管方式从“收税”到“报税”再到“算税”、征管流程从“上机”到“上网”再到“上云”、征管效能从“经验管税”到“以票管税”再到“以数治税”的智慧化税务征管服务蓝图。

二、金税四期概述

（一）金税四期的含义

金税四期是国家金税工程的第四期，是第三期的升级版，它是吸收国际先进经验，运用高科技手段，结合我国增值税管理实际设计的高科技管理系统。与之前的金税工程相比，金税四期的核心架构不变，其首要功能仍然是利用覆盖全国税务机关的计算机网络对增值税专用发票和企业纳税状况进行严密监控。但为了打造智慧税务，实现税收治理现代化的规划要求，金税四期突出了信息共享、联网核查和决策指挥端智能化建设。

（二）金税四期的特征

相较于金税三期，金税四期的特征如图 2-2 所示，具体包括以下几点：

（1）增加了非税业务管控，其中最受关注的便是社保纳入税务机关管理，并通过金税四期工程进行征管。

（2）搭建了各部委、人民银行以及各商业银行等参与机构之间信息共享和核查的通道，可以通过企业银行账户、企业相关人员的银行账户、上下游企业相关账本数据以及同行业其他企业的收入、成本、利润等情况来分析比对，以发现异常情况。

（3）加强了对企业相关人员身份信息及信用的管控，增加了企业相关人员手机号、企业纳税状态、企业登记注册信息核查功能。

（4）实现了云化服务，税费全数据、全业务、全流程智能办税。

（5）增加了决策指挥端功能，帮助领导层更好地决策。

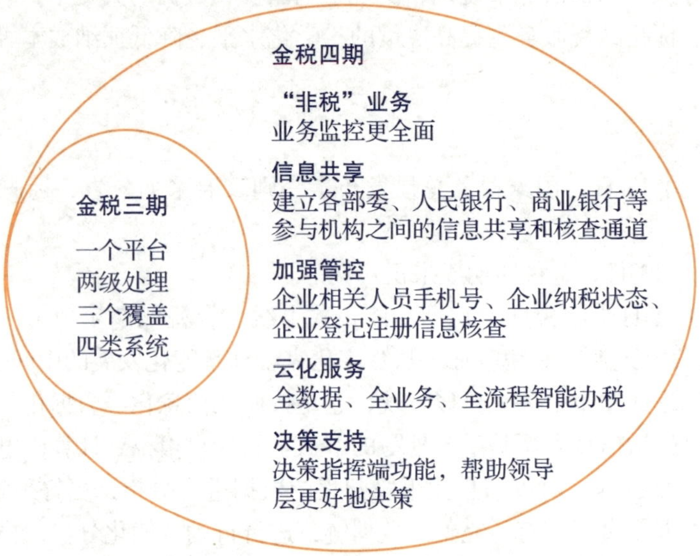

图 2－2　金税四期的特征（与金税三期对比）

在大数据的支持下，金税四期比金税三期监控更加全面，除了充分运用大数据、人工智能等新一代信息技术实现智慧纳税服务外，税务稽查也更严格、更精准、更全方位，囊括了企业和个人相关的私人账户等资金账户，提高了企业数据信息的透明化程度，充分实现了智慧监管。

（三）金税四期的目标

金税四期的建设目标包括以下四个方面。

1. 推动税务监管新体系建设

建成以“双随机、一公开”监管和“互联网＋监管”为基本手段、以重点监管为补充、以“信用＋风险”监管为基础的税务监管新体系，实现从“以票管税”向“以数治税”分类精准监管转变。“双随机”即随机抽取检查对象、随机选派执法检查人员；“一公开”即加快政府部门之间、上下之间监管信息的互联互通，依托全国企业信用信息公示系统，整合形成统一的市场监管信息平台，及时公开监管信息，形成监管合力。“双随机、一公开”监管有效限制了监管部门的自由裁量权，解决了监管中的权力滥用问题。

2. 加快推进智慧税务建设

实现法人税费信息“一户式”、自然人税费信息“一人式”智能归集，实现税务机关信息“一局式”、税务人员信息“一员式”智能归集，深入推进对纳税人和缴费人行为的自动分析管理、对税务人员履责的全过程自控考核考评、对税务决策信息和任务的自主分类推送。

3. 加强重点领域风险防控和监管

一是对逃、避税问题多发的行业、地区和人群，根据税务风险适当提高“双随机、一公开”抽查比例；二是对隐瞒收入、虚列成本、转移利润以及利用“税收洼地”“阴阳合同”和关联交易等逃、避税的行为，加强预防性制度建设，加大依法防控和监督检查力度。

4. 依法严厉打击涉税违法犯罪行为

健全违法查处体系，充分依托国家“互联网＋监管”系统多元数据汇聚功能，精准有效打击“假企业”虚开发票、“假出口”骗取退税、“假申报”骗取税费优惠等行为，保障国家税收安全。对重大涉税违法犯罪案件，依法从严查处曝光并按照有关规定纳入企业和个人信用记录，共享至全国信用信息平台。

三、金税四期的核心功能

（一）“一个平台、两级处理、三个覆盖、四类系统”主体架构

金税四期的主体延续了金税三期“一个平台、两级处理、三个覆盖、四类系统”的架构，其含义和建设目的如表 2－2 所示。

表 2－2　“一个平台、两级处理、三个覆盖、四类系统”的含义和建设目的

	一个平台	两级处理	三个覆盖	四类系统
含义	包含网络硬件和基础软件的技术基础平台	依托统一的技术基础平台，实现税务数据信息在总局和省局集中处理	覆盖所有税种，覆盖税收工作所有环节，覆盖各级税务机关	税收征管、纳税服务、管理决策和行政管理四个系统
建设目的	逐步建立覆盖总局、各级税务机关和相关政府部门的网络体系，统一网络硬件和基础软件技术平台建设，建立安全管理和运行维护体系，以保证税收工作在统一、安全、稳定的网络化平台的支撑下平稳运行	结合各地实际情况，建立总局、省局两级数据处理中心和处理机制，实现涉税数据在总局、省局两级的集中存储、处理和管理，使业务流程更加简化、结构更趋扁平化、管理和监控更加严密、纳税服务更加简便、系统维护更加便捷、系统运行更加安全，实现数据的宏观分析和微观分析相结合、全局分析和局部透视相结合，全面提升数据的利用价值	通过税收管理信息化建设，促使信息技术和管理方法在全国税务系统得到广泛应用，逐步实现税务管理信息系统对税务机关管理的所有税种以及税收工作运行的重要环节的全面、有效的电子化监控，并实现与有关部门的联网，以保证税收工作便捷、规范、高效进行	税收征管系统以税收征管业务为主要处理对象，纳税服务系统以为纳税人服务为主要任务，管理决策系统面向各级税务机关进行税收经济分析、监控和预测，行政管理系统以税务系统内部行政管理事务为处理对象，这四类系统满足了税收工作多层面、全方位的应用需求

（二）企业信息联网核查系统和全方位电子底账系统

企业信息联网核查系统和全方位电子底账系统是金税四期从税务方面向外扩展，将“非税”业务纳入监管视野，实现更全面监控的重要依托。

企业信息联网核查系统打通了社保、银行以及非银行支付机构之间信息共享和核查的通道，早在2019年，中国人民银行、工业和信息化部、国家税务总局、国家市场监督管理总局四部委就联手启动了企业信息联网核查系统的建设，中国工商银行、交通银行、中信银行、中国民生银行、招商银行、广发银行、平安银行、上海浦东发展银行8家银行作为首批用户接入企业信息联网核查系统，再加上逐步在全国推行的社保入税，金税四期下的税务监管不再是税务机关的单打独斗，全方位、专业化、立体化的监管体系正在形成。

全方位电子底账系统打通了各个行业在业务上供应关系的数据传输通道。除了及时、完整、准确的发票电子底账库，纳税人开具发票的全票面信息，包括汉字和数字内容都会实时加密上传，纳税申报、发票数据查验以及税源管理的各方面数据也会实时汇集，所有数据还能实时跨省异地推送，实现增值税纳税人纳税申报一窗式票票比对、票表比对，可有效解决不法分子虚开发票、篡改发票汉字信息等问题，全面提高税收管理质量和效率。

（三）领导层决策指挥端

1. 建设目标

为打造“智慧税务”，实现税收治理现代化的规划要求，国家税务总局决定推进金税工程决策指挥端建设工作，为领导层打造一套信息获取准确及时、页面展示直观形象、实操实控简单明了、指挥决策精准有力的指挥平台，以期实现如下目标：

（1）智慧办公，提高效率。

金税四期工程引入可视化、语音化、智能化技术，建设先进的多人音视频沟通系统，提供便捷的线上沟通、线上会商功能，实现全方位、宽领域、多场景的多人互动，以解决线上会议室拥堵、异地办公交互难、远距离沟通障碍等问题，提升智慧办公与协作水平，整体提高工作效率。

（2）智慧指挥，增强能力。

搭建各相关层级间上下连接、左右互通的全方位、弹性化指挥控制链条，组成纵向贯穿政府各级机关部门、横向覆盖各地区各职能部门的指挥控制网络，为国家税务总局和省级以下地方税务机关提供方便快捷的实时互联系统，增强全系统内高效指挥控制能力。

（3）智慧决策，提供依据。

智能收集并及时推送涉税重大事项及相关信息，运用个性化信息定制推送服务技术和人工智能交互界面技术，实现领导层决策任务差异化推送和智能关联推送，方便领导层第一时间掌握重要情况及舆情，更好地制定宏观经济决策，全面提升税收治理现代化水平。

2. 运行功能

金税四期工程构建的决策指挥端包括主体功能和辅助功能两大模块，具体如图2-3所示。

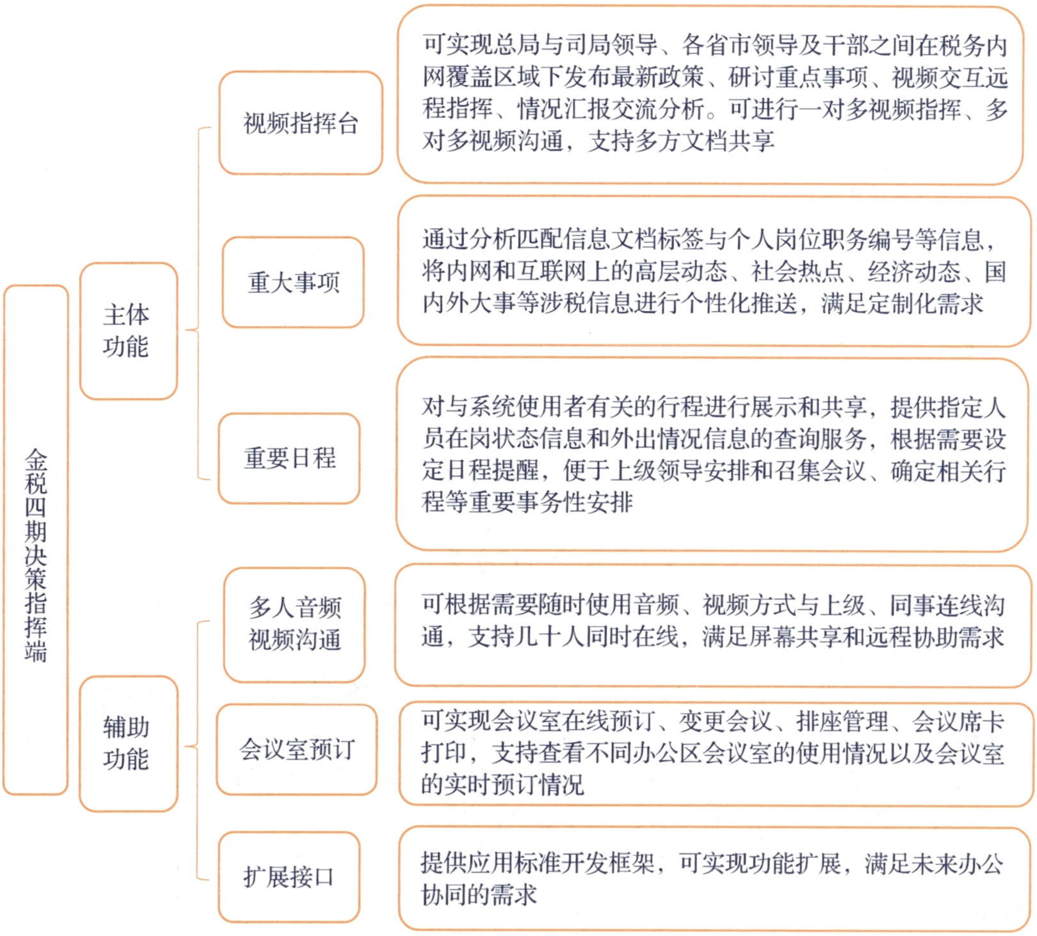

图 2-3　金税四期决策指挥端的功能

任务实施

1. 请你完成描绘我国税务信息化发展历程的作品。
2. 使用思维导图总结概括金税四期的特征和功能。

任务实训

从网上搜索运用金税四期的强大功能打击涉税违法犯罪行为的鲜活例子，并将你找到的案例跟同组的成员分享。

通关测试

手机扫描右方二维码，完成金税四期知识小测试。

素养园地

我国税收征管和服务的历史变迁

我国税收征管和服务流程在数字化的驱动下，经历了一个不断优化和重塑的过程。

一、征管方式——“收税”“报税”“算税”

受限于经济发展水平，以前税收征管主要依靠税务人员走街串巷、进企入户上门“收税”。

近十年来，我国不断推进税收信息化建设，逐步实现了纳税人足不出户，自行依法计算申报数据并进行网上“报税”。

在智慧税务引领下，我们正在逐步实现由信息系统自动提取数据、自动计算税额、自动生成申报，经纳税人确认或补正后即可线上提交的“算税”。

二、征管流程——“上机”“上网”“上云”

20世纪80年代以后，中国税收征管从纯手工处理逐步转向计算机操作，数据信息由电子储存替代了手工记载，大幅压缩了传统的手工操作程序，建立了以计算机为依托的征管运行流程。

近十年来，中国税收征管开始进入信息化阶段，逐步实现大部分税收征管和服务通过网络完成，传统的线下“面对面”的征管和服务流程逐步转向“非接触式”线上办理，既使税务部门工作效率大幅提升，又使纳税人、缴费人办税缴费更省时、省力、省事、省钱、省心。

随着大数据、云计算和人工智能等新技术的广泛运用，我们正在开启以数据的深度挖掘和融合应用为主要特征的税收征管智能化改造，计划通过1～5年的努力，基本建成以税收大数据为驱动力的具有高集成功能、高安全性能、高应用效能的“智慧税务”。

三、征管效能——“经验管税”“以票管税”“以数治税”

在“经验管税”时期，税收征管效能主要依靠人的经验积累来提升，由于人自身所限，这种提升的幅度有限且缓慢，体现的是征管效能的加法效应。

在“以票管税”时期，通过对发票所记载的货物和服务信息进行交叉比对、关联监控，及时发现涉税风险并快速应对，税收征管效能实现了倍增效应。

在“以数治税”时期，数据的聚合赋能将全面驱动税务执法、服务、监管制度创新和业务变革，全面提升税收征管效能和税收治理水平，税收征管效能将实现乘数效应。

资料来源：国家税务总局王军局长在金砖国家税务局局长会议上的发言，2021-09-15.

任务二 认知大数据时代的税务风险

任务描述

随着大数据时代的到来，各类数据呈几何式增长，此时对数据的深度挖掘和利用，可以为各行各业提供有力支持。有远见的企业及管理者应顺势而为，利用大数据不断优化内部税务管理流程与控制工作，从而降低税务风险，促进企业持续健康发展。本任务将以大数据时代为背景，从税务风险的特征、类别及分析方法等几个方面带领大家认知大数据时代的税务风险，为接下来的大数据风险防控的学习做好充分准备。

任务情境

2021 年 10 月，某市税务局通过大数据分析，发现路易思路商贸公司增值税税负偏低。这家公司的经营范围包括电视机、洗衣机、冰箱、电脑等 11 个品种，但是 2021 年增值税税负率只有 0.3%，与同地区、同行业增值税税负率 0.83% 相比低了 0.53 个百分点；同时，该公司企业所得税税负率也存在明显异常，仅有 13.83%，低于同地区、同行业平均水平 15.72 个百分点。

2021 年 12 月，评估人员来到该商贸公司对公司的异常情况进行进一步核查。说明来意后，公司老板强调："现在家电生意不好做，竞争激烈，利润微薄，利润低当然税负率就低了，我们也是没办法呀！"

评估人员核对了公司 2020 年的利润表后发现，该公司 2020 年销售毛利率还不到 2%，再扣除三项费用，当年实现的利润确实不多，只有 3 万多元。对一个年销售收入 500 多万元的公司来说，每年只有 3 万多元的利润，明显与实际情况不符，这其中难道另有隐情？

于是，评估人员进一步查阅了该公司 2018 年和 2019 年的财务报表。2018 年和 2019 年的毛利率与 2020 年基本相同。也就是说，一直以来，公司的毛利率都很低。毛利率不高，公司的规模却越做越大，这显然有悖常理。

接下来，评估人员又查阅了公司 2020 年的财务报表，发现 2020 年 5 月、6 月连续两个月，该公司结转的主营业务成本竟然都是 257 654.02 元。对此，评估人员询问了办税人员李某。李某解释说："2020 年 6 月，我家里有事，当月来不及做账，就按 5 月的发出商品进行了结账。不过，我后来都核对了，目前账簿和申报的数据完全相符！"听完他的解释，评估人员觉得李某是在故意掩饰账目的一些细节，5 月和 6 月明明是同一数据，李某却一口咬定账簿和申报的数据完全相符，这其中肯定有蹊跷。

第二天上午，评估人员调整工作思路，对该公司2020年申报的增值税抵扣联和货物销售发票进行核实、比对，并采用先进先出法，对冰箱的购、销价格进行了对比。经过对比，评估人员发现冰箱的毛利率高达17%以上，与账簿上不到2%的毛利率相差悬殊。可是，李某对此却给出了这样的解释：“2020年冰箱赚钱，其他商品赔钱，平均计算，综合毛利率当然就低了！”李某的这句话无意中提醒了评估人员。既然除冰箱以外的其他商品都赔钱，那就从其他商品“开刀”吧。出乎评估人员意料的是，其他商品，不但毛利率高达10%以上，而且购入的商品数量远远大于销售的数量。可是，公司每月的商品库存基本都在100万元左右，这意味着，公司很有可能存在销售商品不入账的情况。对此，李某又解释说：“我们购进商品时，有时来不及付款，就采取估价入账的方法。所以，发票上的商品数量、价格与账面的实有数量、价格不完全相符。”

这下，评估又陷入了困境。要认定该公司税负低的事实，必须有充分的证据支持。接下来，应该怎么寻找证据呢？

在向上级有关部门汇报后，评估人员又重新调整了评估思路，决定从该公司2018年3月5日开业的日期开始核对。由于该公司没有对库存商品进行分类核算，评估人员只能采取“两条线”的方法实施评估：一方面，对实际成本存货归类核算；另一方面，对计划成本估价商品部分进行比对、划销。

经过两天的纳税评估，评估人员最终确认该公司自2018年以来，为少缴税，一方面，购进商品时全额入账，但销售商品时部分不入账，成本多入账，达到多抵扣增值税、多结转销售成本的目的，造成毛利率和税负率偏低的假象，从而少缴增值税和企业所得税；另一方面，为了冲减账面上多余的存货，打着估价入账的幌子，任意冲减库存商品，自由调节资产负债表的逻辑关系，达到以假乱真的目的。

在评估人员的说服教育下，该公司负责人承认了错误，并补缴了少申报的税款和相应的滞纳金。

任务清单

1. 对路易思路商贸公司面临的税务风险类别进行分析。
2. 判断路易思路商贸公司税务风险管理所处的阶段。
3. 分析对路易思路商贸公司税务风险进行分析时所使用的方法。

任务准备

一、税务风险的概念及特征

（一）税务风险的概念

税务风险属于特定的社会公共风险范畴，主要是指在税收管理过程中，受社会经济环境、税收管理及税收征收等各种不确定性因素的影响，实际税收管理的结果与预期目标之间客观上存在偏差，导致纳税人利益损失和国家税收流失的不确定性和可能性。

税务风险的度量可以从两个方面展开，如图 2－4 所示。

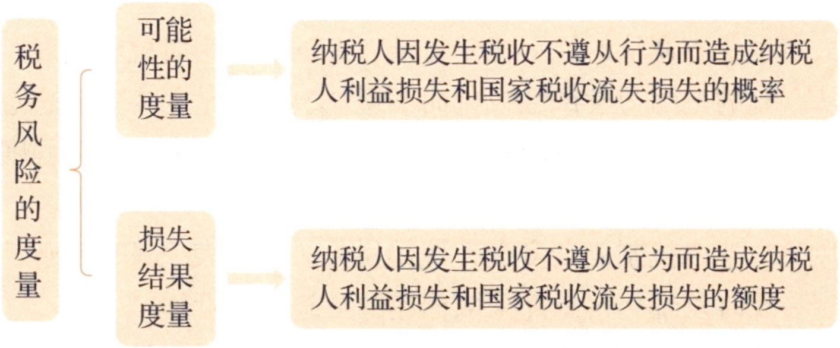

图 2－4　税务风险的度量

税务风险的损失性和危害性是客观存在的，可导致税收遵从度降低、纳税人利益受损、税源状况恶化、税收调节功能减弱、税收收入减少和流失，进而使政府财政职能需要难以得到满足。但同时税务风险也是变化的、可控的，可以通过有效的风险管理策略、措施和方法进行防范、控制、转移和消除。

（二）税务风险的特征

由于税收本身特有的运行机制，税务风险除了具有一般风险的共同特征外，还具有相对独立的特征属性。

1. 风险承担主体的多元性和多样性

（1）纳税人是税务风险的主要承担主体。一方面，政府税收制度、政策及管理是否合理、稳健，是纳税主体进行未来投资经营和消费行为的主要考虑因素。如果税收制度运行问题重重，税务风险很容易演化为税收危机，会直接影响纳税人主体对未来的预期，从而影响经济运行的均衡性和持续性。另一方面，税务风险的解决最终要落实到纳税人主体身上，如纳税人对税法不遵从，做出逃避缴税、骗税等行为，必将受到税法的惩罚，带来经济损失增加和纳税信用降低的后果。

（2）除了纳税人之外，税务风险的承担主体还有政府和国家。税务部门是承担征税职责的政府部门，税务部门承担的税务风险是从事征税活动过程中潜在的税收流失的可能性，一旦税务风险发生，国家的财政安全将受到威胁和危害，风险的最终承担者是国家，这是税务风险与一般经济风险的显著区别。

（3）税务风险不断积累，最终会演化为国民经济危机，甚至是国家政权颠覆的社会风险，税务风险的承担主体演化、传导至社会更多主体，会导致更大范围的经济损失和社会危害。

2. 风险形成机制的特殊性和复杂性

（1）税务风险是税收制度的主观性与客观经济的现实性之间的偏差导致的。尽管税收法律制度和政策的制定过程必须依据经济运行的客观规律，但受制于制度政策制定者和管理者对客观经济的认识水平及判断能力，税收制度与客观现实之间难以完全符合，科学性、合理性等方面存在相应欠缺，制度预期与现实经济运行之间存在偏差，因而会产生制度性漏洞，引发税务风险。

（2）税收制度、政策与税收管理本身存在运行机制方面的欠缺，也是税务风险形成的原因。

（3）纳税人对税法不遵从的原因比较复杂，有的是因为对税收制度、法律政策理解有偏差而不遵从，有的是因为尝试性投机而不遵从，有的是因为主观恶意而不遵从。复杂多变的税收不遵从因素会导致不同程度的税务风险，其损失的危害程度亦有所不同。

3. 风险存在形式的隐蔽性和潜伏性

（1）税务风险的形成机制复杂多变，使得税务风险的表象具有隐蔽性和潜伏性，税务人员往往不容易及时发现、察觉并采取相应的措施加以管理。

（2）税收显性风险更易于利用技术手段被人为地处理成隐性风险。比如，一些纳税人的显性税收不遵从往往通过账务处理等形式隐蔽起来，风险点不在账面上显示，虽然暂缓了一时的税收显性风险压力，却潜藏着巨大的税务风险隐患，为税收征收管理预期目标的实现设置了障碍，随着风险不断累积，风险程度进一步演化，会引发更大的纳税人利益损失和国家税收流失。

4. 风险防范的难控制性和不确定性

除了自然风险等不可抗力外，一般经济风险大部分是由决策失误或管理不当造成的，只要提高决策和管理能力，风险的规避、转移、控制及化解就会相对容易一些。

税务风险的形成原因较为复杂，涉及范围广，具有隐蔽性和多变性等特征，且与国家的政治制度、经济运行、税收制度、税收管理体制和管理能力及税收遵从度等密切相关，这使得税务风险的防范、控制、化解的难度进一步加大，税务风险防控的不确定性进一步增强。这不仅是我国税收管理面临的重大问题，也是世界各国普遍面临的社会难题。

5. 风险影响的波及性和传导性

（1）在一定体制下的税务系统内部，各级税收之间的任何一级税收产生风险，都会迅速在上级和下级之间传导与扩散，形成整个税收系统风险共担的局面。

（2）税收系统与社会经济的紧密相关性和相互依存性，使得税务风险与国家、经济、社会风险相互影响、相互转化。例如，经济危机会导致企业开工不足、社会失业率上升，从而增加税收压力；企业经济效益下降会导致税收遵从度下降、税务风险加大等。

（3）税收作为政府的经济行为，担负着资源配置、收入公平分配、促进经济稳定发展的职责。从这个意义上讲，税收活动覆盖了社会经济活动的各个方面。如果税收制度和管理决策有缺陷，就会形成制度性、管理性税务风险，最终表现为税收管理秩序混乱、经济运行效益低下、基础设施投资乏力、收入分配难以协调、税收遵从度下降等国家性和社会性风险危机的积累、爆发、扩展及传导，从而导致经济衰退、政府公信力下降，引发社会动荡。中外历史上不乏税务风险危机导致社会巨变、政府垮台的事例。

二、税务风险的类别

税务风险存在于纳税登记、认定和纳税申报等税收征管活动的全过程。分析研究不同层面、不同阶段税务风险的特征和表现形式，对税务风险行为进行科学分类，深入了解其产生过程和原因，对有效实施税务风险管理具有重要的意义。在税收征管过程中，主要根据以下四个标准对税务风险进行分类。

（一）根据风险层面的不同分类

1. 战略层面的税务风险

我国战略层面的税务风险，主要来源于税收管理机构在税收征管过程中面临的经济、社会和技术等环境，如表 2－3 所示。

表 2－3　战略层面的税务风险

风险类别	税务风险成因	税务风险表现
经济环境税务风险	全球经济一体化进程日益加快，跨国交易事项的税收业务日益增多且越来越复杂。我国加入世贸组织后，国际避税与国内避税开始相互渗透、相互掩盖、相互影响，且有蔓延发展之势	（1）跨国避税范围日渐扩大，随着外资准入领域不断放开，避税已由以制造业为主逐步向商业、金融业、服务业等领域扩展 （2）跨国避税方法更加隐蔽，筹划交易过程更为复杂 （3）关联交易频发，一些企业在隐蔽关联关系方面想方设法地大做文章，且有愈演愈烈之势 （4）由于税收相关法律对不举证的处罚力度较轻，税务机关的境外调查手段又相对有限，因此一些企业通过不提供或提供虚假境外资料的手段避税 （5）资本弱化避税更加突出，一些企业通过减少权益性投资、增加债务性投资的方式进行资本弱化避税 （6）境内避税问题日益严峻，尤其是利用税收优惠政策避税现象日益突出
社会环境税务风险	普遍存在的“地下经济”中埋藏着巨大的税务风险隐患	我国现行法律只针对合法的涉税经济活动产生的收入征税，非法“地下经济”活动产生的收入没有计入应税范围，而是由相应的执法部门予以取缔，并没有没收非法经营所得。这样看来，非法“地下经济”活动似乎不会导致税收流失。但实际上，还是有部分非法“地下经济”活动逃避了政府的监管且仍处于运行之中。在社会资源一定的情况下，“地下经济”必然会导致合法经济部门生产的商品和劳务所占市场份额减少，相应地，其经营收入也会减少，国家税收也会同比例减少。所以，非法的“地下经济”活动不仅会导致国家税收流失，还会扰乱税收秩序，不利于构建依法纳税的税收环境
技术环境税务风险	电子商务具有流动性和隐蔽性的特点，加大了税收征管难度，引发税务流失风险	（1）税收管理缺位，造成税款流失。电子商务以其更加便捷的交易方式和更低的交易成本被越来越多的企业所采用，也被越来越多的消费者所喜爱。但对电子商务的发展，税务部门至今还没有系统的征管对策，国家也没有系统的法律法规来规范和约束电子商务行为，由此带来税收管理的真空和缺位，导致应征的税款大量流失 （2）课税凭证的无纸化、电子化，加大了税收征管和稽查的难度。传统的税收征管和稽查模式是建立在有形的凭证、账册和各种报表基础上的，而电子商务的各种报表和凭证，都是以电子凭证的形式出现和传递的，电子凭证可以被轻易地修改、删除而不留痕迹和线索，无原始凭证可查证、比对，这使得传统的税收管理和稽查方式受到严峻挑战

2. 操作层面的税务风险

从我国税收管理实践看，近十几年来，税收不遵从现象相当严重，税收征管机构所面临的税务风险形势十分严峻。操作层面的税务风险主要有表 2－4 所示几类。

表 2－4　操作层面的税务风险

风险类别	表现形式
税务登记、认定类	不办理税务登记，税务登记不及时，有效变更、注销不合理等
发票使用不规范类	虚开、虚抵、假票等
纳税申报、税额确认类	纳税不申报，申报不入库，虚假申报，申报不足、不及时、不合理、不准确，逃税、骗税、抗税等

（二）根据风险承担主体的不同分类

1. 纳税人风险

所谓纳税人风险，是指纳税人未能履行法定纳税义务或者未服从税务机关及其工作人员的合法管理而造成的责任风险。纳税人风险包括两方面，如图 2－5 所示。

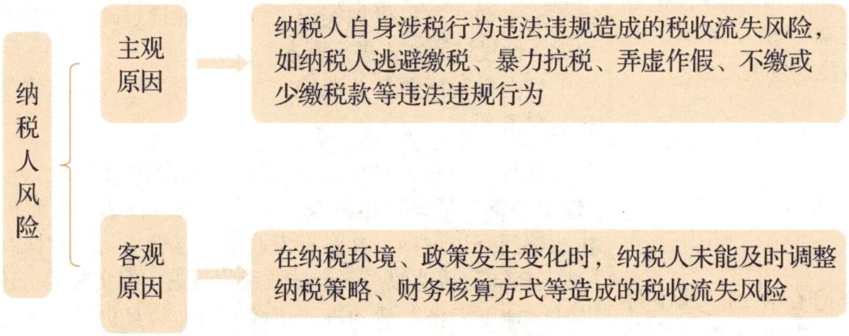

图 2－5　纳税人风险

2. 扣缴义务人风险

扣缴义务人，是指法律、行政法规规定负有代扣代缴、代收代缴税款义务的单位和个人。根据现行法律的规定，扣缴义务人主要有扣留收取义务、申报义务、缴纳义务、填发义务以及诸如办理扣缴税款登记、依法接受账簿及凭证管理等其他法律义务。

所谓扣缴义务人风险，是指扣缴义务人未能依法履行法定的代扣代缴义务造成的税收流失风险。例如，扣缴义务人不按时扣缴或不正确扣缴税款，未按规定建立扣缴税款的账簿记录或未及时解缴已扣缴的税款，这些违法违规行为都会导致相应的税收流失。

3. 税务代理人风险

税务代理，是指税务代理人在法定的范围内，接受纳税人、扣缴义务人的委托，以纳税人、扣缴义务人的名义代为办理税务事宜的一种专业服务行为。

所谓税务代理人风险，是指税务代理人未依法履行法律和行政法规规定的税务代理义务造成的纳税人未缴或少缴税款的税收流失风险。在实践中，税务代理人风险是税务风险的重要组成部分。我国《税收征收管理法》第八十九条规定："纳税人、扣缴义务人可以委托税务代理人代为办理税务事宜。"相应地，我国《税收征收管理法实施细则》第九十八条规定："税务代理人违反税收法律、行政法规，造成纳税人未缴或者少缴税款的，除由纳税人缴纳或者补缴应纳税款、滞纳金外，对税务代理人处纳税人未缴或者少缴税款50%以上3倍以下的罚款。"

4. 纳税担保人风险

纳税担保，是指经税务机关同意或确认，纳税人或其他自然人、法人、非法人组织以保证、抵押、质押的方式，为纳税人应当缴纳的税款及滞纳金提供担保的行为。

所谓纳税担保人风险，是指在纳税人、扣缴义务人不能按照规定的期限缴纳或者解缴税款的情况下，纳税担保人未能按照规定的期限缴纳所担保的税款造成的税收流失风险。根据国家税务总局颁布的《纳税担保试行办法》的规定，纳税人、纳税担保人违反税收遵从规定，采取欺骗、隐瞒等手段提供担保的，由税务机关处以1 000元以下的罚款；属于经营行为的，处以1万元以下的罚款。

5. 其他税务行政相对人风险

税务行政执法中的其他税务行政相对人具有不确定性，并且与纳税人之间的经济利益关系较为复杂，介入税务行政关系的形式也多种多样，造成的税务风险也较为复杂。一般情况下，其他税务行政相对人与政府的税收利益处于对立状态。例如，某些人参与或怂恿、包庇纳税人违反税收法律的行为，带来更大范围的税收流失风险。

（三）根据税收征管过程中具体环节的不同分类

在我国，以《税收征收管理法》及其实施细则为代表的税收征管法律法规，对税收征管过程中征纳双方的权利、义务进行了详细规定，在整个过程中，不同环节有不同的税务风险，具体表现在以下六个方面。

1. 税务登记风险

税务登记主要包括：领取营业执照后的税务登记，税务登记内容发生变化后的变更登记，依法申请停业、复业登记，依法终止纳税义务的注销登记等。在各类税务登记管理中，纳税人应根据税务机关的规定分别提交相关资料，及时办理相关事宜。

税务登记风险，是指纳税人未依法办理税务登记向主管税务机关申报纳税而产生的税务风险。在实际的税收征管实践中，由税务登记问题带来的税务风险比较突出，特别是不办理登记、虚假登记或利用变更、注销等形式逃避缴纳税款的现象时有发生。

2. 财务核算风险

财务核算风险大致可分为如图2-6所示的几类。

3. 税源监控风险

税源监控风险，是指未按规定安装、使用税控装置而产生的税务风险。国家根据税收征收管理的需要，积极推广使用税控装置，从源头上监控税源的涉税风险。纳税人未按照税务机关的要求安装、使用税控装置，未按照税务机关的规定报送涉税数据和资料，损毁或者擅自调控税控装置，将会受到相应的处罚，引发税收不遵从的风险，对税务部门来说则会产生相应的税收流失风险。

财务核算风险

- 纳税人未按照有关法律、行政法规和国务院财政、税务主管部门的规定设置账簿，并根据合法、有效凭证记账，进行财务核算
- 从事生产、经营的纳税人未按照国务院财政、税务主管部门规定的保管期限保管账簿、记账凭证、完税凭证及其他有关资料
- 纳税人伪造、变造或者擅自损毁账簿、记账凭证、完税凭证、财务软件及其他相关资料
- 纳税人在购销商品、提供或者接受经济经营服务时以及在其他经营活动中，未依法开具、使用、取得和保管发票
- 纳税人和扣缴义务人的财务、会计制度或者财务、会计处理办法及会计核算软件，未依法报送主管税务机关备案
- 纳税人和扣缴义务人的财务、会计制度或者财务、会计处理办法与国务院或者国务院财政、税务主管部门有关税收的规定相抵触

图 2－6　财务核算风险

4. 纳税申报风险

纳税申报风险，是指未依法按时、如实申报并缴纳税款、滞纳金及其他法定行政性收费而产生的税务风险。该风险主要源于三类主体，即纳税人、扣缴义务人和税务代理人。

（1）纳税人必须依照有关法律、税务行政法规规定的申报期限、申报内容，如实办理纳税申报，报送纳税申报表、财务会计报表，以及税务机关根据实际需要要求报送的其他合法涉税资料并缴纳税款。

（2）扣缴义务人必须依照有关法律、税务行政法规规定的申报期限、申报内容，如实报送代扣代缴、代收代缴税款报告表，以及税务机关根据实际需要要求报送的其他有关合法涉税资料并缴纳税款。

（3）税务代理人必须依照有关法律、税务行政法规确定的申报期限、申报内容，为提出委托的纳税人和扣缴义务人办理纳税申报，提供有关资料并缴纳或扣缴税款。

纳税人、扣缴义务人、税务代理人未尽到以上法定义务时，将会产生税务风险。

5. 信息报送风险

信息报送风险，是指未依法及时提供、报告涉税信息而产生的税务风险。纳税人除通过税务登记和纳税申报向税务机关提供涉税信息数据外，还应及时提供、报告其他涉

税信息。如报告全部银行账号，处置大额财产，企业合并、分立、歇业、经营情况变化等涉税信息及企业遭受各种灾害的信息等。

6. 税务检查风险

纳税人有依法接受税务检查的义务，应主动配合税务机关按法定程序接受税务检查，如实向税务机关报告生产经营和执行财务制度的情况，并按有关规定提供、报告财务报表和涉税资料。隐瞒和弄虚作假，或者阻挠、刁难税务机关工作人员依法履行税务检查监督职能的，将会产生相应的违法成本，引发税务风险。

当纳税人存在以上税收不遵从行为表现时，税务机关可以根据情况判定产生税务风险的可能性，进而分析识别造成相应的税收流失的可能性，从而进一步采取有效风险管理措施加强税源监控，降低税务风险，促进征纳双赢。

（四）根据风险主体的不同行为性质分类

西方国家的税收遵从理论根据税收不遵从风险主体行为性质的不同，将税务风险划分为程序性不遵从风险、无知性不遵从风险、懒惰性不遵从风险、自私性不遵从风险、象征性不遵从风险、社会性不遵从风险、经纪人不遵从风险和习惯性不遵从风险八种形式。

我国著名学者马国强教授在借鉴西方国家税收遵从理论研究成果的基础上，对我国纳税人税收不遵从行为方式进行研究并集中归纳和分类，做出了符合中国国情的本土化解析，将税收不遵从行为分为如图 2－7 所示的三类。

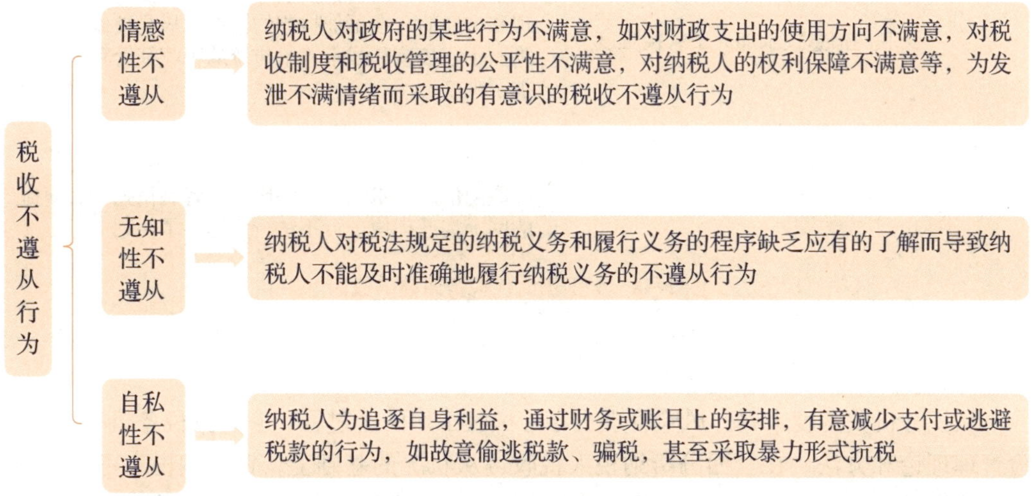

图 2－7　税收不遵从行为的分类

三、大数据时代税务风险的成因及管理

（一）大数据时代税务风险的成因

大数据时代的税务风险存在于不同的层面和税收征管活动的全过程。分析研究大数据时代税务风险的成因，对于有效防控税务风险具有重要的意义。总体来说，大数据时代税务风险的成因主要包括如图 2－8 所示的几类。

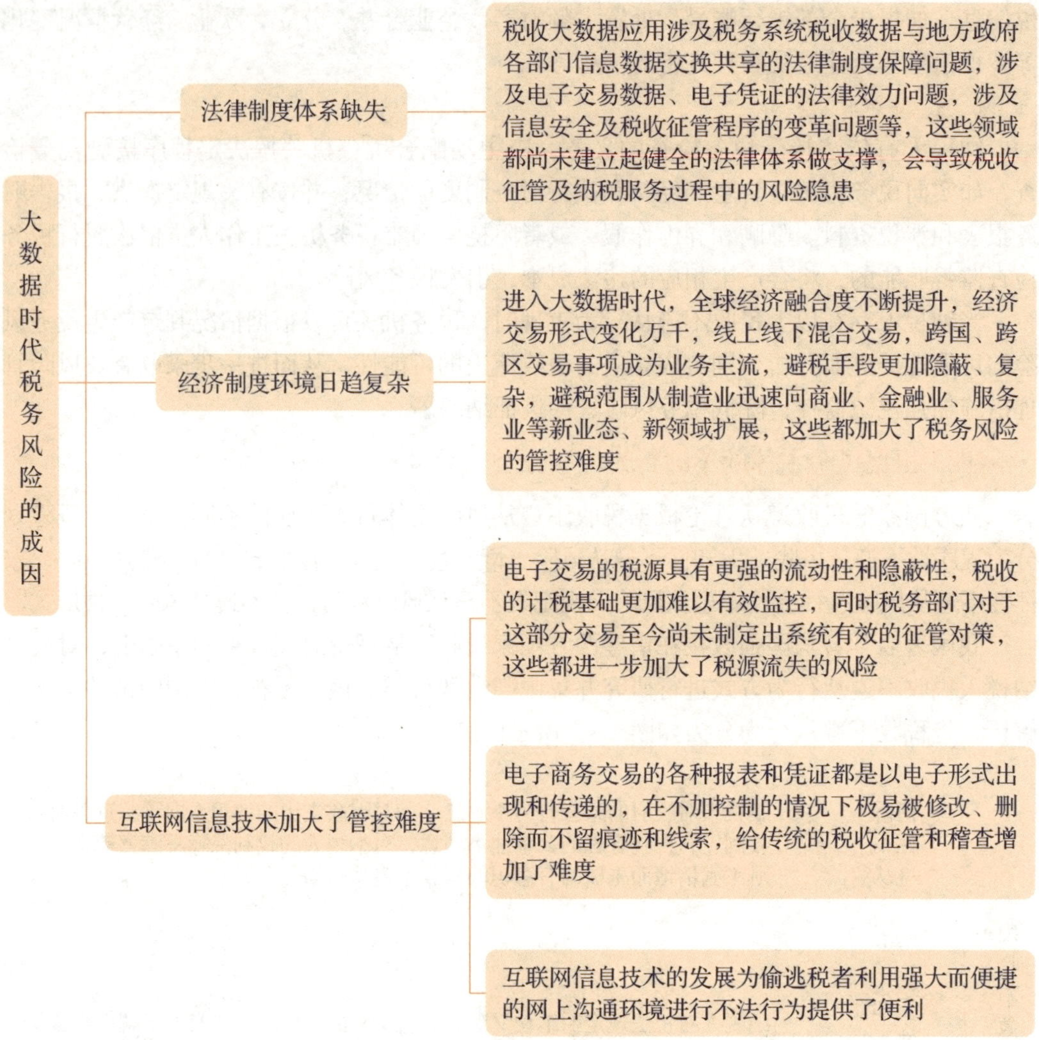

图 2-8 大数据时代税务风险的成因

（二）大数据时代税务风险的管理

从税务机关角度来看，风险管理贯穿于税收工作的全过程，它是指税务机关运用风险管理理论和方法，在全面分析纳税人税收遵从状况的基础上，针对纳税人不同类型、不同等级的税务风险，合理配置税收管理资源，通过风险提醒、纳税评估、税务审计、反避税调查、税务稽查等风险应对手段，防控税务风险，提高纳税人的税收遵从度，提升税务机关管理水平的税收管理活动。

大数据时代的税务风险管理，是指运用税务风险管理理念，依托金税四期税务管理系统，以分级分类的风险特征库为基础，融风险识别、风险分析、风险评价、任务统筹、应对处置和质效评价于一体的过程，从风险分析、任务制定、任务推送、任务应对到任务反馈，实现了风险管理工作的全程监控。各级税务机关在大数据税务风险管理中的职责如表 2-5 所示。

表 2－5　各级税务机关在大数据税务风险管理中的职责

级别	职能	具体工作
总局	指导全国范围内的税务风险管理工作	组织制定税务风险管理战略规划； 制定税务风险管理工作规程； 制定税务风险过程监控和效果评价标准； 组织开展特定微观领域的税务风险分析； 有选择地整合风险应对任务并向省税务机关推送； 组织对省税务机关风险管理过程的监控和效果评价
省局	接受税务总局下达的风险应对任务	统一确定全省的税务风险管理重点； 统一实施税务风险等级排序； 统一下达税务风险应对任务； 统一组织实施税务风险管理工作的检查和考评； 切实做好任务应对并及时反馈应对情况
市、县局	做好税务风险应对工作，辅助做好其他税务风险管理工作事项，必要时也可以组织开展风险分析识别工作	

大数据税务风险管理充分体现了“以数治税”的税收治理理念，基于互联网、大数据、区块链及人工智能等现代信息技术，以税收大数据为驱动力，通过广泛获取、共享、分析、挖掘企业信息，利用税收大数据，智能化开展税务风险分析识别、预警评估与风险任务推送，通过风险提醒、纳税评估、税务审计、反避税调查、税务稽查等风险应对手段，最大限度地优化征管资源配置，不断提高税收遵从度与税务机关管理质效。

从税务风险管理流程的不同阶段来看，税务风险管理主要包括四个方面的内容，如图 2－9 所示。

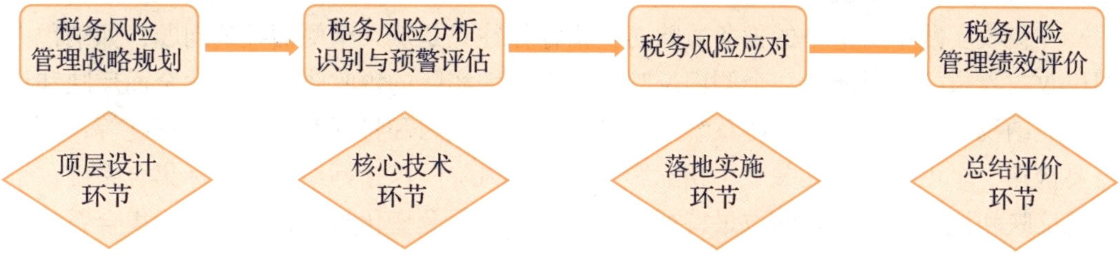

图 2－9　税务风险管理流程及内容

1. 税务风险管理战略规划

税务风险管理战略规划是指在对政治、经济、社会环境进行深入调查、分析研究的基础上，结合税务机关总体战略要求、内外部管理环境与管理资源等相关条件，对一定时期内税务风险管理的目标、阶段性战略重点、方针战略、主要实施步骤及相关措施方法等做出的系统性、全局性的谋划、规划及部署安排。

2. 税务风险分析识别与预警评估

税务风险分析识别是指基于税务风险战略规划，通过运用涉税信息数据开发税务风险特征库，构建税务风险指标体系，并运用量化管理技术和数据模型等技术手段、工具方法，分析识别税务风险，寻找和发现税务风险可能发生的区域、环节，为实施风险应对给出明确的风险指向目标。税务风险预警评估则是指识别到风险后，采用一系列科学方法对存在潜在税务风险的区域和环节进行分类分析、测算，对风险发生的可能性和损失程度进行分析、判断和评价，确定风险等级，进行预警信息发布及风险任务推送等。

3. 税务风险应对

税务风险应对是指对税务风险分析预警监控系统推送的风险任务进行及时有效的处理、控制、排查，是税务风险管理流程中至关重要的阶段，需要通过理性的税务风险行为分析，根据风险等级合理配置征管资源，选择分级、分类应对处理的应对策略，采取有针对性的应对措施和方法，按照税务风险等级由低到高的顺序，分别采取纳税辅导、税源监控、纳税评估、反避税调查、税务稽查等差别化、递进式的服务和管理组合策略。

4. 税务风险管理绩效评价

税务风险管理绩效评价是税务风险管理流程的最后阶段，是指基于税务风险管理的目标，通过建立科学有效的绩效考核评价标准和机制，对税务风险管理全过程的运行质量和效率进行全面总结评价、考核激励，促进税务风险管理目标的实现，不断提高征管质效。

四、税务风险防控指标体系

税务风险防控指标是具体反映和描述税务风险特征的概念及量化数据，能够全面系统地反映和描述税务风险的数据特征、关联影响关系及变动规律。

税务风险防控指标既包括指标名称又包括指标数值，是两方面的综合，以增值税税负率 2.67% 为例，其中“增值税税负率”是税务风险防控指标名称，而“2.67%”则是指标数值，又称变量值。

在税收实践中，单一的税务风险防控指标往往只是从某个侧面反映问题，如纳税人的税收收入指标，只能从一个侧面反映纳税人本期实际的税收收入，无法全面反映和说明企业纳税申报情况，更不能系统反映税务风险的成因和特征及税务风险程度等，所以需要构建一个由若干相互关联、相互影响的税务风险防控指标组成的指标集合系统，全面地反映和说明税务风险的数量特征、关联影响关系及变化规律，这个指标集合系统称为税务风险防控指标体系。

税务风险防控指标体系按照不同的标准可以有不同的分类，此处我们按照涉税大数据的来源将其分为四类，如图 2－10 所示。

（一）财务数据税务风险防控指标体系

财务数据是由企业内部财务凭证、账册、报表等组成的数据。这些数据与涉税事项密切相关，不仅是企业纳税申报的主要数据来源和附报资料，也是分析税务风险的重要指标。

财务数据可以分为凭证类原始数据、财务总账及报表数据、财务指标类数据。

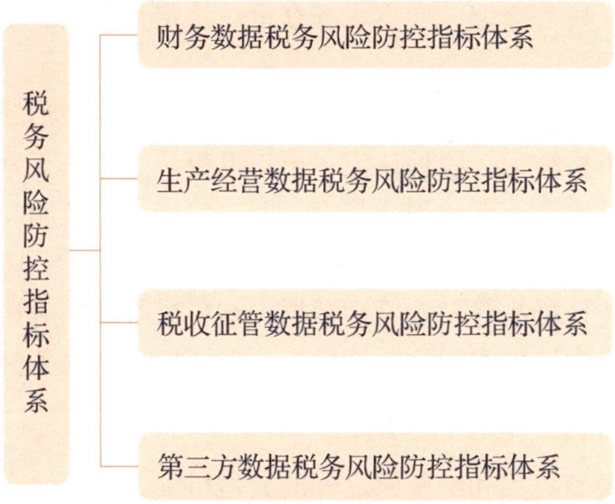

图 2－10　税务风险防控指标体系分类

凭证类原始数据是企业在经营过程中处理交易时所产生、接收的凭证上承载的数据，以及在会计科目体系下对这些数据进行的提炼，包括发票金额、差旅行程、付款明细等以及承载这些数据的发票、行程单、火车票、银行回执单、合同等。凭证类原始数据是登记账簿、进行会计监督的重要依据，当然也是涉税事项真实性、准确性的最有力证明。

财务总账及报表数据是根据企业经营财务信息统计核算得出的汇总账户的数据，以及按照总账数据填制的财务报表数据，包括资产负债表、利润表、现金流量表以及所有者权益变动表。

财务指标类数据是企业总结和评价财务状况与经营成果的相对指标，包括偿债能力指标、盈利能力指标、运营能力指标、发展能力指标等。

（二）生产经营数据税务风险防控指标体系

生产经营数据，又称第二方信息，是税务机关依法要求纳税人提供的涵盖生产经营全过程的第一手数据，具体包括：企业所属行业情况、行业景气指数、周期变动情况等行业数据；企业组织架构、发展战略、内部控制情况等治理数据；企业生产经营特征、主营业务、工艺流程技术特点等运营数据；企业原材料采购及库存情况、物耗和能耗的结构特点、设备和包装物的生产特色、产成品及副产品存货情况等生产数据；企业运输方式、销售合同、分销渠道、销售终端、售后服务等销售数据。

（三）税收征管数据税务风险防控指标体系

税收征管数据是指税务机关运用数据抽取工具等从税务软件系统中抽取的涉税数据。由于税收征管数据主要来源于金税、非金税等税务软件系统，因此又被称为税务部门内部数据。税收征管数据作为税务机关开展税收风险管理的数据基础，根据数据来源的不同，可以分为纳税人申报数据和征税人税收管理数据。

其中，纳税人申报数据是指纳税人依照《税收征收管理法》的相关规定，主动向主管税务机关报送的数据，具体包括：各税种纳税申报、费用申报、出口退税申报、延期申报等申报数据；设立税务登记、变更税务登记、法定代表人、投资人和投资比例、财产登记等税务登记数据。

征税人税收管理数据是指税务机关在税收征收管理活动中形成的税收业务数据，具体包括：一般纳税人资格登记、税种认定、出口退税认定、非正常户认定、税收优惠资格认定等认定数据；外出经营活动税收管理证明、自产自销证明、进货退出证明、索取折让证明等税收证明数据；领用发票、代开发票、开具发票、取得发票、增值税专用发票抵扣、海关完税凭证抵扣等发票管理数据；纳税风险评估等税收评定数据；重点检查、分类计划检查、集中性检查、临时性检查、专项检查、税务稽查等税务检查数据。

（四）第三方数据税务风险防控指标体系

第三方数据是指税务机关和纳税人之外的其他机关、行业协会、事业单位、社会团体或企业个人提供的，或者运用互联网 +、物联网、大数据、云计算等新兴感知技术，在互联网上采集、筛选、捕捉与税收相关的数据和公开信息，并在此基础上加工整理形成的，与税务机关税收征管活动和纳税人生产经营活动相关的数据，具体包括：市场监管局、统计局、商务部、发展改革委、证监会、国家金融监督管理总局等政府部门提供的相关数据；行业协会提供的行业法律法规、行业技术标准、行业经营规律、行业供需等相关数据；专业研究机构提供的专题研究报告；互联网上发布的海量的企业收购、投资、房屋交易、股权转让、重大项目等经营信息；等等。

随着政府等监管机构间信息沟通渠道的不断畅通和互联网技术的迅速发展，第三方数据被广泛应用于税收风险管理工作中，此类数据不仅是提高税收风险管理水平的重要数据资源，也是评价纳税人申报真实性、可靠性的重要依据，既优化了税收征管模式，提高了纳税人的办税效率，也有助于税务机关及时找到税收流失的风险点，为深层次开展税收风险管理工作提供了强大的支撑。

五、大数据时代税务风险的分析方法

大数据时代税务风险管理的核心业务是税务风险分析识别与预警评估，需要采用科学的风险分析识别方法，精准查找税务风险的来源、风险发生区域、风险易发环节及具体的风险疑点，进而采取有效措施进行风险防控与风险应对。

（一）核对法

核对法是指通过表表之间、表实之间以及内外部信息之间的核对，发现企业存在的涉税问题的方法。

表表核对是指对企业各税种纳税申报表、财务报表等进行同一报表中有关项目的核对，或进行不同报表间数据的相互核对，以查找涉税风险的方法。比如，将增值税申报表中的销售收入与企业所得税申报表中的营业收入进行比对，将资产负债表中的未分配利润与利润表中的未分配利润进行比对，将利润表中的利润总额与企业所得税申报表中的利润总额进行比对等。

表实核对是指将账面记录与库存实物的品种、数量、价值进行比对，确认是否相符的一种核对方法。比如，税务机关在进行风险筛查的过程中发现某 4S 店存货数额较高，达到4 000余万元，以其所经营的小汽车品种及库存实物推算，小汽车的账面价值不足2 000万元，剩余2 000余万元登记为零配件价值，但实地核查后发现实物远远不足，由此发现了该4S店为个人消费者提供的维修、保养、装饰等服务未确认收入和结转成本，从而未缴纳企业所得税的问题。

内外核对是指将税务机关内部掌握的数据与第三方信息进行核对，由此发现税务风险的方法。比如，将市场监督管理局的年报信息、统计局的利润信息等与企业报送的财报数据进行比对，核实确认税务风险。

（二）比较分析法

比较分析法是指将企业当期的涉税信息、财务数据等与同一纳税人不同时期或不同纳税人相同时期数据或行业平均数据等进行比较，查找差异并判断其合理性，从而分析涉税风险的方法。

比较分析法又包括绝对数比较分析法和相对数比较分析法。

（1）绝对数比较分析法。绝对数比较分析法是指将相互关联的涉税指标的绝对值直接进行对比来揭示和发现差异，并根据这些差异判断问题性质和程度的方法。比如，对企业不同时期的销售收入或应纳税额进行比较。

（2）相对数比较分析法。相对数比较分析法是指将数据中内容不同但相互关联的税收指标进行对比计算，具体又可以分为如图2－11所示的两种方法。

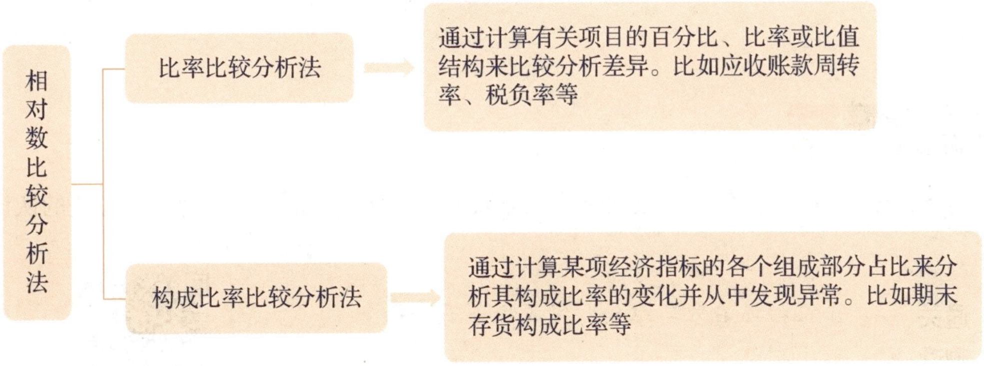

图2－11　相对数比较分析法分类

（三）逻辑推理法

逻辑推理法是指利用涉税数据间的逻辑关系来推断指标体系中某一特定指标的真实性和合理性的方法。逻辑推理法又包括比率分析法、杜邦分析法和因素分析法。

比率分析法是指分析比对某些存在固有配比关系的相关指标之间的相关性来判断其合理性的方法。比如，对某些行业来说，销售毛利率在长期经营过程中会形成一个相对稳定的幅度，如果某企业销售毛利率与这个稳定幅度相比出现较大差异，则需要考虑税收风险的可能性。

杜邦分析法是指利用“净资产收益率＝资产净利率×权益乘数”这一内在关系来对涉税风险进行追根溯源的方法。如果某企业净资产收益率与同期或行业均值相比存在较大差异，我们就可以从资产净利率和权益乘数这两个方面入手查找税务风险。

因素分析法是指根据分析指标与其影响因素之间的关系，从整体数据中概括和提取出几个相关联的因素，确定各因素对分析指标影响程度的方法。比如，利润 = 单价 × 销量 – 单位变动成本 × 销量 – 固定成本，在税务风险分析过程中考虑企业利润时，可以从价格、销量、单位变动成本和固定成本几个因素入手进行分析。

（四）控制计算法

控制计算法是指根据有关数据间相互控制、相互制约的关系，用科学、可靠的方法推算已证实账面资料是否存在涉税风险的方法。保本经营测算法、能耗测算法、投入产出法、设备生产能力法、工时（工资）耗用法都属于控制计算法，此处简单了解即可，我们将在项目三举例进行详细说明。

任务实施

1. 请按照税务风险的不同分类标准分别对路易思路商贸公司面临的税务风险进行分析。

2. 分析判断对于路易思路商贸公司的税务风险管理处于税务风险管理流程的哪个阶段。

3. 分析在对路易思路商贸公司税务风险进行识别判断的过程中所使用的税务风险分析方法。

任务实训

绘制思维导图，强化对大数据时代税务风险的概念、特征、类别及分析方法的认识。

通关测试

手机扫描右方二维码，完成税务风险知识小测试。

素养园地

偷税漏税万不可取

2019 年 12 月 13 日傍晚，国家税务总局宣布税收大数据和风险管理局正式成立。随后，各地陆续跟上总局的脚步，相继设立了税收大数据和风险管理局。

除了这一举措，不少地方的税务机关还与公安部门联合协作，成立了警税协作中心或警税协作专案组，力求打击涉税违法行为。2021 年 5 月 28 日，国家税务总局在新闻发布会上披露：截至 2021 年 4 月底，共计查获涉嫌虚开骗税企业 37.83 万户，并且对 2.4 万余名犯罪嫌疑人采取强制措施，5 000 名犯罪嫌疑人在震慑下主动自首。

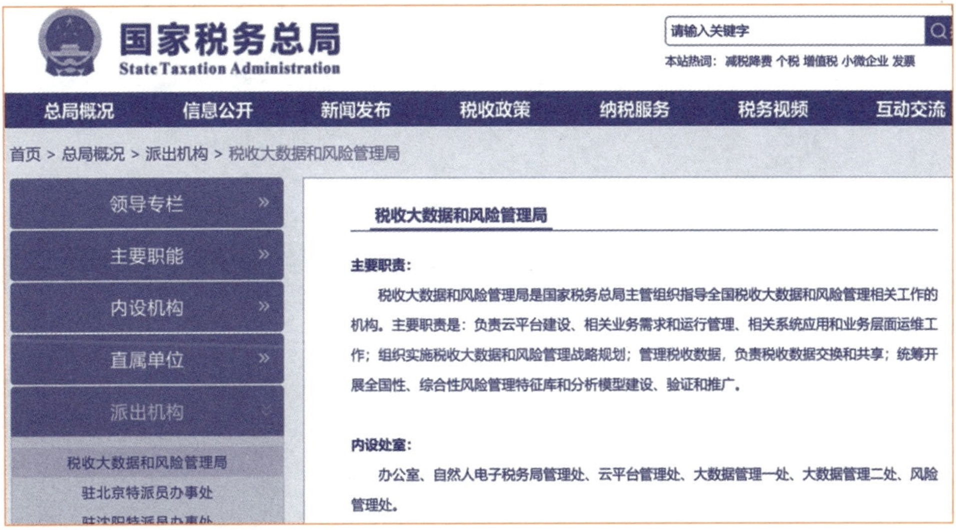

在大数据的助力下，我国对于涉税违法犯罪的打击愈加精准和快速。在大数据时代之前，税务稽查滞后性较明显，大多是事后抽查典型企业，或者是接到行业内部或企业内部人士举报后进行调查，且税务稽查步骤非常烦琐，历时很长。因此，不少企业借机偷税漏税。

但是现在，税务局拥有了自己独立的大数据税务风险管理部门，可以对企业的基本信息、数据进行收集分析，还拥有了专门针对发票设立的反洗票系统以及自己独立的税收数据分析库。

此外，如今的税务局也不再像以前一样单打独斗了，而是通过与国家各部门数据联网，精诚合作，织就一张细密的监控网络，让犯罪分子无所遁形。一处失信，处处受限。所以，企业经营一定要以诚信为基础，脚踏实地，通过合法合规的手段享受国家税收优惠政策，偷税漏税万不可取。

03

项目三

构建大数据税务风险防控指标模型体系

知识目标

1. 熟悉财务数据税务风险防控模型的指标和风险应对措施。
2. 熟悉生产经营数据税务风险防控模型的指标和风险应对措施。
3. 熟悉税收征管数据风险防控模型的指标和风险应对措施。
4. 熟悉第三方数据税务风险防控模型的指标和风险应对措施。

能力目标

1. 能够根据风险防控的需要自行完成模型的构建。
2. 能够对不同模型所针对的涉税风险进行解释说明。
3. 能够运用税务风险防控模型对具体企业涉税风险进行分析排查。

素养目标

1. 培养严谨、科学的治税精神。
2. 养成诚实、守信的职业操守。
3. 锤炼精益求精、一丝不苟的工匠意识。

任务一 构建财务数据税务风险防控模型

任务描述

了解了金税四期的税务管控特点和大数据时代税务风险的分析方法，是不是感觉自己瞬间变成了透明人，所有的“小聪明”在金税四期面前都将无所遁形？有的人甚至闻风丧胆、惶惶不可终日，担心金税四期的“利剑”会落在自己的头上。其实大可不必，税务机关与企业是互利共赢的关系而绝不是“猫和老鼠”的关系，只有企业发展好了、盈利多了，税务机关才能取得更多的税款，更好地为人民服务。金税四期确实提高了企业信息的透明度，降低了税企信息不对称程度，同时也提高了税务管理的科学性，避免了“人情税”“运气税”“胆识税”等不公平现象。金税四期下的税务风险防控是一套逻辑严密的科学体系，通过广泛集中的企业数据构建起相互关联的防控指标，所以只要对涉企数据及其相互之间的关系有充分的把握，随时发现并及时调整风险指标，便可以高枕无忧，安心发展。这其中，企业的财务数据是与税款计算和缴纳最直接相关的数据，也是最需要给予高度关注的数据，本任务将结合实例演练财务数据税务风险防控模型的构建。

任务情境

每一家经营机构，大到业务遍布全球的跨国公司，小到夜晚在街头散发微光的便利店，都离不开一个工种，那就是财务会计。虽然有些机构有自己的财务部门，有些则因为业务量太小采取外包的方式，但它们的财务会计都需要做一件事情，就是对经营机构每天发生的业务进行记账、结账、编表、报表等处理。

这些编制完的报表除了供企业内部管理使用外，每月、每季、每年还要向税务部门、市场监管部门、统计部门等各类政务监管部门进行报送。报表是不会说话的，但是当我们以财税专业的眼光去透析报表数据背后的业务时，它们就会向我们吐露很多鲜为人知的涉税秘密。

任务清单

1. 如果你是税务机关纳税评估岗位工作人员，拿到一家公司的财务报表后，可以从哪些方面进行风险的评估和核查工作呢？尝试用思维导图进行总结。

2. 请尝试进行财务数据税务风险防控模型的构建。

任务准备

一、财务报表主要项目税务风险防控指标体系

财务报表是在日常会计核算的基础上，按照规定的格式、内容和方法定期编制的，综合反映企业某一特定日期财务状况和某一会计期间经营成果、现金流量状况的书面文件，一般包括资产负债表、利润表、现金流量表和所有者权益变动表等。财务报表各个表格以及每个表格的各个项目之间都存在密切的关系，我们在评估税务风险时应该综合考虑，这其中，资产负债表和利润表的一些项目又是应该重点关注的。

（一）资产负债表项目

1. 货币资金指标

货币资金是指企业所拥有的以货币形式存在的资产，包括库存现金、银行存款、其他货币资金三类。货币资金是企业最重要的支付手段和流通手段，企业的收入和成本项目都与货币资金直接相关。

从货币资金入手评估涉税风险，可以参考如表 3－1 所示的指标异常表现进行风险分析。

表 3－1　货币资金指标异常表现及其风险分析

货币资金指标异常表现	风险分析
货币资金与营业收入的比值过大或过小	货币资金与营业收入的比值过大，需要结合借款、筹资情况考虑是否存在通过不确认或延迟确认收入来逃避或延迟缴纳税款的风险； 货币资金与营业收入的比值过小，则需要结合往来项目考虑是否存在虚增收入、虚开增值税发票的风险
货币资金变动与营业成本变动比值畸低	需要结合应付账款、其他应付款等项目分析企业是否存在虚列成本费用的风险
货币资金变动数与现金流量表中的“现金及现金等价物净增加额”不一致	需要考虑企业是否存在账外设账、隐匿收入的问题

风险应对：

在税务机关进行风险评估筛查时，企业要想避免在货币资金项目中出现问题，在日常管理中就需要随时关注货币资金的使用情况并尽量避免货币资金的异常波动：

（1）避免高频、大额的非企业账户交易，尤其是在银行和第三方交易手段越来越便捷和智能的情况下，尽量保持使用企业账户进行收付款业务，避免现金或股东、员工个人账户交易。

（2）加强账务管理，做好现金盘存及账目核对，保证不错不漏，完整准确。

（3）提高对款项催收和清理的重视程度。

（4）严肃会计核算纪律，坚决杜绝违规操作。

2. 应收款项指标

应收款项泛指企业拥有的将来获取现款、商品或劳动的权利，它是企业在日常生产经营过程中发生的各种债权。一般情况下，税务风险评估筛查中存在涉税风险的应收款项主要有应收账款、预付款项和其他应收款。

从应收款项入手评估涉税风险，可以参考如表 3－2 所示的指标异常表现进行风险分析。

表 3－2　应收款项指标异常表现及其风险分析

应收款项指标异常表现	风险分析
应收款项余额过大且长期挂账	对于应收账款，提示企业可能存在虚增收入、虚开增值税发票、账外经营等风险
	对于其他应收款，提示企业可能存在利用关联交易转移利润、关联企业借款或个人投资者借款未正确处理、高管预支绩效工资等问题，有通过计入其他应收款推迟或规避个人所得税或增值税的风险
应收款项余额长期为较大负数	可能存在企业隐匿收入、延迟确认收入或取得虚开增值税发票等问题
应收款项比例大于同行业、同类型企业应收款项比例平均水平	可能存在隐匿收入的问题
应收款项变动率大于同行业、同类型企业应收账款变动率平均水平	可能存在隐匿收入、坏账准备未按规定调增减少企业所得税等风险

风险应对：

上述行为发生的项目越多、频次越高，或者数值高于平均水平的幅度越大，税收风险越高。在税务机关风险评估筛查时，企业要想避免在应收款项项目中出现问题，在日常管理中就需要加强对应收款项的重视：

（1）谨慎合理安排信用销售政策。

（2）加强对信用客户的考察和检测，借助互联网等多种信息手段加强对信用客户经营情况、信用情况及财务状况的调查和追踪，准确掌握企业资金偿还能力。

（3）提高对款项催收和清理的重视程度。

（4）严肃会计核算纪律，坚决杜绝违规操作。

如果在完全正常的情况下企业应收款项相关指标仍达到甚至超过税务机关检测指标的临界值，那就需要在真实业务发生时留好原始证据，做好账务记录，随时准备在税务机关检查时做出合理解释。

3. 应付款项指标

应付款项泛指企业在经济活动中应当支付而尚未支付的各种款项。一般情况下，税务风险评估筛查中存在涉税风险的应付款项主要有应付账款、预收账款和其他应付款。

从应付款项入手评估涉税风险，可以参考如表 3－3 所示的指标异常表现进行风险分析。

表 3－3　应付款项指标异常表现及其风险分析

应付款项指标异常表现	风险分析
应付款项余额大且长期挂账	在资金并不短缺的情况下，需要结合货币资金及存货流转情况核实是否存在虚增成本、取得虚开增值税发票、隐匿或延迟确认收入的风险，核查属实后还需要进一步考虑是否存在未及时转入营业外收入计缴企业所得税的风险
应付款项大幅增长	
应付款项变动与存货、营业收入的变动情况不相匹配	如果预收账款减少与营业收入不相匹配，除了正常交易未达成的情况外，还需要考虑是否存在少计、迟计收入的风险
应付款项出现借方余额且金额偏高或者期内大幅减少	需要考虑是否存在虚开发票、向关联方或股东借款未计缴税款的风险

风险应对：

为避免应付款项方面的税务风险，企业可以从以下方面加强管理：

（1）提升工作人员素质，避免人为差错，提高风险防范意识。

（2）针对往来账建立内控机制，做好赊销审批、权责分离。

（3）定期对账，发现问题及时解决，确保问题不积累、风险不堆积。

（4）及时清账，有需要时再借，避免长期挂账。

4. 存货指标

存货是指企业在日常生产经营活动中持有的以备出售的产成品或商品、处在生产过程中的在产品、在生产或提供劳务过程中耗用的材料或物料等。

从存货入手评估涉税风险，可以从购入、发出和结存等环节展开，可参考如表 3－4 所示的指标异常表现进行风险分析。

表 3－4　存货指标异常表现及其风险分析

环节	存货指标异常表现	风险分析
购入	企业采购发生额较大的存货项目存在运货单缺失、付款记录缺失、明细账和原始凭证缺失或长期挂应付等	考虑是否存在虚构采购，取得虚开增值税发票的问题
发出	企业的销售没有对应的存货发出记录	考虑是否存在虚构收入、虚开增值税发票的问题
	存货的发出没有对应的成本确认记录和增值税确认记录	考虑是否存在视同销售未计缴增值税的问题
结存	存货结存增幅过大或增长过快	考虑是否存在实现销售却不确认、不结转成本的问题
	存货结存降幅过大或减少过快	考虑是否存在虚增成本、降低利润的风险

风险应对：

随着金税四期的全面上线，我国的税务管理智能化程度越来越高，“以票控税”链条日臻完善，“以税治税”作用越来越强。企业务必杜绝侥幸心理，在存货的管理上注意做到以下方面：

（1）坚决不虚开发票、不取得虚开的发票。

（2）加强存货管理，做好库存商品明细账。

（3）每月盘点数据，防止出现积压、损坏等现象。

（4）追踪购进货物的发票情况，做到所有购进货物都取得对应发票。

5. 固定资产和无形资产指标

固定资产和无形资产都属于企业非货币资产的范畴，固定资产具有实物形态而无形资产不具有实物形态，但它们都是能够在较长一段期间为企业带来利益的资产。这两类资产的涉税风险主要存在于取得和处置资产的过程中，尤其是当所涉资产类别是房屋时更需要谨慎对待。

从固定资产和无形资产入手评估涉税风险，可以参考如表 3－5 所示的指标异常表现进行风险分析。

表 3－5　固定资产和无形资产指标异常表现及其风险分析

固定资产和无形资产指标异常表现	风险分析
固定资产和无形资产大幅减少	检查是否发生了资产处置，是否按规定履行相关增值税、土地增值税等纳税义务
固定资产和无形资产大幅增加	考虑固定资产类别，属于房屋建筑物类固定资产的，应检查是否足额缴纳房产税、契税等
固定资产综合折旧变动率或无形资产综合摊销变动率较高	考虑是否存在通过改变固定资产折旧或无形资产摊销方法，多提折旧或多摊无形资产的情况
企业在建工程有余额	考虑企业在建工程有没有按时转入固定资产，是否有延迟缴纳房产税的风险

风险应对：

固定资产和无形资产是企业中期限较长、金额较大的资产，具有相对稳定的特点，企业在这类资产的管理过程中更应该准确完整地保存证据链并严格按照政策法规的要求进行会计和税务处理，确保产权清晰、证据完整。

（二）利润表项目

1. 收入类指标

从广义上说，收入是企业在销售商品、提供劳务及让渡资产使用权及所有权等活动中所形成的经济利益的总流入，包括主营业务收入、其他业务收入、营业外收入、投资收益等。企业的收入来源和财务报表科目都是多种多样的，税务机关在考察收入类指标时既可以单独考察该指标的增减变动率，也可以与其他财务报表项目匹配分析，如表 3－6 所示。

表 3－6　收入类指标异常表现及其风险分析

收入类指标异常表现	风险分析
短期内呈现大幅增长并超出行业平均水平	考虑虚开增值税发票的风险
短期内呈现大幅减少且远低于行业平均水平	考虑存在隐匿收入或延迟确认收入的风险
其他业务收入和营业外收入有余额	考虑未对应确认增值税的风险
收入项目与往来项目不匹配	见前述应收款项和应付款项的指标
主营业务收入与主营业务成本或期间费用或主营业务利润的弹性系数与 1 偏离过大	结合往来项目、收入构成等综合考察是否存在少计收入、多列成本、扩大税前扣除范围等风险

风险应对：

收入是企业利润的来源项目，也是税务机关征缴税款的来源项目，历来都是关注的重点，为避免在这方面出现涉税风险，企业应该严格按照税法规定的纳税义务发生时间确认各项收入，在取得销售收入后应及时转入相关销售账户并及时计缴应纳税金，在企业账簿中准确完整地记录全部收入，坚决杜绝账外设账和私人账户收款行为。

2. 成本费用类指标

广义的成本是指企业在生产经营活动中所耗费的资源，具体又可以分为狭义的成本和期间费用。狭义的成本是指与生产和销售一定种类与数量的产品相关的，随商品销售收入确认而确认的成本；期间费用不能与特定种类和数量的产品对应，它是为确保生产和经营活动的有序进行而不得不支出的活动消耗代价。

成本和费用都是收入的减项，会引起企业利润的减少，因此从成本费用类指标入手评估涉税风险时主要从虚列成本、虚增费用方面进行考虑，如表 3－7 所示。

表 3－7　成本费用类指标异常表现及其风险分析

成本费用类指标异常表现	风险分析
通过取得虚开发票的方式达到虚列成本、虚增费用的目的	极易被金税四期发票流监控捕捉
	即使暂时未被发现，因此而导致的大额应付账款长期挂账也会给企业带来严重的后续风险
通过人为多列成本费用的方式虚增成本费用	存在存货账实不符的风险隐患

风险应对：

成本费用是企业利润的扣减项目，为了少交税，企业在成本费用管理上多下功夫是没有问题的，但一定要走正道、守规矩。企业在成本费用管理方面应做到以下几点：

（1）确保发生的成本费用是真实合理的。

（2）确保取得的发票符合规定，列支项目为“会议费”“餐费”“办公用品”“佣金”和各类手续费等的发票是税务机关的检查重点，为了避免不必要的税务风险，建议企业在原始凭证中一定要附有采购清单。

（3）对于企业所得税有扣除限额的项目要做到心中有数，超额必调增。

（三）表间项目

除了上述资产负债表和利润表重点项目单独或匹配的税务风险指标，我们还可以进行三个主要报表（资产负债表、利润表、现金流量表）间的钩稽比对，从中发现涉税风险，如表3－8所示。

表3－8 表间项目指标及其风险分析

利润表	资产负债表	现金流量表	风险分析
营业收入	应收账款	销售商品、提供劳务收到的现金	当前者与后两者之和存在差异且差异金额较大时，需要谨慎查找风险点
营业成本	应付账款	购买商品、接受劳务支付的现金	

风险应对：

企业的凭证、账簿、报表彼此间关联密切，企业在日常的财务管理中一定要建立整体思维，注意相互钩稽比对，除了财务核算或税务申报系统自带的简单钩稽外，最好从税务风险角度搭建起报表关联密切项目间的审查核对关系，随时发现涉税风险，需要改正的，应及时修正，事实如此的，要留存好备查资料。

二、财务指标税务风险防控指标体系

税收来自企业的利润，企业偷逃税的操作大多围绕利润做文章。本部分主要从盈利性指标着手，结合其他影响利润的因素，共同探讨税务风险的防控。

（一）盈利性指标

盈利性指标有很多，比如销售毛利率、销售净利率、主营业务利润率、成本费用利润率、净资产收益率等，从不同的角度可能会发现不同的涉税风险，如表3－9所示。

表3－9 盈利性指标异常表现及其风险分析

盈利性指标异常表现	风险分析
企业的销售毛利率明显小于行业平均值或预警值	需要考虑是否存在少计收入、多列成本、利用关联交易转移利润等风险
利润率与税负率呈现相反的变动趋势	需要考虑是否存在隐匿收入、虚增成本、利用关联交易转移利润等风险
净资产收益率与预警值相差较大	可能存在隐瞒收入或对闲置未用资产计提折旧等风险
净资产收益率或总资产收益率严重偏离平均值或行业预警值	需要考虑少计收入、多列成本费用、违规扩大税前扣除范围等风险

风险应对：

在严格做到真实交易、准确完整记账的基础上，企业还应建立财务和税务风险预警意识，除了按照会计准则和有关行政监管部门的要求编制报送财务报表外，还要将财务分析和税务风险防控作为常规工作的重要组成部分，通过各类财务指标的钩稽比对及时发现并纠正问题。对于存在内部往来交易的企业来说，还应该提升内部交易的规范水平，公平、公允地确定合理的交易价格。

（二）其他相关财务指标

除了盈利性指标之外，偿债能力、营运能力等指标在税务风险防控上也可以发挥积极的作用，如表 3－10 所示。

表 3－10　其他相关财务指标异常表现及其风险分析

其他相关财务指标异常表现	风险分析
企业的资产负债率严重偏高	说明企业的偿债能力有问题，偷逃税的动机也就更强烈，需要结合其他项目做好实时监控
企业的存货周转率异常偏高而应纳税额无明显变化甚至减少	需要考虑是否存在虚列成本或虚构交易的行为
企业的存货周转率严重偏低	需要考虑是否存在采购数量或价格不实、异常采购行为掩盖下的利润转移、不结转成本和不入账收入、虚增存货或虚开增值税发票等风险
存货周转率与销售收入变动率弹性系数与 1 偏离过大	需要考虑是否存货周转率加快，而销售收入减少，存在隐瞒收入、虚增成本的问题，可以通过核实产成品验收、入库、发售相关记录，确认是否存在商品发出未及时确认收入，以及将自产货物用于在建工程、分配福利、对外投资等视同销售的情况
企业总资产周转率低于预警值或行业平均水平	可能存在少申报收入、虚列或多列资产的风险

风险应对：

企业通过取得虚开增值税发票的方式虚拟存货采购，表面上看既可以取得进项税额抵扣增值税，又可以虚列成本抵减企业所得税，是“一箭双雕”之举，有时在税务机关与纳税人信息严重不对称的情况下，可以瞒天过海，事实上，这么多年来确实有不少企业采取这一非法手段。但随着大数据信息互联技术的逐步成熟、涉税信息共享平台的不断完善，企业在税务机关面前的透明度越来越高，与收入、利润不直接相关的各类指标发挥的风险预警作用越来越大，通过非法手段偷逃税款的空间越来越小，唯有守法经营、规范管理、砥砺创新才是企业日进斗金的长远之道。

任务实施

一、财务报表主要项目税务风险防控模型构建

（一）资产负债表项目

1. 货币资金指标

模型构建：

通过货币资金与收入、成本费用比较建模或货币资金与现金及现金等价物净增加额比较建模来评估风险，一般认为货币资金增加额与含税营业收入之比超过 130% 或低于

30%，或者货币资金增加额与现金及现金等价物净增加额不等即为异常，具体可参考以下模型：

货币资金增加额 ÷［营业收入 + 应交增值税（销项税额）］×100%> 130%

货币资金增加额 ÷［营业收入 + 应交增值税（销项税额）］×100%< 30%

货币资金增加额 ÷ 现金及现金等价物净增加额 ! = 100%

案例分析：

税务机关 2022 年进行大数据税务风险筛查时发现某企业货币资金增加额与营业收入的比值高达 280%，属于异常偏高范围，遂组织税务人员进行了进一步的检查。检查发现，该企业 2022 年并没有发生大额借款和集资行为，但货币资金增加额高达 2 530 000 元，而营业收入发生额仅有 903 571.43 元。

税务人员通过对该企业账务情况进行详细检查发现，其财务费用存在较大的贷方余额，其中利息收入 1 594 500 元，原来企业受疫情影响主营业务不景气，便通过将富余资金出借的方式赚取利息，2022 年集中收回一笔利息，但并没有按照规定计算缴纳利息收入的增值税。通过货币资金疑点筛查，税务机关成功发现了这一漏税行为。

2. 应收款项指标

模型构建：

企业应收款项单独建模或通过与同行业、同类型企业平均水平进行比较建模，具体可参考以下模型：

应收款项余额 < 0

应收款项平均余额 > 平均水平

（应收款项期末余额 – 应收款项期初余额）÷（1 + 增值税税率）> 营业收入

应收款项变动率 =（本期应收款项 – 基期应收款项）÷ 基期应收款项 ×100%> 平均水平

案例分析：

税务机关 2022 年进行大数据税务风险筛查时发现某企业“其他应收款”科目余额为负，且负数金额较大，同时账户变动率异常，降幅达到 150%。

发现此异常指标后，税务人员详细检查了该企业的“其他应收款”明细账，发现其他应收款的贷方金额历来较大，且摘要模糊不清，存在将出售边角料收入、固定资产清理残料收入记入该科目从而逃避缴纳税款的行为，2022 年之所以在余额较大的基础上又出现降幅畸高的情况，是因为企业新增了两笔金额较大的摘要分别为“垫款”和“收款”的其他应收款借贷方发生额，会计分录分别为：

借：其他应收款	50 000	
贷：银行存款		50 000
借：银行存款	65 000	
贷：其他应收款		65 000

通过对银行存款流转途径进行跟踪摸排，税务人员终于了解了上述两笔分录的真

相，原来是企业在 2021 年初购入了一批防疫口罩，转手卖给了当地药店，因为属于非日常业务，所以没有列入税务机关日常检查的范围，企业遂通过“其他应收款”科目对其进行了处理，贷方余额 15 000 元为其未确认的销售利润。通过大数据筛查，税务机关成功地将长期隐匿收入的企业绳之以法，避免了继续遭受税款损失。

3. 应付款项指标

模型构建：

企业应付款项单独建模或通过与营业收入、存货等项目进行比较建模，具体可参考以下模型：

$$\text{应付款项余额} < 0$$

$$\text{应付款项平均余额} > \text{平均水平}$$

$$\begin{matrix}\text{应付款项}\\\text{变动率}\end{matrix} = \left(\begin{matrix}\text{期末应付}\\\text{款项}\end{matrix} - \begin{matrix}\text{期初应付}\\\text{款项}\end{matrix}\right) \div \text{期初应付款项} \times 100\% > \text{平均水平}$$

$$\left(\begin{matrix}\text{应付账款}\\\text{期末余额}\end{matrix} - \begin{matrix}\text{应付账款}\\\text{期初余额}\end{matrix}\right) \div \left(\begin{matrix}\text{存货期末}\\\text{余额}\end{matrix} - \begin{matrix}\text{存货期初}\\\text{余额}\end{matrix}\right) \times 100\% > \text{平均水平}$$

$$\left(\begin{matrix}\text{预收账款}\\\text{期初余额}\end{matrix} - \begin{matrix}\text{预收账款}\\\text{期末余额}\end{matrix}\right) \div (1 + \text{增值税税率}) > \text{本期增值税销售额}$$

案例分析：

税务机关 2022 年进行大数据税务风险筛查时通过构建预收账款与销售收入的比例模型，发现某企业预收账款发生额远高于销售收入金额，结合企业产品市场认可度及存货库存情况可知该企业商品并非供不应求，对“预收账款”明细账及相关原始凭证进行检查后发现该企业将技术维护费收入记入“预收账款”科目，但并没有按期结转收入。税务人员顺着这条线索进一步检查企业以前年度相关业务账簿记录，发现了其累计金额高达 2 000 余万元的偷漏税行为，最终通过纳税调整成功追缴了税款。

4. 存货指标

模型构建：

存货的购入、发出和结存是一个完整的流程，在对存货涉税风险建模时需要从存货的增减变动幅度出发，结合购入、发出情况来整体分析，具体可参考以下模型：

$$(\text{存货期末余额} - \text{存货期初余额}) \div \text{存货期初余额}$$

案例分析：

税务机关 2022 年进行大数据税务风险筛查时，通过构建存货增减变动幅度模型，发现某企业存货在当期异常增长，增幅高达 260%。该企业主营业务为门窗销售、安装、维修等。税务人员检查企业存货明细账时发现部分门窗的购入没有对应的原始凭证，运输凭证和入库记录也是缺失的状态。顺着这条线索进一步追查，发现企业的安装收入、维修收入金额畸小，与企业负责人沟通后才发现真相：原来企业 2022 年找了一个所谓的税收筹划专家，该“专家”通过将未开票的安装、维修收入变更登记为门窗销售收入，取得虚开增值税专用发票的方式取得抵扣专票，降低增值税应纳税额，虚增企业成本以降低利润，达到减少企业所得税的目的。但这一诡计完全无法逃过大数据税务评估系统的法眼，最终企业既要补缴全部税款，还要承担滞纳金和罚款，真是赔了夫人又折兵。

5. 固定资产和无形资产指标

模型构建：

在建工程期末余额 > 0

（固定资产期末余额 – 固定资产期初余额）÷ 固定资产期初余额

（无形资产期末余额 – 无形资产期初余额）÷ 无形资产期初余额

（本期综合折旧率 – 基期综合折旧率）÷ 基期综合折旧率 ×100%

其中，

综合折旧率 = 固定资产折旧 ÷ 固定资产原值

（本期综合摊销率 – 基期综合摊销率）÷ 基期综合摊销率 ×100%

其中，

综合摊销率 = 无形资产摊销 ÷ 无形资产原值

案例分析：

税务机关 2022 年进行税务风险评估筛查时，通过大数据系统对在建工程期末余额大于零的企业进行了提取，发现某商贸公司存在异常。经过进一步检查发现，该商贸公司有一处自行建造使用的办公用房 5 年没有办理竣工结算，一直记在在建工程账上没有结转固定资产，也没有计提折旧。税务人员针对发现的问题与公司财务负责人进行了沟通，告知其未及时结转固定资产不能计提折旧会导致企业每年多缴纳企业所得税 100 余万元，为避免税款损失需要尽快结转处理。

这本来是为公司节省税款的好事，但奇怪的是，半年之后税务人员检查该公司账目时发现在建工程仍未结转，该公司财务负责人也含糊其词不愿沟通。

为了弄清楚事情真相，税务人员与工程建设单位进行了沟通，发现工程早在 5 年前就办理了竣工决算并付清了工程款，达到了固定资产入账的条件，该公司之所以迟迟不做账务处理是为了规避每年 90 余万元的房产税，公司所得税多缴只是时间差异，房产税少缴则是实打实的不支出，通过这样的手段，该公司 5 年来共少缴近 500 万元的房产税。最终，税务机关对该公司进行了相应处罚。

（二）利润表项目

1. 收入类指标

模型构建：

（本期主营业务收入 – 基期主营业务收入）÷ 基期主营业务收入 ×100%

其他业务收入 >0

营业外收入 >0

弹性系数 1 = 主营业务收入变动率 ÷ 主营业务成本变动率

弹性系数 2 = 主营业务收入变动率 ÷ 主营业务利润变动率

弹性系数 3 = 主营业务收入变动率 ÷ 期间费用变动率

案例分析：

税务机关 2022 年进行税务风险评估筛查时，通过构建主营业务收入与主营业务成本弹性系数模型，发现某商贸公司弹性系数为 0.4，远远小于 0.8 的警戒线，也远低于同行业同规模企业的平均水平。

经过详细对比分析发现，该公司的主营业务收入虽然较 2021 年呈现一定增长，但远低于主营业务成本的增幅，造成弹性系数较低。

税务人员进一步调取公司经营情况、财务报告、纳税申报记录等信息进行检查，发现该公司账面收入情况与其在公众面前所呈现的高端定位以及巨大的成本投入严重不符。

继续抽丝剥茧层层深入，税务人员发现该公司微信公众号营销收入占到收入的很大一部分，这些收入基本都是以销售人员私人微信账户的形式取得，扣除提成后层层转入老板个人账户中，并未在公司账上体现，存在严重的隐匿收入、少计缴增值税和企业所得税、少扣缴个人所得税等多项违法行为。最终，税务机关对该公司进行了相应处罚。

2. 成本费用类指标

模型构建：

成本费用类单独建模或通过与其他项目进行关联分析建模，分别筛选成本、费用项目的前五名进行重点检查，具体可参考以下模型：

（本期成本费用 − 基期成本费用）÷ 基期成本费用 ×100%

其他业务成本 > 0 且其他业务收入 = 0

弹性系数 4 = 主营业务成本变动率 ÷ 主营业务利润变动率

收入成本率 = 本期成本 ÷ 本期收入 ×100%

收入费用率 = 本期费用 ÷ 本期收入 ×100%

成本费用率 = 本期期间费用 ÷ 本期主营业务成本 ×100%

税前列支费用申报扣除数 > 允许扣除数

案例分析：

税务机关 2022 年进行税务风险评估筛查时，从收入费用率的异常中发现了某餐饮公司的涉税问题，该公司 2022 年收入费用率高达 32%，远高于 2021 年同期的 16%，也高于同类型企业 18% 的平均水平。

通过对费用明细账的详细检查，税务人员发现该公司将老板私人宴请、家庭出游、购买大型家电等多项支出列支到费用明细账中，不仅如此，多增加的支出导致公司业务招待费支出超过了企业所得税税前列支的标准，但该公司并未做纳税调增的处理，直接进行了税前扣除。一个小小的收入费用率指标不仅成功帮助税务机关发现了恶意偷漏税行为并追回了税款，而且还发现了公司涉税处理不规范的问题，可谓一举两得。

（三）表间项目

模型构建：

表间项目的钩稽比对具体可参考以下模型：

$$\text{销售商品、提供劳务收到的现金}=\text{主营业务收入}+\text{其他业务收入}+\left(\text{主营业务收入}+\text{其他业务收入}\right)\times\text{增值税适用税率}+\text{预收账款增加额}-\text{应收账款增加额}-\text{应收票据增加额}$$

$$\text{购买商品、接受劳务支付的现金}=\text{主营业务成本}+\text{其他业务成本}+\left(\text{主营业务成本}+\text{其他业务成本}\right)\times\text{增值税适用税率}+\text{存货增加额}\times\left(1+\text{增值税适用税率}\right)+\text{预付账款增加额}-\text{应付账款增加额}-\text{应付票据增加额}$$

案例分析：

税务机关 2022 年进行税务风险评估筛查时，通过构建营业收入测算模型，抽取了企业资产负债表与现金流量表中与收入相关的项目，通过加工测算，发现某塑料制品公司存在日常收入偏低的问题。

该公司为增值税一般纳税人，主要从事塑料制品的生产和销售，2021 年 9 月申报销售额 28 万元，销售数量 4 吨，销项税额 3.64 万元，准予抵扣进项税额 3.27 万元，应交增值税 0.37 万元，当期销售塑料制品收到资金 25.04 万元，当期应收账款期末余额 17.2 万元、期初余额 6.25 万元，应收票据期初期末均无余额，预收账款期末余额为 0、期初余额 2.05 万元。

该公司营业收入测算值 = 25.04 − 3.64 + 17.2 − 6.25 + 2.05 = 34.4（万元），而申报值只有 28 万元，差额为 6.4 万元，通过模型测算，成功发现了少计收入的风险。

二、财务指标税务风险防控模型构建

（一）盈利性指标

模型构建：

$$\text{销售毛利率}=(\text{销售收入}-\text{销售成本})\div\text{销售收入}\times 100\%$$

$$\text{销售净利率}=\text{净利润}\div\text{销售收入}\times 100\%$$

$$\text{成本费用利润率}=\text{利润总额}\div\text{成本费用总额}\times 100\%$$

$$\text{净资产收益率}=\text{净利润}\div\text{平均净资产}\times 100\%$$

$$\text{总资产收益率}=\text{净利润}\div\text{平均总资产}\times 100\%$$

案例分析：

税务机关 2022 年进行大数据税务风险评估筛查时，通过净资产收益率建模分析，发现 A 公司 2021 年实现利润 200 万元，净资产收益率为 5.3%，与该地区同类型企业 9.11% 的预警值相差较大。

税务人员进一步结合纳税申报数据进行考察，发现 A 公司 2021 年之前连续 5 年净资产收益率普遍较低，且 2021 年增值税税负率仅为 2.48%，企业所得税税负率仅为 1.11%，均显著低于该地区同类型企业的平均水平。

经过对收入和经营情况及业务数据的进一步深入挖掘，税务人员发现 A 公司存在向注册在西部地区的集团公司低价销售产品的现象，这是其利润率及税负率较低的主要原因。如 A 公司生产的 M 洗涤剂，销往集团公司的价格为每箱 16.8 元，仅略高于成本价，而集团公司对外销售的价格为每箱 40.3 元，A 公司通过低价销售，将主要利润转移到享受 15% 优惠税率的集团公司。

在掌握大量证据的基础上，税务人员与 A 公司相关人员进行了沟通，终于确认了其通过内部交易转移利润的违法事实，成功追补了税款。

（二）其他相关财务指标

模型构建：

$$\text{资产负债率}=(\text{负债总额}\div\text{资产总额})\times 100\%$$

$$\text{存货周转率}=\text{主营业务成本}\div[(\text{期初存货成本}+\text{期末存货成本})\div 2]\times 100\%$$

$$\text{弹性系数 5}=\text{存货周转变动率}\div\text{销售收入变动率}$$

$$\begin{matrix}\text{总资产}\\ \text{周转率}\end{matrix}=\left(\begin{matrix}\text{主营业务}\\ \text{收入净额}\end{matrix}\div\begin{matrix}\text{资产平均}\\ \text{占用余额}\end{matrix}\right)\times 100\%$$

或

$$\text{总资产周转率}=\left(\begin{matrix}\text{利润}\\ \text{总额}\end{matrix}+\begin{matrix}\text{利息}\\ \text{支出}\end{matrix}\right)\div\begin{matrix}\text{平均}\\ \text{总资产}\end{matrix}\times 100\%$$

案例分析：

税务机关 2022 年进行大数据税务风险评估筛查时，通过存货周转率建模分析，发现某企业周转率高于行业平均水平 10 倍以上，增值税连续 3 年为留抵状态，企业所得税税负率也仅有 0.05%，但从经营状况来看，该企业产品在当地市场销量稳定向好，并未出现滞销的迹象。

税务人员进一步提取了该企业的财务数据，2019 年底进项税额 50 万元，2020 年底进项税额 100 万元，2021 年底进项税额 200 万元，三年间并无固定资产购入，可以看出该企业每年购入货物处于递增状态，但是，销项税额却年年维持在 50 万元～ 60 万元。

经过详细了解和沟通，税务人员发现该企业大量购入并无实物库存，存在严重的虚购存货抵扣增值税额，虚列成本抵减企业所得税额的现象。经过税务人员的纳税辅导和企业自查，最终纠正了这一现象，准确查补了税款。

任务实训

1. 小组讨论：财务数据千千万，学习完本任务内容，你还想到了哪些通过构建模型发现涉税风险的方法？

2. 打开新浪财经中的上市公司信息披露，选择你感兴趣的行业，挑选 5 家公司，运用本任务介绍的税务风险防控模型对其涉税风险进行分析。

通关测试

手机扫描右方二维码，完成财务数据税务风险防控模型构建知识小测试。

素养园地

防患于未然

（魏文侯问扁鹊）曰："子昆弟三人，其孰最善为医？"

扁鹊曰："长兄最善，中兄次之，扁鹊最为下。"

魏文侯曰："可得闻邪？"

扁鹊曰："长兄于病视神，未有形而除之，故名不出于家。中兄治病，其在毫毛，故名不出于闾。若扁鹊者，镵血脉，投毒药，副肌肤，閒而名出闻于诸侯。"

——《鹖冠子》

在税务风险防控方面，"魏文侯问扁鹊"的故事给我们的启示就是防患于未然，这是应对税务风险的上善之法。

任务二 构建生产经营数据税务风险防控模型

任务描述

生产经营数据主要来源于纳税人生产经营的实际情况，包括生产经营规模、产销量、工艺流程、技术特点、成本、费用、能耗、物耗等各类与税收相关的数据信息。运用纳税人生产经营结构数据，主要产品能耗、物耗、投入产出比、设备生产能力等生产经营要素的当期数据、历史平均数据、同行业平均数据，以及其他相关经济指标构建税务风险防控模型，能够帮助企业预测税务风险。本任务将从投入产出税务风险防控模型、人工耗费税务风险防控模型和链条式税务风险防控模型三个角度介绍税务风险防控指标、模型构建及风险应对策略，以期通过大数据对数据模型进行分析及可视化，帮助企业进行税务风险防控。

任务情境

某科技有限公司，经营范围为生产、销售汽车零部件及配件，属于增值税一般纳税人。在某次税务检查过程中，该公司被告知因工耗率（工资在成本费用中所占的比重）异常需要进行自查自纠，最终该公司补缴税款、滞纳金共计 68 余万元。

传统意义上，企业财务和税务处理一般处于业务流程的最末端，但实际上，税务风险却早已在业务前端形成并集聚。只有深入了解企业业务，提前介入，参与采购、生产、销售、投资等业务环节的全流程管理，才能严格把控税务风险。

任务清单

1. 了解生产经营涉税数据的种类。
2. 熟悉生产经营数据税务风险防控指标体系并完成模型构建和风险分析。

任务准备

一、投入产出税务风险防控指标体系

（一）投入产出比指标

投入产出比是一个衡量企业经济效益的重要指标，它反映了企业在生产经营中所获得的产出和投入的资源之间的比例关系。具体来说，它指的是企业在一定时期内所创造的全部价值与直接成本和间接成本这两部分总投入间的配比关系。

投入产出比指标用于对产品较为单一或主要原材料投入与产品产出有固定数量关系的行业或企业进行税务风险分析，如造纸、纺织、化工、水泥等行业或企业。

通过对企业的投入产出比与企业历史同期或同行业平均水平进行比较，可以发现税务风险，如表 3-11 所示。

表 3-11 投入产出比指标异常表现及其风险分析

投入产出比指标异常表现	风险分析
企业的投入产出比过高，显著高于企业历史同期或同行业平均水平	可能存在虚假销售、虚开增值税专用发票的风险
企业的投入产出比过低，显著低于企业历史同期或同行业平均水平	可能存在少计收入、多计原材料（辅助材料、包装物）成本等情形，进而造成少缴纳增值税、附加税费以及企业所得税的税收风险

风险应对：

企业要想避免投入产出比异常的税务风险，在日常管理过程中应做到以下几点：

（1）规范会计核算，工业企业在生产过程中会产生尾品、残次品及下脚料等产品，对该类产品通常低价销售处理，由于生产时间、批次不一，该类产品以小额零星销售为主，但尽管金额较小、批次较多，也要及时规范地进行账务处理，“小钱”也要规范入账。

（2）规范生产流程，定期对原材料、存货进行盘点，做到账实相符，主动避免涉税风险。

（3）运用大数据库及税务风险模型，建立指标体系，形成事前及时预警、事中风险评估、事后有效处理的完整工作流程，实现风险控制自觉。

（二）设备生产能力指标

设备生产能力是指主要生产设备在原料、动力和人员等正常运转的情况下产出的能力。

按照国家标准生产或引进的设备，经过国家有关部门审验、认可具备的标准性生产能力称为设计生产能力；设备在实际运转时的生产能力称为实际生产能力，一般与设计生产能力有一定的出入，但随着国家标准、行业标准的不断完善，设备的实际生产能力与设计生产能力越来越接近。

设备生产能力指标主要用于对一些依赖于特定大型设备的制造业，或生产工序单一、生产设备种类单一、生产能力比较固定的生产加工行业或企业进行税务风险分析，如造纸、水泥制造、发电、纺织、机械加工等行业或企业。

一般情况下，企业的设备生产能力应保持相对稳定，与本企业不同时期或本行业平均设备生产能力大体相当。企业的设备生产能力指标偏低，可能存在不计、少计收入，或者多抵扣进项税额等情况，造成少缴纳增值税、附加税费以及企业所得税的税收风险。

风险应对：

依赖于特定大型设备的制造业，其生产的产品产量与特定大型设备的生产能力密切相关。企业在日常的经营管理过程中应做到以下几点：

（1）密切关注大型设备的生产能力，准确记录设备维修、停产等的时间，掌握设备准确的工作日或工作时数。

（2）制造业大型设备可享受加速折旧的优惠政策，可采用缩短折旧年限或加速折旧的方法，及时更新设备，实现转型升级。

（三）关键物件指标

关键物件是指企业生产某种产品所需要的关键性的外购半成品或主要的零部件。一般情况下，产成品与所耗用的外购半成品或零部件之间在一定时期内存在着固定的、直接的对应关系。单位产品耗用的关键物件的数量在同一企业不同时期或与同行业平均水平应大体相当。

关键物件指标用于对以外购半成品或零部件进行组装或改装成产成品，并且外购半成品及零部件数量较容易掌握和控制的行业或企业进行税务风险分析，如农机生产、家用电器、大型成套设备组装等行业或企业。

通过考察企业关键物件的耗用情况，可以发现税务风险，如表 3－12 所示。

表 3－12　关键物件指标异常表现及其风险分析

关键物件指标异常表现	风险分析
单位产品耗用关键物件数量偏高	可能存在多结转成本、虚开增值税专用发票的情形
单位产品耗用关键物件数量偏低	可能存在隐瞒收入或者多抵扣进项税额的情形，进而造成少缴纳增值税、附加税费及企业所得税的税收风险

风险应对：

在产成品与所耗用的外购半成品或零部件之间存在着比例关系的行业或企业，其生产的产品数量与关键物件耗用的数量密切相关。企业在日常的经营管理过程中应做到以下几点：

（1）密切关注关键物件的耗用数量，做好关键物件的出入库管理，准确进行记录。

（2）遵守税法及规章政策的规定，准确掌握允许抵扣的进项税额的政策，不得抵扣的进项税额要及时进行转出处理，以避免相关涉税风险的产生。

二、人工耗费税务风险防控指标体系

（一）单位产品能耗指标

单位产品能耗是指企业生产每单位产品所耗用的水、电、煤、燃气、热力、油等能源、动力的情况。

水、电、煤、燃气、热力、油等数据可从增值税发票大数据中提取，数据来源方便，且客观可靠，因此单位产品能耗指标可广泛应用于对制造企业进行税务风险分析。

对于单位产品能耗指标，可以将其与历史平均数据、同行业平均数据和其他相关经济指标进行比较，从如表 3－13 所示的两个方面进行税务风险考察。

表 3－13　单位产品能耗指标异常表现及其风险分析

单位产品能耗指标异常表现	风险分析
单位产品能耗偏高	可能存在瞒报销售数量，销售产品不开票、不入账，或发生视同销售收入行为不计、少计应税收入等情况，造成少缴纳增值税、附加税费、企业所得税的税收风险
单位产品能耗偏低	可能存在虚假交易、虚开增值税专用发票的风险

风险应对：

企业要想避免在税务机关风险评估筛查时在单位产品能耗方面出现涉税风险，在日常管理中需要做到以下几点：

（1）要对本企业、本行业各项单位产品能耗的平均水平有所掌握，及时了解政府部门、行业协会、税务机关发布的行业能耗参数。

（2）将企业的单位产品能耗与政府部门、行业协会、税务机关发布的行业能耗参数进行比对，或将企业不同时期的能耗指标进行比对，及时发现异常，及时处理。

（3）加强税务管理，定期结合企业的申报数据和财务报表数据对单位产品能耗情况进行分析自查，避免涉税风险。

（二）单位产品工资消耗指标

工资消耗是生产耗用工时在货币金额上的表现，这部分工资仅指生产一线工人的工资，即生产成本中的直接人工部分。

单位产品工资消耗是指一定时期内企业生产每单位产品所耗用的工资费用的情况。该指标主要用于对单位产品工资消耗基本稳定的制造企业进行税务风险分析。

对于单位产品工资消耗指标，可以从如表 3－14 所示的两个方面进行税务风险考察。

表 3－14　单位产品工资消耗指标异常表现及其风险分析

单位产品工资消耗指标异常表现	风险分析
单位产品工资消耗偏高	可能存在瞒报销售数量，销售产品不开票、不入账，或发生视同销售收入行为不计、少计应税收入或多结转人工成本等情况，造成少缴纳增值税、附加税费、企业所得税的税收风险
单位产品工资消耗偏低	可能存在虚假交易、虚开增值税专用发票的风险

风险应对：

企业要想避免在单位产品工资消耗方面出现涉税风险，在日常工资薪金管理过程中需要做到以下几点：

（1）组织股东大会、董事会、薪酬委员会或相关管理机构制定较为规范的工资薪金管理制度。

（2）对本企业、本行业各项单位产品工资消耗的平均水平有所掌握，制定符合行业及地区水平的工资薪金制度。

（3）在一定时期内所发放的工资薪金相对固定，工资薪金的调整有序进行。

（4）对实际发放的工资薪金，要依法履行代扣代缴个人所得税义务，有关工资薪金的安排，不以减少或逃避税款为目的。

（5）加强税务管理，定期结合企业的申报数据和财务报表数据对单位产品工资消耗情况进行分析自查，避免涉税风险。

（三）劳务支出增长指标

劳务支出是指企业支付给为其提供委托加工、鉴证咨询、物业管理、客户服务等各种劳务和服务的单位或个人（签订劳动合同的员工除外）的手续费、管理费、咨询费、佣金、劳务费等支出。企业的劳务支出不能通过工资方式列支，应当凭税务机关开具的发票在企业所得税前扣除，未取得合法有效凭证的支出不得在企业所得税前扣除。

劳务支出增长率是指报告期劳务支出金额与基期劳务支出金额相比增长的幅度。该指标主要用于对存在劳务派遣或劳务外包的企业进行税务风险分析。劳务派遣，是指企业在生产经营中对于临时性、辅助性、代替性的岗位，向劳务派遣机构支付服务费用，由劳务派遣单位与被派遣劳动者订立劳动合同，并向其支付报酬的用工形式。劳务外包，是指企业根据自身生产过程的实际情况，对非核心的、辅助性的、季节性强的、不定期的生产环节进行外包，由劳务公司负责组织人员按计划和指标进行生产或提供服务。

当劳务支出增长率与企业其他时期或税务机关、行业协会发布的行业劳务支出平均增长率相比异常偏高时，可能存在着利用劳务派遣或人力资源服务方式虚开发票，虚构经济业务的行为，以及以劳务外包形式并入企业生产经营流程形成虚假劳务支出的行为。与行业劳务支出平均增长率相比差额越大，涉税风险越高。

风险应对：

企业要想避免在劳务支出增长指标方面出现涉税风险，在日常劳务费用支出管理过程中要做到以下几点：

（1）做好日常自我核查工作。审核工资支出凭证，检查企业的人员花名册、考勤表、工资明细账和计算表，审核工资发放凭证与银行代发工资卡等凭证资料的数据是否对应、无差异。分析企业记账凭证和原始凭证，核查企业职工人数、薪酬标准是否存在异常。

（2）检查账实差异。审查“应付职工薪酬”账户与实付工资总额是否对应，核对各种津贴、补贴、奖金的发放是否正确。检查“应付福利费”账户支出情况，核实企业通过该账户发放现金和实物的具体情况。将企业劳务支出票据与劳务合同、涉及货物的运输方式和付款方式以及业务外包验收手续等涉税数据进行综合比对，分析是否匹配和一致，是否存在税务风险。

（3）结合第三方数据进行分析。核查工资表中人员与企业缴纳社保人员在数量上是否存在较大差异，并对企业申报个人所得税人员的比例和收入情况进行核查。

三、链条式税务风险防控指标

链条式分析法是指通过行业产业间关联关系、上下游企业间业务往来、企业物流关系以及第三方数据的采集、分析、利用，测算分析纳税人实际产销量、销售收入，并与纳税人申报信息进行对比分析的方法。该方法适用范围广，特别适用于产业链相对集中的产业园、项目区上下游配套企业之间的比对分析。

企业在日常经营中，一定避免不了与上下游企业进行合作或交易，通过分析与企业业务往来密切的上下游企业的经营、信用等方面的情况，线性展示企业与上下游企业间业务往来的幅度变化情况，可以为企业涉税风险评估提供参考依据。

风险应对：

企业要想避免出现链条式税务风险，在日常生产经营过程中需要做到以下几点：

（1）使用国家企业信用信息公示系统，查询上下游企业是否有被列入经营异常名录，或者是否有严重违法失信（黑名单）的情况。

（2）加强税务风险管理，对产业链上下游企业进行税务风险分析，对于存在涉税风险的企业要谨慎合作，避免因上下游企业有异常而引火上身，导致自身产生税务风险。

（3）自觉遵守《中华人民共和国发票管理办法》，不虚开及取得虚开的增值税专用发票，准确列支成本费用，并取得合法有效凭证。

任务实施

一、投入产出税务风险防控模型构建

（一）投入产出比指标

模型构建：

企业可通过计算投入产出比指标，与历史同期或同行业平均水平进行比较，也可将计算出的投入产出比用于以下模型进行测算，与申报的产品销量、销售收入进行比对，查找可能存在的问题：

$$测算期产品产量 = 当期投入原材料数量 \times 投入产出比$$

$$\begin{matrix}测算期应税\\销售收入\end{matrix} = \left(\begin{matrix}期初库存\\产品数量\end{matrix} + \begin{matrix}测算期\\产品产量\end{matrix} - \begin{matrix}期末库存\\产品数量\end{matrix}\right) \times \begin{matrix}测算期产品\\销售单价\end{matrix}$$

$$\begin{matrix}测算期申报\\增值税额问题值\end{matrix} = \left(\begin{matrix}测算期应税\\销售收入\end{matrix} - \begin{matrix}企业实际申报\\应税销售收入\end{matrix}\right) \times \begin{matrix}适用税率\\(征收率)\end{matrix}$$

案例分析：

某制革企业成立于2018年，为增值税一般纳税人，主营业务为皮革喷浆处理，剔除皮革原料整理入库过程中的正常损耗、加工过程中的修边处理以及喷浆、烘干环节的收缩损耗，该行业平均投入产出比在90%以上。

该企业2022年1—12月投入原材料皮革230 150平方米，产品平均售价为98元/平方米，账面期初无库存，期末库存为150 265平方米，销量为38 000平方米，企业2022年实际申报销售收入3 724 000元。2022年12月企业利用投入产出模型进行了2022年的投入产出比测算，发现投入产出比存在异常，测算过程如下：

测算期产品产量＝230 150×90%＝207 135（平方米）

测算期应税销售收入＝（207 135－150 265）×98＝5 573 260（元）

测算期申报增值税额问题值＝（5 573 260－38 000×98）×13%＝240 403.8（元）

企业迅速展开自查，经查发现，2022年11月销售残次品皮革20 500平方米，销售收入2 009 000元未申报纳税，2022年12月销售下脚料取得收入1 515 000元未申报纳税。企业及时进行了税款的补缴，避免了税务风险的产生。

（二）设备生产能力指标

模型构建：

企业可通过计算设备生产能力指标，与本企业不同时期或税务机关、行业协会发布的行业平均设备生产能力进行比较，也可将计算出的设备日产量或时产量用于以下模型，测算、分析实际生产量和销售收入，与申报的销售收入进行比对，查找可能存在的问题：

$$测算期产品产量 = 当期设备的日产量或时产量 \times 当期正常工作日或工作时$$

$$\begin{matrix}测算期应税\\销售收入\end{matrix} = \left(\begin{matrix}期初库存\\产品数量\end{matrix} + \begin{matrix}测算期\\产品产量\end{matrix} - \begin{matrix}期末库存\\产品数量\end{matrix}\right) \times \begin{matrix}测算期产品\\销售单价\end{matrix}$$

$$测算期应税销售收入问题值 = 测算期应税销售收入 - 实际申报应税销售收入$$

案例分析：

税务机关2022年进行大数据税务风险筛查时，发现某水泥厂设备生产能力存在异常，该水泥厂有一条旋风预热器窑生产熟料线，生产的水泥熟料可直接用于销售，销售单价为130元/吨。

该水泥厂2022年12月申报应税销售收入11 180 000元，12月账面期初无库存，期末库存为9 200吨，12月设备正常工作日为22天。同行业同型号生产线设计生产能力为日产水泥熟料6 000吨。税务机关利用设备生产能力模型进行了测算，测算过程如下：

测算期产品产量＝6 000×22＝132 000（吨）

测算期应税销售收入＝（132 000－9 200）×130＝15 964 000（元）

测算期应税销售收入问题值 = 15 964 000 − 11 180 000 = 4 784 000（元）

经过测算分析，发现该水泥厂申报的应税销售收入存在异常，有隐匿收入的风险。后经过企业举证及税务机关现场核查，发现该水泥厂生产线设备老化，实际生产能力远远达不到设计生产能力，平均日产水泥熟料仅为 4 500 吨左右，经重新测算，其实际销售收入与申报的应税销售收入大体相当。

（三）关键物件指标

模型构建：

企业可通过计算单位产品耗用关键物件数量，与本企业不同时期或行业平均水平进行比较，也可将计算出的单位产品耗用关键物件数量用于以下模型，测算、分析实际生产量和销售收入，与申报的销售收入进行比对，查找可能存在的问题：

$$\text{测算期产品产量}=\text{当期投入关键物件数量}\div\text{行业平均单位产品耗用关键物件数量}$$

$$\text{测算期应税销售收入}=\left(\text{期初库存产品数量}+\text{测算期产品产量}-\text{期末库存产品数量}\right)\times\text{测算期产品销售单价}$$

测算期应税销售收入问题值 = 测算期应税销售收入 − 实际申报销售收入

案例分析：

税务机关在 2022 年进行大数据税务风险筛查时，发现某农机公司关键物件指标存在异常。该公司为国内知名农机公司，主要产品为新型遥控旋耕机，一台旋耕机主要由一个发动机、两套履带、一件转轴及部分齿轮组成，作为关键物件，发动机与遥控旋耕机的投入产出比为 1 : 1。

2022 年该产品申报销售收入为 59 780 000 元，销售价格为 18 000 元 / 台，该产品期初库存 16 418 台，期末库存 27 814 台，当期投入关键物件的数量为 15 800 台，行业产品单位耗用关键物件为 1 件。税务机关利用关键物件模型进行了测算，测算过程如下：

测算期产品产量 = 15 800 ÷ 1 = 15 800（台）

测算期应税销售收入 =（16 418 + 15 800 − 27 814）× 18 000 = 79 272 000（元）

测算期应税销售收入问题值 = 79 272 000 − 59 780 000 = 19 492 000（元）

经过测算分析，发现该农机公司申报的应税销售收入存在异常，有隐匿收入或多抵扣进项税额的风险。经过税务机关约谈及公司自查，发现该农机公司存在将简易计税项目、免税项目取得的进项税额一并计入一般计税项目进行抵扣，多计进项税额的情况，造成了涉税风险。

二、人工耗费税务风险防控模型构建

（一）单位产品能耗指标

模型构建：

企业可通过计算单位产品能耗指标，与本企业不同时期或税务机关、行业协会发布的行业平均单位产品能耗进行比较，也可将计算出的单位产品能耗用于以下模型，测算、分析实际生产量和销售收入，与申报的销售收入进行比对，查找可能存在的问题：

测算期产品产量 = 当期生产能耗量 ÷ 行业平均单位产品能耗

$$\text{测算期应税销售收入} = \left(\text{期初库存产品数量} + \text{测算期产品产量} - \text{期末库存产品数量}\right) \times \text{测算期产品销售单价}$$

测算期应税销售收入问题值 = 测算期应税销售收入 − 实际申报销售收入

案例分析：

税务机关 2022 年进行大数据税务风险筛查时，发现某纸业公司单位产品能耗指标存在异常。

该公司主要生产 140 克高强度瓦楞纸，2022 年 1—3 月产成品入库 22 000 吨，期初无库存，期末库存产品为 1 945 吨，产品销售单价为 4 000 元 / 吨，1—3 月实际申报销售收入 68 000 000 元。煤、电为其使用的主要能源，1—3 月共耗用煤 15 800 吨，耗电量扣除办公照明用电、空调用电等后共计 9 000 000 千瓦・时，单位产品耗煤量为 0.72 吨，单位产品耗电量为 409 千瓦・时。根据行业协会公布的造纸类行业耗能平均标准，每吨产成品耗煤量为 0.69 吨，每吨产成品耗电量为 400 千瓦・时。税务机关根据单位产品能耗对该公司实际生产、销售数量进行了测算，并与该公司数据进行了比对，测算过程如下：

（1）根据耗煤量测算如下：

测算期产品产量 = 15 800 ÷ 0.69 = 22 899（吨）

测算期应税销售收入 =（22 899 − 1 945）×4 000 = 83 816 000（元）

测算期应税销售收入问题值 =83 816 000 − 68 000 000 = 15 816 000（元）

（2）根据耗电量测算如下：

测算期产品产量 = 9 000 000 ÷ 400 = 22 500（吨）

测算期应税销售收入 =（22 500 − 1 945）×4 000 = 82 220 000（元）

测算期应税销售收入问题值 = 82 220 000 − 68 000 000 = 14 220 000（元）

经过测算及比对，发现无论是使用单位产品耗煤量指标还是使用单位产品耗电量指标进行测算，该公司均存在应税销售收入问题值。经过税务机关约谈及公司自查，发现该公司存在发生视同销售收入行为不计应税收入的情况，公司财务人员对视同销售的税务处理政策掌握不够，造成了涉税风险。最终，税务机关对其进行了教育并责成公司按期足额补税。

（二）单位产品工资消耗指标

模型构建：

企业可通过计算单位产品工资消耗指标，与本企业不同时期或行业平均单位产品工资消耗进行比较，也可将计算出的单位产品工资消耗用于以下模型，测算、分析一定时期内的实际生产量和销售收入，与实际申报的销售收入进行比对，查找可能存在的问题：

测算期产品产量 = 测算期生产人员工资总额 ÷ 行业平均单位产品工资消耗

$$\text{测算期应税销售收入}=\left(\text{期初库存产品数量}+\text{测算期产品产量}-\text{期末库存产品数量}\right)\times\text{测算期产品销售单价}$$

$$\text{测算期应税销售收入问题值}=\text{测算期应税销售收入}-\text{实际申报销售收入}$$

案例分析：

某造纸机械厂主要生产复卷机，2022 年申报销售收入 26 600 000 元，该公司复卷机 2022 年期初库存 800 台，期末库存 900 台，全年计提工资总额 1 415 500 元，当地同行业生产 1 台复卷机平均需计提工资 950 元，复卷机平均市场价格为 20 000 元 / 台。

税务机关 2022 年进行大数据税务风险筛查时，发现该公司单位产品工资消耗存在异常。税务机关根据单位产品工资消耗对企业实际生产、销售数量进行了测算，并与企业数据进行了比对，测算过程如下：

$$\text{测算期产品产量}=1\,415\,500\div 950=1\,490\text{（台）}$$

$$\text{测算期应税销售收入}=(800+1\,490-900)\times 20\,000=27\,800\,000\text{（元）}$$

$$\text{测算期应税销售收入问题值}=27\,800\,000-26\,600\,000=1\,200\,000\text{（元）}$$

经过测算及比对，初步分析认定该公司有隐瞒销售收入的现象。经过税务机关约谈及该厂自查，发现该厂存在多结转产品成本的情况，造成了涉税风险。最终，税务机关对其进行了教育并责成该厂按期足额补税。

（三）劳务支出增长指标

模型构建：

企业可通过劳务支出增长率与同行业、同类型企业平均水平进行比较建模，具体可参考以下模型：

$$\text{劳务支出增长率}=\left(\text{报告期劳务支出的金额}-\text{基期劳务支出的金额}\right)\div\text{基期劳务支出的金额}\times 100\%$$

若劳务支出增长率 > 行业平均水平，则可判断劳务支出增长异常。

案例分析：

税务机关 2022 年进行大数据税务风险筛查时，发现某公司劳务费支出增长存在异常。该公司 2022 年账列“应付职工薪酬”科目为 5 013 120 元，其中列支工作人员工资 2 779 470 元，销售及相关人员工资 714 500 元，劳务费支出 1 519 150 元，2021 年劳务费支出为 1 003 500 元。与 2021 年相比，2022 年劳务支出增长率为 51.4%，计算方式如下：

$$(1\,519\,150-1\,003\,500)\div 1\,003\,500\times 100\%=51.4\%$$

税务机关初步分析认定该公司存在虚假劳务支出现象，经过对该公司的账簿凭证资料进一步仔细核查，发现该公司劳务费用支出虽然附有合同、发票及转账记录，但是财务及人力资源部门均不能很好地解释该项目的具体情况。

税务人员前往开具发票的人力资源公司进行外调取证，发现人力资源公司除为该公司提供真实的劳务之外，还将该公司汇来的部分款项直接汇给 5 个私人银行账户，经过与税务系统中该公司的个人所得税申报表相比对，发现 5 人均属于该公司的在职员工。

税务人员将从银行查询得来的 5 个私人账户的流水明细与该公司的工资表、个税申报数据一一比对，发现资金的最终去向为该公司的在职员工。在确凿的证据及税务人员耐心的辅导下，该公司最终承认存在利用私人账户发放奖金、补助的税收违法行为，并积极补缴了个人所得税款及由此产生的罚款。

三、链条式税务风险防控模型构建

模型构建：

企业可以从以下方面入手构建链条式税务风险防控模型：

上游的销售量 = 下游的购入量

上游的销售收入 = 下游的采购支出

上游的销项税额 = 下游的进项税额

案例分析：

税务机关对辖区内销售额上千万元但注册资本 10 万元以下的新办一般纳税人企业进行分析，发现有两家企业在 2021 年 4—8 月注册成立，A 企业主要业务为加工纺织，成品为布匹；B 企业主营业务为农产品销售，主要产品为棉花。经过进一步查询，发现两家企业法人代表和主要股东来自同一地区，且 A 企业财务负责人为 B 企业法人代表。经过进一步税务大数据查询，发现 B 企业销售棉花 1 452 吨，A 企业从 B 企业购进的棉花却为 2 597 吨，两者存在差额 1 145 吨，B 企业销售均开具发票，销售指向明确。税务人员认为 A 企业可能存在虚增进项税额的情形，经过检查进项税额，发现 A 企业 97% 以上的进项税额来自农产品收购凭证。税务人员最终确认 B 企业存在虚增进项税额的风险。

任务实训

1. 小组讨论：企业的生产经营数据有很多，除了教材中提到的，你还能想到哪些有助于识别涉税风险的指标？

2. 第二产业和第三产业企业生产成本的构成和核算有显著的差异，因此在利用生产经营数据分析涉税风险时也有显著的不同，请尝试探索并总结其差异。

通关测试

手机扫描右方二维码，完成生产经营数据税务风险防控模型构建知识小测试。

素养园地

思路决定出路，深度决定高度

大数据时代的税务风险管理绝不仅仅囿于财税数据和报表的分析，它更多的是对企业全方位、全流程的考察和诊断，所以：

大数据时代的财税人员，要转变思维，从业务、财税各条线完成自己的工作即可的线性思维向业财税融合、沟通、协调的跨界思维转变。

大数据时代的财税学子，要全面掌握管理运营、预算控制、税务管理、法律风险评估等专业技能，还要对企业业务有所了解。

大数据时代的行业企业，要基于业务活动的各个流程节点和特点，构建业财税信息化平台，围绕业务、财务、税务之间的关系进行链接，实现业务流、会计流、资金流、税金流的互联互通，实现以财务管控业务、以业务指引财务。

只有做到了上述几点，才能最大限度地避免生产经营过程中产生的税务风险逐层累积到财税后端爆发，造成不可收拾的恶果。

任务三　构建税收征管数据税务风险防控模型

任务描述

税收征管数据主要来源于税务机关内部征管系统数据库，包括纳税人的税务登记信息、纳税申报信息、发票信息、纳税评估和稽查信息等。本任务主要介绍登记数据、发票数据和申报数据方面的风险分析，通过构建相关风险指标模型，并对指标数据的指向进行风险描述、设定预警值，将实际指标与预警值进行对比分析，从而识别纳税人是否存在税收风险。

任务情境

近日，富阳区税务局办税服务厅窗口工作人员在接受代办人胡某提交的工商信息确认、一般纳税人登记和专用发票申领资料并帮其办理业务的过程中收到了税务系统给出的提示：系统中已存在四家开业中的商贸企业地址一致、行业一致、经营范围一致、法定代表人和财务负责人交叉任职。收到疑点提示后，工作人员即时停止业务办理并将信息上报上级机关。

上级部门迅速组织税源管理单位进行核查，发现这些企业的法定代表人和办税人员均为外地户籍，拨打他们的电话均称在外地，入户调查后发现这些企业经营的房屋均是从个人手中低价租赁的小型商住房，且无任何办公设施、经营商品和仓储场地。至此，基本可以断定，这五家商贸企业为同一伙人操控下的虚假注册公司，有重大虚开增值税专用发票嫌疑。

确认检查结果后，税务人员约谈了税务代办人胡某和房屋出租人。当税务人员告知其所涉业务可能导致虚开增值税专用发票涉嫌违法犯罪时，胡某和房屋出租人都连连感叹"后怕"，差点一不小心酿成大错。

可见，税务系统中长期积累并存储的税收征管数据是一座大宝库，能够在涉税风险分析中发挥四两拨千斤的作用。

任务清单

1. 了解税收征管数据的种类。
2. 熟悉税收征管数据税务风险防控指标体系并完成模型构建和风险分析。

任务准备

一、登记数据税务风险防控指标体系

随着市场经济的发展，越来越多的人开始自己创业经营。在这个过程中，企业经营者需要严格按照法律法规的规定正确履行税务登记相关手续，否则可能会给自己带来较大的税务风险。登记数据类指标异常表现及其风险分析具体如表 3－15 所示。

表 3－15　登记数据类指标异常及其风险分析

登记数据类指标异常表现	风险分析
未在规定期限内申报办理税务登记、变更或者注销登记	（1）税务机关责令改正，可以处 2 000 元以下罚款，情节严重的，处 2 000 元以上 10 000 元以下罚款； （2）影响企业信用评级
未按照规定设置、保管账簿、记账凭证和有关资料	
未按照规定向税务机关报送财务会计制度或者财务会计处理办法、会计软件备查	
未按照规定向税务机关报送全部银行账户信息	
未按照规定安装、使用税控装置，或者擅自销毁、变造税控装置	

风险应对：

企业要想避免在登记数据方面出现涉税风险，在经营过程中要做到以下几点：

（1）增强风险防范意识，对数字化时代下的税收征管方法要有新的认识，不要心存侥幸。

（2）加强对《税收征收管理法》《纳税信用管理办法（试行）》等税收法律法规的学习，依法办理涉税业务，避免陷入不必要的麻烦之中，提高自身专业水平及管理水平。

（3）增强法律意识，合法经营，诚信办税。

二、发票数据税务风险防控指标体系

（一）红字发票指标

根据《增值税暂行条例实施细则》第十一条第二款的规定，纳税人发生应税销售行为开具增值税专用发票后，发生销货退回或者折让、开票有误等情形，应按国家税务总局的规定开具红字增值税专用发票。也就是说，正常情况下，纳税人是可以开具红字发票的。但如果红冲指标过高，即当期开具红字发票份数占当期开具全部发票的份数超过正常值，就可能存在利用红字发票冲减销售收入的情况。红字发票的不法行为如图 3－1 所示。

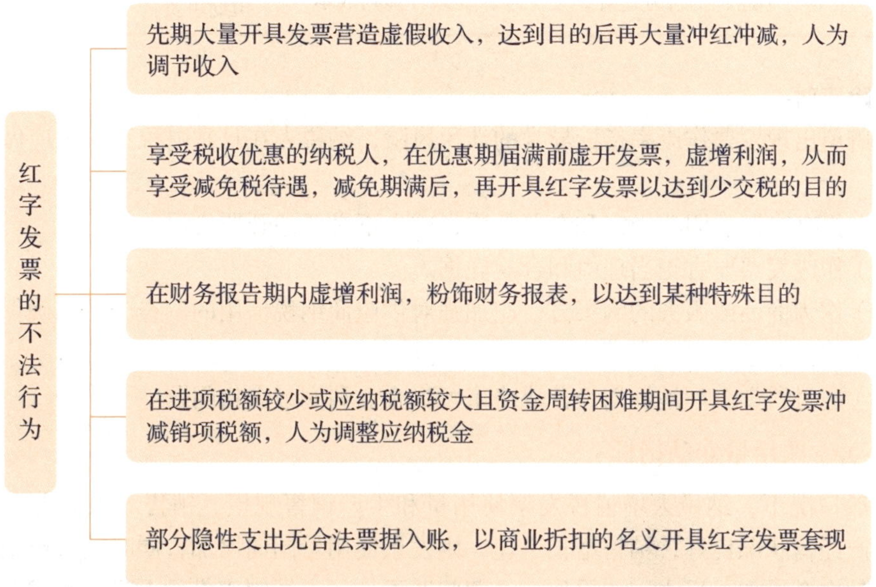

图 3－1　红字发票的不法行为

风险应对：

为避免出现红字发票涉税风险，纳税人在日常财税工作中应做到以下几点：

（1）严格按照增值税的相关规定，在发生销货退回或折让、开票有误、应税服务终止但不符合发票作废条件等符合红字发票开具条件的情况下才开具红字发票。

（2）开具红字发票后应该保留好相关凭据，如开票有误，要有对方拒收说明，如服务终止，要有合同书面证明，若发生销售折让，要有折让协议等。

（二）发票作废率指标

发票作废是指对已填开的发票进行作废的行为。同时具备以下情形的，可进行发票作废：

（1）收到退回的发票联、抵扣联时间未超过销售方开票当月。

（2）销售方未抄税且未记账。

（3）购买方未认证或者认证结果为“纳税人识别号认证不符”“专用发票代码号码

认证不符”。

正常的发票作废不会有涉税风险，但如果某一期间发票作废过多，需要考虑是否存在利用作废发票冲减销售收入，少计销项税额的问题。发票作废率指标异常表现及其风险分析具体如表 3－16 所示。

表 3－16　发票作废率指标异常表现及其风险分析

发票作废率指标异常表现	风险分析
小规模纳税人开票收入超过小微企业起征点后恶意作废发票隐瞒收入，以享受小微企业免税收优惠	相关责任人需补交税款，接受加收滞纳金和罚款的处罚，情节严重的要移交司法机关，承担刑事责任
和下游企业恶意串通，销售方违规作废发票，受票方虚列成本	

风险应对：

为避免出现发票作废率指标异常的涉税风险，纳税人在日常财税工作中应做到以下几点：

（1）提高自己的职业操守和专业素质，减少不必要的开票失误。

（2）作废发票要有正当理由和合规凭据。

（3）作为商品或服务的购买方，应加强对供应商纳税信用的调查分析，确保接收的发票属于正常发票。

（4）通过科学合理地规划经营战略来解决企业利润最大化问题。

（三）发票用量变动指标

一般情况下，纳税人增值税发票使用量和生产销售规模、销售对象有着直接的关系。生产经营状况良好，销售增长迅速，则发票使用量同向增加，同时纳税申报收入及应纳税款也会增加；反之，如果生产经营状况不佳，市场销售份额下降，则发票使用量也会同向减少。

发票用量变动指标异常表现及其风险分析如表 3－17 所示。

表 3－17　发票用量变动指标异常表现及其风险分析

异常表现	风险分析
销售对象主要为一般纳税人的企业，普通发票使用量骤增	需要考虑虚开增值税普通发票的风险
销售对象主要为小规模纳税人和普通消费者的企业，专用发票使用量骤增	需要考虑虚开增值税专用发票的风险
短时间内大量领用发票，发票开具金额环比或同比异常突增	可通过计算销售额环比变动率，对比所有者权益变动、社保缴纳和个税扣缴数额等指标进行分析。如果所有者权益变动幅度小于销售额变动率，偏离幅度越大，则虚开发票风险程度越高；社保费和个税扣缴数额畸小甚至为零，则皮包公司虚开发票风险程度较高

风险应对：

为避免出现发票用量变动指标异常的涉税风险，纳税人在日常财税工作中应做到几下几点：

（1）从管理层到财务人员应加强专业理论及实践知识的学习。

（2）建立完善的企业发票管理制度，发票的领用、保管与开具要有专人负责。

（3）财税人员要注意新的法律制度的变动与实施，不断更新专业知识，坚守职业道德标准。

（四）进项税额变动与销项税额变动弹性指标

进项税额变动与销项税额变动弹性是指通过企业增值税的进项税额变动率与销项税额变动率的对比计算的相对指标。

一般来说，同一时期的销项税额和进项税额的变动方向应该是一致的，即销售的越多，消耗的外购商品和服务也就越多，两者的变动幅度一般大致相同。

进项税额变动与销项税额变动弹性指标异常表现及其风险分析如表 3－18 所示。

表 3－18 进项税额变动与销项税额变动弹性指标异常表现及其风险分析

进项税额变动与销项税额变动弹性指标异常表现		风险分析
进项税额变动与销项税额变动弹性系数为负	进项税额变动率为负，销项税额变动率为正	可能存在少抵进项的业务风险
	进项税额变动率为正，销项税额变动率为负	可能存在少计收入、虚抵进项的风险
进项税额变动与销项税额变动弹性系数为正值，但偏离幅度较大		可能存在少计收入、虚抵进项的风险

风险应对：

为避免出现进项税额变动与销项税额变动弹性指标异常的涉税风险，纳税人在日常财税工作中应做到以下几点：

（1）涉税人员应具备必要的专业资质和良好的职业操守，平时应加强学习和培训，不断提高业务素质和工作水平。

（2）对销售业务的价外费用、视同销售以及进项税额抵扣范围等的税务处理把握准确，熟悉纳税义务发生时间，不得提前或延后确认销项税额。

（3）随时检查涉税会计处理是否合规，包括但不限于：

1）核实有无用于免税项目、简易计税项目、集体福利等用途的外购项目的进项税没有做转出处理，如有，及时调整；

2）检查有无视同销售项目没有计算销项税额，或核实销项税额计算是否准确，有无漏报、延迟计税的情况。

三、申报数据税务风险防控指标体系

（一）税负率指标

企业的税负率有两种，如图 3－2 所示。

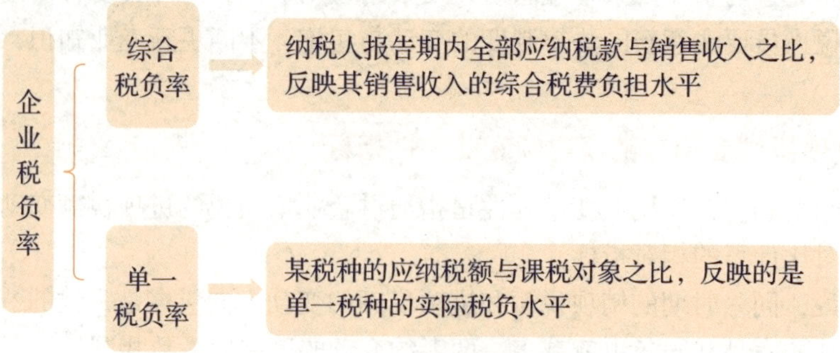

图 3－2　企业税负率的分类

通过将报告期税负率与企业历史同期的税负率进行纵向对比，与其他纳税人、同地区或同行业平均水平进行横向对比，可以发现企业涉税风险。税负率指标异常表现及其风险分析具体如表 3－19 所示。

表 3－19　税负率指标异常表现及其风险分析

<table>
<tr><th>税负率指标异常表现</th><th colspan="2">风险分析</th></tr>
<tr><td>综合税负率低于设定的预警值</td><td>可能存在少计营业收入、虚增进项、虚列成本费用等造成的少缴税费的风险，低于预警值的幅度越大，企业的税收风险程度越高</td><td>可以结合销售收入变动率、成本费用变动率、进项税额变动率等指标进行分析，指标为负值需要重点核查</td></tr>
<tr><td rowspan="2">增值税税负率低于预警值</td><td rowspan="2">可能存在隐瞒、少计收入，少计销项税额，虚抵进项税额所造成的少缴增值税的税收风险</td><td>税负率低于预警值，销售收入变动率正常，则在进项税额方面查找风险源头</td></tr>
<tr><td>税负率低于预警值，进项税额变动率正常，而销售收入变动率为负且变动率超过平均值，则可能存在漏计收入、少计销项税的风险</td></tr>
<tr><td rowspan="2">企业所得税税负率低于预警值</td><td rowspan="2">可能存在少计收入、多计成本费用、扩大税前扣除范围的税收风险，或有不正常的亏损等</td><td>税负率低于预警值，销售毛利率正常，销售收入变动率正常，则重点分析费用指标</td></tr>
<tr><td>税负率低于预警值，销售收入变动幅度过大，则从收入方面查找原因</td></tr>
<tr><td>增值税税负变动率在 –30% 到 30% 之外</td><td colspan="2" rowspan="2">可能存在操纵利润的风险</td></tr>
<tr><td>企业所得税税负变动率在 –20% 到 20% 之外</td></tr>
</table>

风险应对：

为避免出现税负率指标异常的涉税风险，纳税人在日常财税工作中应做到以下几点：

（1）财税人员要加强专业学习，提高业务水平，无论是财务核算还是税费申报，都要坚持准则，遵守法规，不得挑战法律底线。

（2）指标异常但属于客观情况的，也不必紧张，将指标异常的原因、对应纳税额的影响额等进行书面说明，并注意保存好相关凭据以备税务机关的查询即可。

（3）注意业财融合，财税人员应该和业务人员保持良好的沟通，将风险尽可能消灭在业务发生的源头。

（二）税负弹性系数指标

税负弹性系数是指应纳税额变动率与对应收入变动率之间的比值。比如，增值税弹性系数为应纳税额变动率与销售收入变动率的比值，企业所得税弹性系数为应纳税额变动率与主营业务收入变动率的比值。

通常，应纳税额变动率和其自变量变动率是同方向、同幅度变动的，即该系数为正值且比值接近 1 为合理指标；反之，则为异常指标。

税负弹性系数指标异常表现及其风险分析如表 3－20 所示。

表 3－20　税负弹性系数指标异常表现及其风险分析

税种	税负弹性系数指标异常表现	风险分析
增值税	弹性系数为负值，且应纳税额变动率为负，销售收入变动率为正	存在虚增进项税额、少计销项税额的风险，剔除价格变化因素及税收优惠等情况，需要对进项税额和销售收入做进一步分析
	弹性系数为小于 1 的正值，应纳税额变动率与销售收入变动率均为正	
	弹性系数为大于 1 的正值，应纳税额变动率与销售收入变动率均为负	
企业所得税	税负弹性系数在 0.8 ～ 1.2 之外	可能存在少计收入、多计成本费用、扩大税前扣除范围等少缴所得税的风险。剔除税收优惠因素，需审核所得税纳税申报数据和财务报表数据是否一致、是否扣除了不得税前扣除的项目、超标准列支项目调整是否正确、视同销售收入是否进行了纳税调整等；另外，还可以结合其他数据进行分析，如存货周转率、生产能力等

风险应对：

企业财税人员应认真学习相关税法政策，以认真守法、严谨细致的工作态度正确处理日常的涉税业务。如出现风险指标异常，只要是客观真实的业务，税务处理合法合规，则不必紧张，分析出现异常的原因，留存好相关业务凭据即可。

（三）联动指标

联动指标是指将涉及不同税种的相同项目数据进行比对以分析纳税人是否正确申报

的一些指标。

一般来说，不同税种涉及的相同项目的数据应该是一致的，如果不一致且差异较大，则为异常指标。联动指标异常表现及其风险分析具体如表 3－21 所示。

表 3－21　联动指标异常表现及其风险分析

联动指标	涉及的报表项目异常表现	风险分析
增值税销售收入和企业所得税销售收入	增值税纳税申报表中销售额与企业所得税纳税申报表中营业收入额不一致	可能存在非货币性资产交换、视同销售行为等未确认收入的风险
企业所得税销售收入和利润表收入	企业所得税纳税申报表中营业收入额与利润表中营业收入额不一致	可能存在隐匿收入、少缴企业所得税的风险
企业所得税让渡资产使用权收入和房产税申报租金收入	企业所得税纳税申报表中让渡资产使用权收入额与房产税纳税申报表本期申报租金收入不一致	可能存在隐匿收入、少缴房产税或企业所得税的风险
企业所得税成本费用和利润表对应项目	企业所得税纳税申报表中营业成本、销售费用、管理费用与利润表对应项目不一致	可能存在虚增成本费用、少缴企业所得税的风险
企业所得税财务费用和增值税利息发票金额	企业所得税申报表中财务费用与利润表中财务费用（利息费用）及发票金额不一致	可能存在虚列利息费用、少缴企业所得税的风险
企业所得税税金及附加和实际已缴纳的相关税费之和	企业所得税申报表中税金及附加与税收完税凭证中各项税额不一致	可能存在虚增扣除、少缴企业所得税的风险
企业所得税工资薪金支出和个人所得税代扣代缴薪金总额	企业所得税申报表中工资薪金支出与个人所得税扣缴申报表中累计收入额不一致	可能存在虚列费用、少缴企业所得税或少代扣代缴个人所得税的风险
员工（职工）人数	企业所得税纳税申报表中的从业人数与个人所得税扣缴申报表人数不一致	可能存在隐瞒职工人数、少缴个人所得税，或虚增职工人数、少计利润、少缴企业所得税的风险
企业所得税纳税申报表和房产税税源信息表中房产原值信息	企业所得税纳税申报表资产折旧明细表中房屋建筑物信息与房产税税源信息表中房产原值不一致	可能存在少缴房产税或少缴企业所得税的风险
小型微利企业税收优惠	企业所得税纳税申报表资产总额、从业人数与个人所得税扣缴申报表人数合计不一致	可能存在错误享受优惠，少缴各项税费的风险

风险应对：

联动指标涉及不同税种，对财税人员提出的要求更高，在日常工作中，财税人员更应予以重视。为避免出现联动指标异常的涉税风险，纳税人在日常财税工作中应做到以下几点：

（1）关注各税种对于收入、计税依据以及其他项目的相关规定，熟悉各税种所涉指标的具体含义、范围和数值确认。

（2）确保依法、及时、足额缴纳税款，但也不缴“冤枉税”和“过头税”。

（3）若出现指标异常，先分析是否是税收政策规定差异的原因，并准备相关佐证资料以备税务机关查询。

（4）当出现不合理的指标异常时，一定要查明原因，不得触碰法律底线。

（四）长期零申报

零申报是指在纳税申报所属期内没有发生应税行为，同时也没有应纳税额的情况。

在税务机关办理了税务登记的纳税人、扣缴义务人在某一期间未发生应税行为，按照国家税收法律、行政法规和规章的规定是可以进行零申报的。企业在筹建期间或特殊情况下临时停止经营，也可以进行零申报。

但是处于正常生产经营期间的企业，如果长期零申报，就可能存在隐匿收入、逃避纳税的嫌疑。异常零申报的判别标准为连续 3 个月以上或累计 6 个月以上零申报。

不同税种的零申报情形及其风险分析如表 3－22 所示。

表 3－22　不同税种的零申报情形及其风险分析

<table>
<tr><th>税种</th><th>零申报情形</th><th>风险分析</th></tr>
<tr><td rowspan="2">增值税</td><td>小规模纳税人只要应税收入为零即可进行零申报</td><td rowspan="3">（1）涉嫌偷税，会面临补缴税款和滞纳金甚至罚款的处罚；
（2）影响纳税信用等级，根据《纳税信用管理办法（试行）》的规定，非正常原因一个评价年度内增值税连续 3 个月或累计 6 个月零申报，纳税信用等级就不能评为 A 级；
（3）发票减量且需要定期到税务机关进行发票核查</td></tr>
<tr><td>一般纳税人即便增值税应税收入为零，但只要有进项税发票，也不可以零申报，否则进项税额不能抵扣</td></tr>
<tr><td>企业所得税</td><td>只有应税收入、成本费用等均为零才可以零申报，否则成本费用不得税前扣除</td></tr>
</table>

风险应对：

企业应对零申报有正确的理解和认识，明确零申报的具体情形，清楚虚假零申报的危害，严守法律与职业道德底线。如果确实属于零申报情形，需要有合理的理由，并准备好相关资料以备税务机关查询。

任务实施

一、登记数据税务风险防控案例分析

案例分析一：

税务机关因发票违法行为对甲酒楼进行税务检查，查出甲酒楼涉嫌偷税，随后对甲酒楼发出税务事项告知书、税务行政处罚事项告知书、责令限期改正通知书，除依法追缴应交未交的税款外，另处罚款 60 余万元。甲酒楼的营业执照显示纳税人为甲酒楼，负责人为余某某，登记注册类型为个体户，所以余某某应以个人财产对酒楼的债务承担连带责任。

余某某不服，称有违法事实期间酒楼实际由李某某承包经营，自己对酒楼的经营业

务无权过问，所有法律责任应由李某某承担，并提交了相关承包合同证明。

该案件经一审法院、二审法院审理，最终宣判余某某作为本案被处罚人符合法律规定。

理由：甲酒楼的营业执照显示余某某为酒楼负责人，税务登记内容发生变化的，应依法申请办理税务变更登记或注销手续，个人之间签订协议转移纳税义务违反税收法律的规定，不产生法律效力。

案例分析二：

税务机关在审查一起某公司虚开发票案件时发现有 10 笔发票流向了某地甲公司，此时甲公司已办理了注销税务登记。甲公司所在地主管税务机关在协查中发现丁某为甲公司唯一股东，所收取的虚开发票已经抵扣了增值税进项税额，发票金额作为成本费用列支于所得税前扣除。丁某在办理注销登记时向市场监督管理部门提供了虚假的清算报告等资料，以欺骗的手段通过了注销登记。

税务机关依据事实证据，对甲公司少缴的增值税和企业所得税税款依法追缴，并加收滞纳金。鉴于甲公司已注销，不再具有接受处罚的主体资格，作为唯一股东的丁某因提供虚假清算报告给债权人造成损失，被作为追缴税款的责任承担主体承担赔偿责任。

所以，公司注销不是逃避纳税义务的盾牌，而违法行为最终也会在大数据分析中显形，最终逃脱不了法律的制裁。

二、发票数据税务风险防控模型构建

（一）红字发票指标

模型构建：

一般认为红字发票占比达到或超过 30%，即为红字发票异常。具体可参考以下模型：

红字发票率 = 开具红字发票份数 ÷ 当期开具有效发票份数 ×100%

红字发票率 = 开具红字发票金额 ÷ 当期开具有效发票金额 ×100%

红字发票率 ≥ 30%

案例分析：

税务机关收到风控系统传过来的风险提示，甲公司本年度 1—2 月份有开具大量红字发票的情形，需要重点关注。税务机关调取了其发票电子底账，发现红字发票大部分为上年年底开具的，再通过"三流一致"比对以及向下游企业查询发现，上年年底开具的被红冲的发票为虚开发票，并没有真实的经济业务基础。原来，甲公司为了获取银行贷款，虚开发票增加公司利润，编制虚假的财务报表，贷款指标下达后马上开具红字发票冲回。尽管该公司的行为不涉及税款的缴纳，但因为虚开发票被税务机关处以罚款，又因为未按规定开具红字发票，相应的销项税额不得抵减，最终多交了增值税。

（二）发票作废率指标

模型构建：

一般认为，发票作废率达到或超过 50% 即认定为作废率过高。具体可参考以下模型：

发票作废率 = 当期开具作废发票份数 ÷ 当期开具全部发票份数 ×100%

发票作废率 = 当期开具作废发票金额 ÷ 当期开具全部发票金额 ×100%

发票作废率≥ 50%

除利用模型分析外，在金税系统中，一笔发票一经作废，系统还会利用大数据分析方法即刻进行比对。如果总是发生同一笔发票当月作废次月重开的现象，系统会自动预警。

案例分析：

税务机关在对 2022 年税控系统发票电子底账进行数据分析时发现，A 公司为一家小规模纳税人，一年中常有针对相同金额的发票作废又重开的现象，遂对其展开进一步的税务检查。经检查发现问题有二：一是该纳税人只针对开票收入进行纳税申报，涉嫌偷税；二是一旦发现季度开票收入超过 45 万元，纳税人马上进行发票作废，使销售收入降到 45 万元以下，进而享受小微企业免税优惠。最终，税务机关对 A 公司进行了处罚。

（三）发票用量变动指标

模型构建：

一般认为开具增值税发票金额超过上期 30%（含）并超过上期 10 份以上的为发票用量异常。具体可参考以下模型：

增值税发票用量变动额 = 纳税人本期发票使用量 – 纳税人上期发票使用量

增值税发票用量变动额 >10

增值税发票金额变动 = 纳税人本期增值税发票开具金额 – 纳税人上期增值税发票开具金额

增值税发票金额变动 ÷ 纳税人上期增值税发票开具金额 ×100% ≥ 30%

案例分析：

某税务局通过税控系统相关数据进行风险排查时发现，本辖区一家建筑材料公司每个月的发票领用量由 30 份增加至 200 份，但发票领用数增加后，该公司申报的销售收入及增值税申报税款却没有随之增加。这显然不符合逻辑配比关系。税务人员开始进一步调查取证，发现该公司月初领用发票并大量开具，月底通过开具红字发票将开出的增值税普通发票大量作废，严重违背正常经营交易规则，判定该公司存在虚开发票情形。根据对下游受票企业、资金流和物流等的检查，发现该公司利用月初开票月底冲回方式虚开发票金额达 6 000 多万元，涉及税款近 200 万元。

我国对虚开发票行为一直采取高压态势，进行严厉打击，金税系统在以票管税方面有着强大的分析及识别能力。纳税人应奉公守法，诚信经营，杜绝一切不合规操作。

（四）进项税额变动与销项税额变动弹性指标

模型构建：

一般认为进项税额变动与销项税额变动偏离度不超过 20% 为正常，即弹性系数处于 0.8 ～ 1.2 是相对合理水平。具体可参考以下模型：

进项税额变动率 =（本期进项税额 – 基期进项税额）÷ 基期进项税额 ×100%

销项税额变动率 =（本期销项税额 – 基期销项税额）÷ 基期销项税额 ×100%

进项税额变动与销项税额变动弹性系数 = 进项税额变动率 ÷ 销项税额变动率

判断标准：

进项税额变动与销项税额变动弹性系数 < 0，为异常

0 < 进项税额变动与销项税额变动弹性系数 < 0.8，为异常

进项税额变动与销项税额变动弹性系数 > 1.2，为异常

案例分析：

某企业报告期的进项税额和销项税额有关情况如表 3-23 所示。

表 3-23 进项税额与销项税额情况

指标	本期（万元）	上期（万元）	变动率
进项税额	420.35	530.61	−20.78%
销项税额	619.2	906.15	−31.67%
弹性系数	0.656 1		

从表 3-23 中可以看出，该企业的进项税额和销项税额均为下降趋势，但进项税额的下降幅度远小于销项税额的下降幅度，可能存在少计收入或虚抵进项的情况。经进一步核查发现，该企业有 600 万元的未开票收入未按规定申报纳税。

三、申报数据税务风险防控模型构建

（一）税负率指标

模型构建：

税负率异常一般用税负率和税负变动率指标进行分析，企业所得税税负情况也可用企业所得税贡献率来进行分析。具体可参考以下模型：

综合税负率 = 报告期企业税费总额 ÷ 报告期营业收入 ×100%

增值税税负率 = 本期应纳增值税税额 ÷ 本期销售收入 ×100%

增值税税负变动率 =（本期税负率 − 基期税负率）÷ 基期税负率 ×100%

企业所得税贡献率 = 本期企业缴纳的所得税 ÷ 本期企业营业收入 ×100%

企业所得税税负率 = 本期应纳企业所得税税额 ÷ 本期应税利润 ×100%

企业所得税税负变动率 =（本期税负率 − 基期税负率）÷ 基期税负率 ×100%

风险预警：

综合税负率 < 设定预警值

增值税税负率 < 设定预警值

企业所得税贡献率 < 设定预警值

企业所得税税负率 < 设定预警值

增值税税负变动率 ⩾ 30% 或增值税税负变动率 ⩽ −30%

企业所得税税负变动率 ⩾ 20% 或企业所得税税负变动率 ⩽ −20%

其中，设定预警值通常为行业平均值或同地区同类型企业的平均值，是一个实时变化的参考值。

案例分析：

某风险企业通过计算相关数据，得出各税负相关指标，如表 3－24 所示。

表 3－24　各税负相关指标

风险指标	设定预警值	企业数据	是否异常
增值税税负率	5%	1%	是
企业所得税贡献率	5%	0.8%	是

增值税方面：企业财务人员结合销售收入和进项税额进行分析，发现进项税额增长幅度过高，经查，原因是本期新购进两台机器设备导致进项税额增加，剔除该因素影响后的增值税税负率为 6.2%，属于正常范围。

企业所得税方面：先剔除新购进机器设备税前一次性扣除因素影响，调整后的企业所得税贡献率为 3.4%。销售毛利率和销售收入变动率正常，则重点从期间费用和营业外支出方面查找原因，最终发现是业务招待费和减值准备金纳税调整不实导致了指标异常。

（二）税负弹性系数指标

模型构建：

企业通过税负弹性系数指标进行涉税风险分析，具体可参考以下模型：

增值税弹性系数＝增值税应纳税额变动率 ÷ 销售收入变动率

企业所得税弹性系数＝企业所得税应纳税额变动率 ÷ 主营业务收入变动率

判断标准：

增值税弹性系数＜0，为异常

增值税应纳税额变动率＞0，且销售收入变动率＞0，且增值税弹性系数＜1，为异常；弹性系数与 1 相差越大，风险越大

增值税应纳税额变动率＜0，且销售收入变动率＜0，且增值税弹性系数＞1，为异常；弹性系数与 1 相差越大，风险越大

企业所得税弹性系数＞1.2 或企业所得税弹性系数＜0.8，为异常

案例分析：

某公司根据连续两期的销售收入和增值税税额计算出相关税负指标，如表 3－25 所示。

表 3－25　相关税负指标

指标	上期（万元）	本期（万元）	变动率
销售收入	128.75	136.91	6.34%
增值税税额	49.36	28.90	−41.45%
增值税弹性系数		−6.54	

从表 3－25 中可以看出，本期销售收入增加，但应纳增值税税额反而减少了，增值税弹性系数为负，为风险异常情况，应侧重进行进项税额的分析，核实是否本期有新增在建工程或大量采购，是否该做进项税额转出处理的没有做转出处理，或是否存在虚假外购虚增进项税额的情况。

（三）联动指标

模型构建：

企业通过联动指标进行涉税风险分析，具体可参考以下模型：

（1）销售收入异常：

企业所得税年度纳税申报表《一般企业收入明细表》营业收入＋营业外收入≠增值税纳税申报表（一般纳税人适用）按适用税率计税销售额＋按简易办法计税销售额＋免、抵、退办法出口销售额＋免税销售额等项目的本年累计销售额

企业所得税年度纳税申报表《一般企业收入明细表》营业收入＋营业外收入≠增值税纳税申报表（小规模纳税人适用）应征增值税不含税销售额（3% 征收率）＋应征增值税不含税销售额（5% 征收率）＋销售使用过的固定资产不含税销售额＋免税销售额＋出口免税销售额等项目的本年累计销售额

企业所得税年度纳税申报表《一般企业收入明细表》营业收入≠利润表营业收入

（2）成本费用异常：

企业所得税年度纳税申报表营业成本＋销售费用＋管理费用－工资薪金支出－资产折旧摊销－长期待摊费用摊销＞资产负债表本期存货期初数＋本期企业取得的发票总额（普通发票为价税合计金额）－购买固定资产、无形资产以及取得利息的发票金额－本期存货期末数

企业所得税年度纳税申报表财务费用＞利润表利息费用

企业所得税年度纳税申报表税金及附加≤消费税＋土地增值税＋资源税＋环保税＋城镇土地使用税＋房产税＋印花税＋车船税＋城市维护建设税＋教育费附加＋地方教育附加

企业所得税年度纳税申报表工资薪金支出＞个人所得税扣缴申报表累计收入额

（3）职工人数异常：

企业所得税年度纳税申报基础信息表从业人数≠个人所得税扣缴申报表

（4）房产原值信息异常：

企业所得税纳税申报表房屋建筑物资产原值≠房产税税源明细表房产原值

企业所得税纳税申报表资产总额≠资产负债表资产总额平均值

企业所得税纳税申报表从业人数≠个人所得税扣缴申报表扣缴人数合计数

案例分析：

2022 年 6 月，A 市税务机关风险管理部门在通过大数据对辖区企业申报的数据进

行比对分析时，发现甲公司 2021 年度企业所得税申报表填报的工资薪金计税基数与该公司 2021 年度代扣代缴的个人所得税工资薪金计税基数存在较大差异。

甲公司 2021 年度代扣代缴的个人所得税工资薪金计税基数为 640 万元，然而企业所得税税前扣除工资薪金计税基数为 820 万元，两者差额高达 180 万元。从数据来看，存在少代扣代缴个人所得税或多增加企业所得税税前扣除的风险。

经过与企业负责人员沟通，得到的解释是 2021 年度该公司出现一些临时性用工需要，接受外部劳务派遣用工发生费用 180 万元。根据甲公司与劳务派遣公司签订的合同约定，甲公司直接将 180 万元的用工费用支付给了劳务派遣公司。公司认为上述劳务用工支出是因公司生产经营需要产生的，且用于人员工资支付，遂将该笔支出计入了工资薪金支出总额，并作为职工福利费支出、职工工会经费支出与职工教育经费支出在企业所得税税前扣除的计税基数。

国家税务总局《关于企业工资薪金和职工福利费等支出税前扣除问题的公告》（国家税务总局公告 2015 年第 34 号）第三条规定："企业接受外部劳务派遣用工所实际发生的费用，应分两种情况按规定在税前扣除：按照协议（合同）约定直接支付给劳务派遣公司的费用，应作为劳务费支出；直接支付给员工个人的费用，应作为工资薪金支出和职工福利费支出。其中属于工资薪金支出的费用，准予计入企业工资薪金总额的基数，作为计算其他各项相关费用扣除的依据。"也就是说，只有直接支付给员工个人的工资薪金支出，才能够计入工资薪金支出总额，甲公司按照合同约定直接支付给劳务派遣公司的费用，只能够作为劳务费支出在企业所得税前扣除，不能计入工资薪金支出总额的基数，不能作为计算职工福利费支出、职工工会经费支出和职工教育经费支出扣除限额的计算依据。

甲公司 2021 年职工福利费支出、职工工会经费支出和职工教育经费支出均为满额扣除，甲公司因此少缴的企业所得税税款为 $180\times(14\%+2\%+2.5\%)\times25\%=8.325$（万元），需要进行补交，同时要补缴滞纳金。

（四）长期零申报

模型构建：

小规模纳税人连续 3 个月或累计 6 个月本期应纳税额 = 0

一般纳税人连续 3 个月或累计 6 个月按适用税率计税销售额 + 按简易办法计税销售额 + 免、抵、退办法出口销售额 + 免税销售额 = 0，且进项税额 = 0，且上期留抵扣税额 = 0

企业所得税连续 3 个月或累计 6 个月营业收入 = 0，且营业成本 = 0

案例分析：

某建筑公司为增值税一般纳税人，正处于筹建期间，尚未开展实际经营，增值税应税收入为零，企业所得税应税收入为零，但因为购买设备等取得了增值税专用发票并进行了认证，公司财务人员咨询是否可以零申报。

答复：不可以零申报。该公司是增值税一般纳税人，当期有已认证的进项税额，并有筹建费用发生，所以增值税和企业所得税均不可零申报。

任务实训

1. 小组讨论：在税收征管方面，除本教材中列示的风险指标外，还存在哪些风险？

2. 打开国家税务总局税案通报专栏，选择你感兴趣的案件，分析其主要涉税风险点，并尝试运用所学构建对应的涉税风险防控模型。

通关测试 手机扫描右方二维码，完成税收征管数据风险防控模型构建知识小测试。

素养园地

税收红利虽好，合法合规最重要

根据国家税务总局办公厅公布的数据，2022 年 1 月 1 日—5 月 10 日，退至企业账户的留抵退税款累计 1 亿余元，在税收红利的诱惑下，部分企业走上了违法犯罪的道路，仅 4 月 1 日—5 月 10 日，就有 1 800 余户涉嫌骗取留抵退税的企业被立案调查。

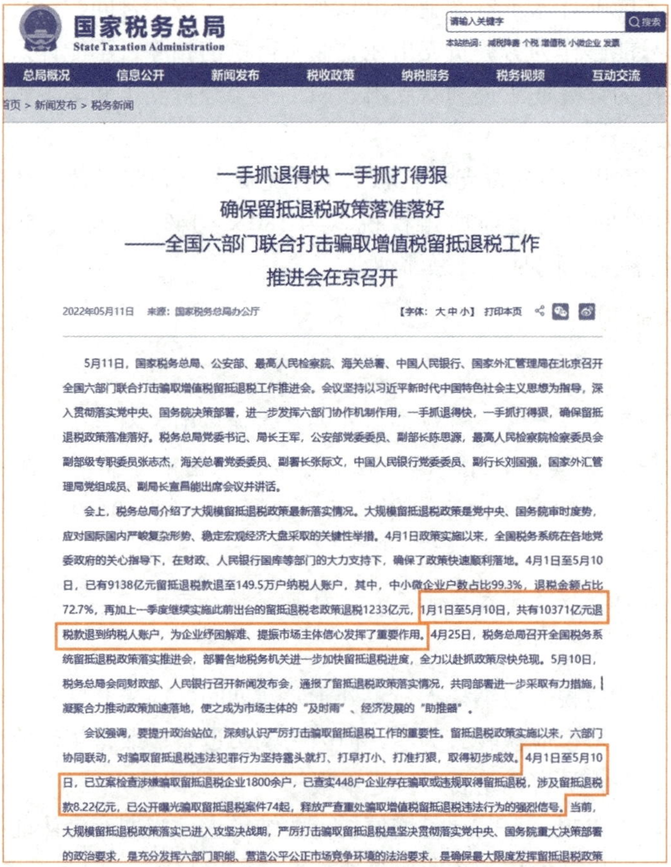

国家税务总局
State Taxation Administration

请输入关键字 搜索
本站热词：减税降费 个税 增值税 小微企业 发票

总局概况 信息公开 新闻发布 税收政策 纳税服务 税务视频 互动交流

首页 > 新闻发布 > 税务新闻

一手抓退得快 一手抓打得狠
确保留抵退税政策落准落好
——全国六部门联合打击骗取增值税留抵退税工作推进会在京召开

2022年05月11日 来源：国家税务总局办公厅 【字体：大 中 小】 打印本页

5月11日，国家税务总局、公安部、最高人民检察院、海关总署、中国人民银行、国家外汇管理局在北京召开全国六部门联合打击骗取增值税留抵退税工作推进会。会议坚持以习近平新时代中国特色社会主义思想为指导，深入贯彻落实党中央、国务院决策部署，进一步发挥六部门协作机制作用，一手抓退得快，一手抓打得狠，确保留抵退税政策落准落好。税务总局党委书记、局长王军，公安部党委委员、副部长陈思源，最高人民检察院检察委员会副部级专职委员张志杰，海关总署党委委员、副署长张际文，中国人民银行党委委员、副行长刘国强，国家外汇管理局党组成员、副局长宣昌能出席会议并讲话。

会上，税务总局介绍了大规模留抵退税政策最新落实情况。大规模留抵退税政策是党中央、国务院审时度势，应对国际国内严峻复杂形势、稳定宏观经济大盘采取的关键性举措。4月1日政策实施以来，全国税务系统在各地党委政府的关心指导下，在财政、人民银行国库等部门的大力支持下，确保了政策快速顺利落地。4月1日至5月10日，已有9138亿元留抵退税款退至149.5万户纳税人账户，其中，中小微企业户数占比99.3%，退税金额占比72.7%，再加上一季度继续实施此前出台的留抵退税老政策退税1233亿元，1月1日至5月10日，共有10371亿元退税款退到纳税人账户，为企业纾困解难、提振市场主体信心发挥了重要作用。4月25日，税务总局召开全国税务系统留抵退税政策落实推进会，部署各地税务机关进一步加快留抵退税进度，全力以赴抓政策尽快兑现。5月10日，税务总局会同财政部、人民银行召开新闻发布会，通报了留抵退税政策落实情况，共同部署进一步采取有力措施，凝聚合力推动政策加速落地，使之成为市场主体的“及时雨”、经济发展的“助推器”。

会议强调，要提升政治站位，深刻认识严厉打击骗取留抵退税工作的重要性。留抵退税政策实施以来，六部门协同联动，对骗取留抵退税违法犯罪行为坚持露头就打、打早打小、打准打狠，取得初步成效。4月1日至5月10日，已立案检查涉嫌骗取留抵退税企业1800余户，已查实448户企业存在骗取或违规取得留抵退税，涉及留抵退税款8.22亿元，已公开曝光骗取留抵退税案件74起，释放严查重处骗取增值税留抵退税违法行为的强烈信号。当前，大规模留抵退税政策落实已进入攻坚决战期，严厉打击骗取留抵退税是坚决贯彻落实党中央、国务院重大决策部署的政治要求，是充分发挥六部门职能、营造公平公正市场竞争环境的法治要求，是确保最大限度发挥留抵退税政策在大数据+分析模型的助力下，税务机关联合公安、检察、海关、人民银行、外汇管理局部门，以零容忍的雷霆之势，从严从快对骗取留抵退税的违法行为进行了查处。

所以说，国家为民为企的优惠政策固然好，但企业也要有定力，不能触碰红线，规范自身涉税行为，充分评估涉税风险，合法、合理、合规地享受国家政策红利，才能真正落袋为安。

任务四

构建第三方数据税务风险防控体系

任务描述

随着大数据时代的来临和发展，税务机关可以多渠道、多角度地取得企业涉税相关信息，征纳双方之间信息的不对称问题越来越少，企业面临的税务风险也相应增加。金税四期将对企业的“非税”业务实施更全面的监控，搭建各部委、人民银行以及商业银行等参与机构之间信息共享和核查的通道，实现企业相关人员手机号码、企业纳税状态、企业登记注册信息核查功能，不少人感慨企业在税务机关面前“裸奔”的时代已经来临。本任务将简要介绍第三方涉税数据的概念，并选取典型的第三方数据，构建相关的企业税务风险防控模型。

任务情境

某地经济技术开发区税务局在一次与当地政府相关部门的信息交换中，无意间发现该市某有限责任公司与某政府机关多年前的资产置换事宜存在涉税疑点，于是立即成立评估小组，对该公司涉税疑点进行调查。

涉事公司于2000年2月成立，系某上级公司全资成立的子公司，核算形式为独立核算。

初步分析信息交换数据后，评估人员发现，2008年1月，涉事公司以其拥有产权的泰和大厦与当地政府机关置换位于市中心地段的办公楼及其附属设施，置换资产的价值为2亿～3亿元。

评估人员预计，此笔交易涉及税费至少在6 000万元以上，但在税款查询系统中却未发现有相应金额的大额入库。评估人员分析，该公司存在少缴或未缴税款的可能。

经过进一步落实交易的真实性并邀请专业评估机构重新评估资产价值，最终税务局顺利追回补缴税款合计 6 411.16 万元，滞纳金 359.35 万元。

从以上案例中可以看出，第三方涉税数据对于税务风险管理的重要之处。第三方掌握着大量纳税人的原始涉税资料，金税四期的逐步推开，必将打破信息不对称的局面，帮助税务机关提高税收征管的质量和效率。

任务清单

1. 掌握第三方涉税数据有哪些。
2. 在了解第三方涉税数据指标体系的基础上，尝试完成模型构建和风险分析。

任务准备

一、第三方涉税数据概述

第三方涉税数据，是指除税务部门和纳税人以外的其他机关、企事业单位、社会团体或行业协会提供的，或者运用现代信息技术从互联网渠道获得的与纳税人的生产经营活动和税务机关的税收征收管理活动有关的数据信息。

随着市场经济的深入发展，各经济主体间的联系日益复杂，税源的流动性和隐蔽性越来越强，涉税信息不对称程度越来越高，税源管理的难度越来越大，这就容易造成征管漏洞、税源流失等情况，带来税收执法的风险，也不利于企业的科学化、精细化监管。

企业的经济行为离不开政府部门、行业机构和其他企业的参与，交易流转的过程中必然形成数据与记录，如果将这些翔实的、独有的第三方数据应用到税收征管过程中，并辅以信息监控、源泉控管、稽查评估跟进等手段，将有力弥补征管漏洞，阻遏税源的流失。

目前来看，较为集中的企业涉税信息的第三方数据来源主要有银行数据、政务数据、企业信用数据以及互联网数据。

二、银行数据税务风险防控指标体系

银行数据的来源和内容主要有：人民银行提供的非贸易及部分资本项目下对外付汇信息，用来监控非居民企业所得税缴纳情况；其他银行提供的企业账户、存款、贷款、资信评级、资金流向、经营收入等信息。其中，利用银行账户进行涉税风险防控可以从以下两方面入手。

（一）个人银行账户大额交易和可疑交易

个人银行账户是指单个自然人在银行开立并持有的账户，是相对于企业等单位持有的对公银行账户而言的。与企业税务风险有关的个人银行账户一般是指企业股东、法定代表人、关键管理人员、财务人员等与企业有关联关系的个人持有的银行账户。

与金税三期相比，金税四期增加了与银行的信息联网，税务机关和银行将开展更及时、更全面的信息共享，进行更严格的资金监控，个人银行账户的大额交易和可疑交易

很容易就会被银行发现并共享给税务机关。同时，与企业有关联关系的个人的银行账户与公司账户之间频繁或大额的资金交易也会面临税务监管。

个人银行账户大额交易和可疑交易的具体情形如表 3－26 所示。

表 3－26　个人银行账户大额交易和可疑交易的具体情形

大额交易	可疑交易
单日单笔或者累计交易人民币 5 万元以上（含 5 万元）、外币等值 1 万美元以上（含 1 万美元）的现金缴存、现金支取、现金结售汇、现钞兑换、现金汇款、现金票据解付及其他形式的现金收支	短期内资金分散转入、集中转出或者集中转入、分散转出，与客户身份、财务状况、经营业务明显不符
	短期内相同收付款人之间频繁发生资金收付，且交易金额接近大额交易标准
个人银行账户与其他银行账户发生单日单笔或者累计交易人民币 50 万元以上（含 50 万元）、外币等值 10 万美元以上（含 10 万美元）的境内款项划转	自然人客户短期内频繁收取法人、非法人组织的汇款
	长期闲置的账户原因不明地突然启用或者平常资金流量小的账户突然有异常资金流入，且短期内出现大量资金收付
个人银行账户与其他银行账户发生单日单笔或者累计交易人民币 20 万元以上（含 20 万元）、外币等值 1 万美元以上（含 1 万美元）的跨境款项划转	没有正常原因的多头开户、销户，且销户前发生大量资金收付
	自然人银行账户频繁进行现金收付且情形可疑，或者一次性大额存取现金且情形可疑

个人银行账户大额交易和可疑交易的涉税风险分析如图 3－3 所示。

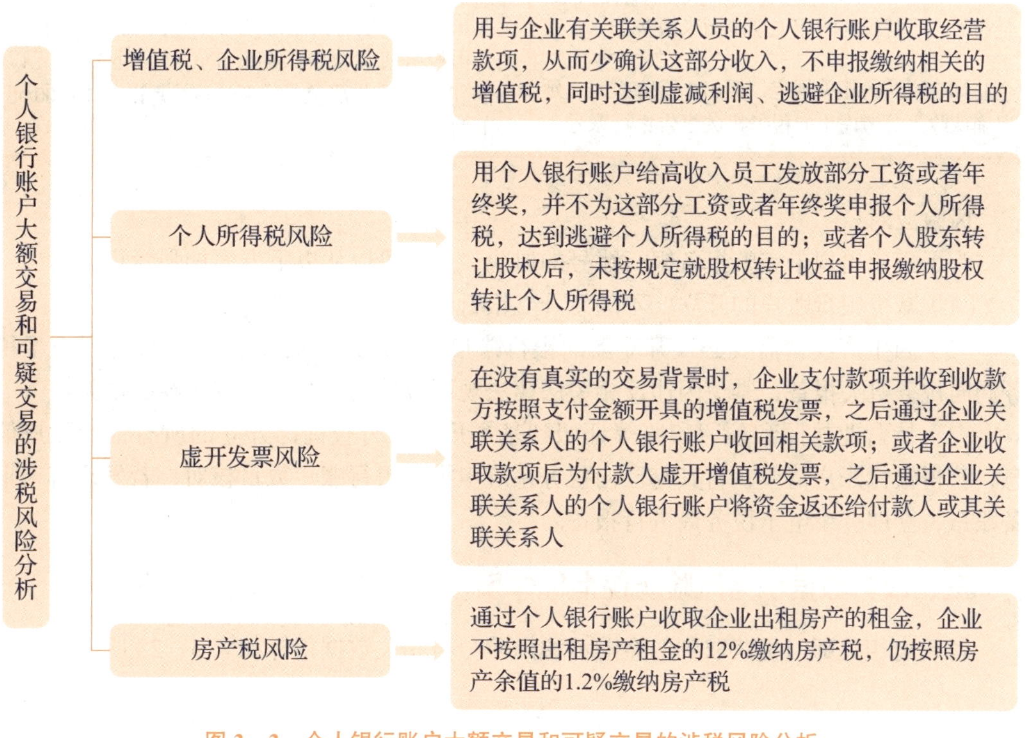

图 3－3　个人银行账户大额交易和可疑交易的涉税风险分析

风险应对：

为了避免出现个人银行账户大额交易和可疑交易风险，企业应规范经营，做到以下几点：

（1）不使用个人银行账户收支经营资金，如实申报增值税、企业所得税和房产税。

（2）不通过个人银行账户给员工发放工资或者年终奖，如实为企业员工申报缴纳个人所得税。

（3）绝对不取得虚开发票，也不向外虚开发票等。

（4）如果法定代表人等企业关联关系人存在正常、合理的大额资金收付，应做好相关合同和收付凭据等资料的保管工作，从而在税务检查时做出合理的解释。

（二）未按规定完整报备银行账号

企业生产经营过程中必然涉及资金收支，所以每个企业在成立之初都要到银行开设基本存款账户。日后，随着生产经营活动的发展，可能还会在银行设立一般存款账户、专用存款账户和临时存款账户等其他账户。

《税收征收管理法实施细则》第十七条规定，从事生产、经营的纳税人应当自开立基本存款账户或者其他存款账户之日起15日内，向主管税务机关书面报告其全部账号；发生变化的，应当自变化之日起15日内，向主管税务机关书面报告。

企业未按规定进行银行账号报备的具体情形及其税务罚则如表3-27所示。

表3-27　企业未按规定进行银行账号报备的具体情形及其税务罚则

具体情形	税务罚则
企业因不了解税法的相关规定而未报备	企业未按照规定将其全部银行账号向税务机关报告的，由税务机关责令限期改正，可以处2 000元以下的罚款；情节严重的，处2 000元以上10 000元以下的罚款
企业知晓税法的相关规定，但出于隐瞒收入、延迟确认收入等考虑未向税务机关报告银行账号	

风险应对：

为了避免出现未完整报备银行账号的风险，企业可以从以下方面加强管理：

（1）减少银行账户的开立，不随意开立银行账户，降低管理难度。

（2）因生产经营需要必须开立新的银行账户时，财税人员要于15日内登录电子税务局向税务机关报备，避免因违反相关法律法规而被处罚，给企业带来经济损失。

（3）持营业执照和预留印鉴等证照到基本户开户行查询已开立的所有银行账户信息，获得银行账户清单，将其与已向税务系统申报的银行账户数量核对，若发现有未报备账户，立即登录电子税务局进行报备。

三、政务数据税务风险防控指标体系

各政府相关部门可获取到的企业涉税风险分析相关数据指标如表3-28所示。

表 3-28 各政府相关部门可获取到的企业涉税风险分析相关数据

部门	数据获取	
统计部门	统计月报、经济普查	工业总产值、销售产值、工业增加值、利润等
	价格指数信息	居民消费价格指数、零售物价指数、工业品出厂价格指数、固定资产投资价格指数、生产价格指数等
财政部门	财政专项资金拨付和使用信息、财政奖励信息等	
民政部门	民办非企业单位和社会团体信息，基金会和慈善组织、非营利单位的登记认定信息等	
科技部门	高新技术企业和技术先进型服务企业审核登记信息，单位和个人技术转让信息，经认定登记的委托外部研究开发合同信息等	
发展改革委	固定资产投资项目审批、核准、备案信息，计划投资项目立项批复信息，房地产开发项目成本参照信息等	
残疾人联合会	残疾人证发放统计信息、福利企业信息、企业安置残疾人信息等	
电、水、气、热公司	企业用电、用水、用气和用热信息	
海关部门	企业进出口报关单信息、海关完税凭证、进料和来料加工信息等	
公安部门	查处经济案件信息、房屋租赁登记信息、车辆登记信息、酒店行业客房入住统计信息等	
人民法院	经济案件的立案、结案及涉案人员信息，破产清算、资产拍卖信息，执行信息，裁定、判决、调解信息等	
生态环境部门	企业环保行政处罚信息等	
工业与信息化部门	软件企业资格认定和年审信息等	
自然资源部门	土地出让和转让信息、土地使用权证发放信息等	
住房和城乡建设部门	商品房预售及房地产交易、登记数据，售房信息，建筑业施工信息等	
铁路、公路、机场等货物运输单位	物流信息	

其中，部分指标的涉税风险分析如下。

（一）残疾人安置指标

为了保障残疾人权益，2015 年 9 月 9 日，财政部、国家税务总局、中国残疾人联合会以财税〔2015〕72 号印发了《残疾人就业保障金征收使用管理办法》。根据该办法的规定，用人单位安排残疾人就业的比例不得低于本单位在职职工总数的 1.5%。具体比例由各省、自治区、直辖市人民政府规定。用人单位安排残疾人就业达不到规定比例的，应当缴纳残疾人就业保障金。用人单位应按规定时限如实向残疾人就业服务机构申报上年本单位安排的残疾人就业人数。未在规定时限申报的，视为未安排残疾人就业。残疾人就业服务机构进行审核后，确定用人单位实际安排的残疾人就业人数，并及时提供给保障金征收机关。

通过企业残疾人安置的真实性以及残疾人安置与残疾人就业保障金制度的匹配度分析可以评估涉税风险，存在风险的纳税人可能面临以下处罚：

（1）用人单位未按规定缴纳残疾人就业保障金的，由保障金征收机关提交财政部门，由财政部门予以警告，责令限期缴纳；逾期仍不缴纳的，除补缴欠缴数额外，还应当自欠缴之日起，按日加收 5‰ 的滞纳金，相当于每月缴纳欠缴税款金额 15% 的滞纳金。

（2）拖欠残疾人就业保障金的用人单位将被人民法院强制执行。

（3）拖欠残疾人就业保障金行为被列为“失信行为”，构成严重失信行为的用人单位还会被列入“黑名单”，其法定代表人或者主要负责人将被限制高消费，用人单位将暂缓办理上市、融资等。

风险应对：

虽然雇用残疾职工有一定的成本支出，但对比高额的残疾人就业保障金支出，企业相关成本能节省 60% ～ 80%，因此按比例雇用并支持残疾职工就业既可以帮助弱势群体，又能为企业降低成本，属于一举两得的好事。

（二）虚设账套

账套是存放会计核算对象的所有会计业务数据文件的总称，账套中包含的文件有会计科目、记账凭证、会计账簿、会计报表等。

在税务实践中，有些企业为了不同目的虚设不同账套，如：对内设有一套真实账套，用于核算企业的真实财务情况，称为“内账”，一般由股东信任的企业内部人员兼职记账；对外设有一套公开账套，主要用于报税和应对税务部门的检查，称为“外账”，一般是由企业正式财税人员整理或由代理记账机构整理，只核算企业有合法票据的那部分经济事项。

虚设账套的企业存在较大的漏报收入、少缴增值税和企业所得税的风险。

风险应对：

为避免虚设账套风险，企业应规范核算，按照会计法的要求只设置一个统一的核算账套；同时做好相关内部控制设计，不通过个人账户收取销售款项或支付采购款，确保税务报表申报数据的准确性。

（三）将不征税收入对应的支出税前扣除、研发费用加计扣除

根据我国法律的规定，企业取得的不征税收入，可以在计算应纳税所得额时从收入总额中扣除，但其对应的支出及其形成资产的折旧和摊销，不得在计算应纳税所得额时扣除。

在税务实践中，有些企业可能存在将财政性资金既按不征税收入处理、不计入收入总额，又扣除了对应的费用、折旧和摊销，或将对应的研发费用进行加计扣除的情况，导致出现少缴企业所得税风险。

风险应对：

企业应审核确认取得的各项财政性资金是否符合不征税收入的条件，如果符合，则需要进行如图 3－4 所示的处理。

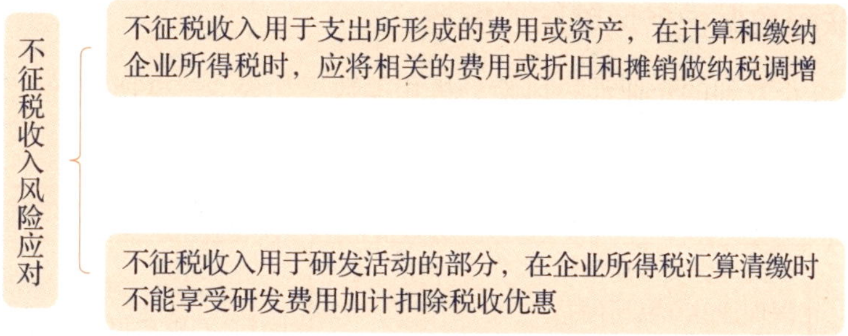

图 3－4　不征税收入风险应对

（四）因违反税法、环境保护法等受到处罚的企业，违规享受资源综合利用增值税即征即退政策

根据《财政部 国家税务总局关于印发〈资源综合利用产品和劳务增值税优惠目录〉的通知》（财税〔2015〕78 号）第四条的规定，纳税人因违反税收、环境保护的法律法规受到处罚（警告或单次 1 万元以下罚款除外）的，自处罚决定下达的次月起 36 个月内，不得享受资源综合利用增值税即征即退政策。

若企业受到税务或环保处罚后未及时告知税务机关，仍违规享受增值税即征即退政策，就会存在多退增值税的风险。

风险应对：

企业应及时向税务机关报备相关处罚事项，并建立相关的税务、环境保护等罚款台账，记录被罚款日期和金额，并计算出不能享受增值税即征即退政策的时间范围，在此期间不申请办理已缴纳的相关增值税的退税。

四、企业信用数据税务风险防控指标

企业信用数据的来源主要是国家企业信用信息公示系统以及天眼查、企查查等 App，可以查询到的涉税信息有企业成立时间、注册资本、经营范围、所属行业、股权结构、股东明细和出资情况、主要人员、工商变更记录、注销登记等企业基本信息，另外还有工商违法记录、股权出质信息、企业年报信息、股权转让信息、对外投资信息等。

其中，股权转让是指公司股东依法将自己的股东权益有偿转让给他人，使他人取得股权的民事法律行为。

企业发生股权转让应于转让协议生效且完成股权变更手续时缴纳企业所得税。如果企业发生股权转让未申报缴纳企业所得税，会产生少缴企业所得税的风险。

风险应对：

发生股权转让行为的企业应准确计算股权转让所得，确认投资收益，在月度或季度预缴企业所得税时及时申报并预缴相关的股权转让企业所得税。年度汇算清缴时，应在《中华人民共和国企业所得税年度纳税申报表（A 类）》中如实填写转让企业股权的投资收益金额，并填写《投资收益纳税调整明细表》相关项目。

五、互联网数据税务风险防控指标

互联网上可获取到的企业涉税风险分析相关数据如表 3－29 所示。

表 3－29　互联网上可获取到的企业涉税风险分析相关数据

渠道	网站举例	数据获取
资本市场信息类网站	上海证券交易所网站 深圳证券交易所网站 巨潮资讯网 东方财富网 中国资本市场信息披露平台	上市公司财务报告、信息披露和公告信息等
司法类网站	中国裁判文书网 中国执行信息公开网 全国企业破产重整案件信息网	企业诉讼信息，失信企业黑名单，法院拍卖的动产、不动产、土地使用权、股权等信息，企业破产重整信息
产权交易中心类网站	各省产权交易中心网站	国有企业改制重组、产权交易信息，金融资产交易、不良金融资产市场化处置信息，企业投融资信息，知识产权交易信息等
其他互联网数据	地理位置、日志、图文、流媒体、电商平台商品、订单、物流信息等数据，招聘网站招聘信息（如招聘人数）等	

其中，上市公司股东减持上市公司因首次公开募股（IPO）、重大资产重组和股权分置改革所形成的限售股，可能存在未及时申报纳税或因计算方法错误等少申报缴纳增值税的风险。

税务机关可以通过证券交易所网站、巨潮资讯网、东方财富网等互联网平台获取限售股解禁信息、上市公司股东减持信息，与纳税人申报信息进行比对分析，识别企业因转让限售股而产生的未交和少交增值税的风险。

风险应对：

为避免限售股转让过程中的涉税风险，企业需要从以下方面加强管理：

（1）企业转让解禁限售股后，应准确计算、及时申报相关的金融商品转让增值税。

（2）企业财务人员要掌握确定限售股卖出价和买入价的相关税法规定，准确计算转让限售股的增值税额，避免买入价等成本核算方法适用错误导致的少申报增值税的风险。

任务实施

一、银行数据税务风险防控模型构建

（一）个人银行账户大额交易和可疑交易

模型构建：

与企业有关联关系的个人银行账户达到以下标准时，会触发大额交易风险：

单日现金收支单笔或者累计交易人民币≥5万元

单日转账单笔或者累计交易人民币≥50万元

案例分析：

2017年，北京市通州区国家税务局稽查局向北京某电子股份有限公司出具《税务行政处罚决定书》，主要内容如下：通州国税稽查局对公司实际控制人、法定代表人李某在工商银行和兴业银行开立的个人账户进行检查，发现以上两个账户均是用于收取客户汇入的购货款，决定对公司少缴增值税377 286.46元、企业所得税101 515.75元分别处以0.5倍的罚款，金额合计239 401.11元。本来想“避税”，结果不仅要被追缴税款，而且还要交23.9万元的罚款，更重要的是影响以后的企业信用等级，得不偿失！

（二）未按规定完整报备银行账号

模型构建：

当出现以下异常情况时，提示企业可能存在税务风险，企业应查找出差异账户，及时登录电子税务局报备：

向税务系统申报的银行账号数量 < 银行账户清单里的账号数量

案例分析：

2019年12月，福州经济技术开发区某建材公司法人汪先生收到税务局的责令限改通知，通知要求该公司及时向税务机关报备全部银行账号。

据汪先生说，2018年公司成立的时候就已经把账号报备给税务机关了，于是便向办税员询问为何会出现相关问题。

原来，该公司因为生产经营需要，又在一家国有银行开设了一个新账户，汪先生当时心存侥幸，认为反正税务机关不知道，就未及时进行报备。

经过大数据筛查及实地巡查，福州经济技术开发区税务局发现了这一问题，责令该公司进行整改，并处以300元罚款。

二、政务数据税务风险防控模型构建

（一）残疾人安置指标

模型构建：

在金税四期背景下，税务机关、残疾人就业服务机构、银行会加强信息共享。税务机关可从残疾人联合会采集残疾人证发放统计数据、企业安置残疾人信息等，与企业残疾人就业保障金缴费申报表数据进行比对。

税务机关还可以从银行取得残疾人职工工资的发放记录，以便核实残疾人职工工资的实际发放情况。

当出现以下异常情况时，提示企业可能存在虚假安置残疾人的风险：

实际支付给残疾人的工资薪金 < 与残疾人签订的劳动合同约定的工资薪金

案例分析：

2012年12月，浙江省仙居县某机械铸造有限公司、某海绵有限公司以及某汽车零部件有限公司三家福利企业被发现存在虚假安置残疾人，违规享受国家税收优惠的问题。之后，浙江省审计厅将此问题移送仙居县人民政府查处。仙居县财政已追回三家福利企业因虚假安置残疾人而骗取的国家税收优惠327.63万元，一家福利企业被取消福利企业资格。同时，仙居县人民政府将有关责任人员所涉问题移送仙居县人民检察院。

（二）虚设账套

模型构建：

在金税四期背景下，税务局可通过电力、水力、燃气、供热等部门取得企业能耗信息，按照行业平均能耗水平和当期产品平均单价测算出企业当期合理的销售收入金额，与申报的计税收入进行对比分析，识别企业通过虚设账套向税务局提供虚假申报数据而少缴增值税、企业所得税的风险。具体可参考以下模型：

$$\text{营业收入偏差率}=\frac{\left(\text{企业年度某项能源消耗总量}\div\text{单位产品的行业平均能耗}\times\text{产品平均单价}-\text{纳税申报营业收入}\right)}{\text{纳税申报营业收入}}\times 100\% > \text{平均水平}$$

案例分析：

某文化用纸造纸企业2020年度总用水量为60万立方米。通过调研得知，造纸行业每生产一吨纸的平均耗水量为10立方米，2020年度文化用纸平均单价为6 000元/吨。该企业纳税申报表申报的2020年度营业收入为2亿元。主管税务机关2021年进行大数据税务风险筛查时，通过计算得出该造纸企业的营业收入偏差率=（600 000 ÷ 10 × 6 000 − 200 000 000）÷ 200 000 000 × 100%= 80%，偏差率较大。

税务机关随即对该企业进行了深入调研，并从银行查询了企业大股东的个人银行账户流水，发现了该企业通过虚设账套、隐瞒个人账户获取营业收入的事实，对其进行了处罚。

（三）将不征税收入对应的支出税前扣除、研发费用加计扣除

模型构建：

在金税四期背景下，税务局可从财政部门获取财政资金的支付情况数据，将企业纳税申报信息与财政性专项资金涉税大数据进行关联比对，结合企业核算时确认为不征税收入的金额，综合分析企业是否存在扣除不征税收入对应支出的行为。

具体来说，若企业所得税年度汇算清缴时，相关数据符合以下条件，则提示企业可能存在税务风险：

《专项用途财政性资金纳税调整明细表》中“符合不征税收入条件的财政性资金”前五年度及本年的合计金额＞0（如图3－5所示），但近五年《纳税调整项目明细表》扣除类调整项目“（十二）不征税收入用于支出所形成的费用”调增金额＝0（如图3－6所示），且《资产折旧、摊销及纳税调整明细表》中相关资产折旧的纳税调整金额＝0（如图3－7所示）。

A105040　　　　专项用途财政性资金纳税调整明细表

行次	项目	取得年度	财政性资金	其中：符合不征税收入条件的财政性资金		以前年度支出情况					本年支出情况		本年结余情况		
				金额	其中：计入本年损益的金额	前五年度	前四年度	前三年度	前二年度	前一年度	支出金额	其中：费用化支出金额	结余金额	其中：上缴财政金额	应计入本年应税收入金额
		1	2	3	4	5	6	7	8	9	10	11	12	13	14
1	前五年度														
2	前四年度					*									
3	前三年度					*	*								
4	前二年度					*	*	*							
5	前一年度					*	*	*	*						
6	本　年					*	*	*	*	*					
7	合计（1+2+…+6）	*		>0		*	*	*	*	*					

图 3－5　符合不征税收入条件的财政性资金前五年度及本年的合计金额 >0

A105000　　　　纳税调整项目明细表

行次	项　　目	账载金额	税收金额	调增金额	调减金额
		1	2	3	4
1	一、收入类调整项目（2+3+…+8+10+11）	*	*		
2	（一）视同销售收入（填写 A105010）	*			*
3	（二）未按权责发生制原则确认的收入（填写 A105020）				
4	（三）投资收益（填写 A105030）				
5	（四）按权益法核算长期股权投资对初始投资成本调整确认收益	*	*	*	
6	（五）交易性金融资产初始投资调整	*	*		*
7	（六）公允价值变动净损益		*		
8	（七）不征税收入	*	*		
9	其中：专项用途财政性资金（填写 A105040）	*	*		
10	（八）销售折扣、折让和退回				
11	（九）其他				
12	二、扣除类调整项目（13+14+…+24+26+27+28+29+30）	*	*		
24	（十二）不征税收入用于支出所形成的费用	*	*		*
25	其中：专项用途财政性资金用于支出所形成的费用（填写 A105040）	*	*	=0	*

图 3－6　不征税收入用于支出的调增金额＝0

A105080　　　　资产折旧、摊销及纳税调整明细表

行次	项　　目	账载金额			税收金额					纳税调整金额
		资产原值	本年折旧、摊销额	累计折旧、摊销额	资产计税基础	税收折旧额	享受加速折旧政策的资产按税收一般规定计算的折旧、摊销额	加速折旧统计额	累计折旧、摊销额	
		1	2	3	4	5	6	7=5-6	8	9(2-5)
1	一、固定资产（2+3+4+5+6+7）						*	*		
39	合计（1+18+21+31+37+38）									=0
附列资料	全民所有制改制资产评估增值政策资产						*	*		

图 3－7　不征税收入用于资产的调增金额＝0

案例分析：

B 企业是一家集成电路研发生产企业，因项目研发需要，2021 年 10 月向市级财政部门申请政府补助，2021 年 12 月取得当地政府拨付的政府补助 450 万元。B 企业将取

得的该笔财政性资金作为不征税收入处理。当月，B企业用该笔资金购置一台入账金额为450万元的研发设备，次月起，享受固定资产折旧一次性税前扣除优惠政策，计提折旧费450万元。

根据相关规定，B企业的该笔设备折旧费用450万元不能税前扣除，需要纳税调增，且不能享受研发费用加计扣除优惠。

（四）因违反税法、环境保护法等受到处罚的企业，违规享受资源综合利用增值税即征即退政策

模型构建：

在金税四期背景下，税务机关可以通过政府部门的税收大数据共享平台或与生态环境部门等政府相关部门共享信息，获取企业相关税务罚款或环保罚款信息，确认企业是否受到过1万元以上税务或环保处罚。具体可参考以下模型：

企业36个月内税务或环保罚款金额>1万元，但资源综合利用增值税即征即退确认的营业外收入金额>0

案例分析：

A企业为利用农作物秸秆造纸的企业，符合享受资源综合利用增值税即征即退政策条件，并在税务机关完成备案，自2021年1月开始执行。

2021年3月10日，A企业因违反环境保护相关法律法规受到行政处罚9万元。因为罚款金额高于1万元，所以自2021年4月起的36个月内，A企业不得享受资源综合利用增值税即征即退政策。

三、企业信用数据税务风险防控模型构建

此处主要介绍转让非上市企业股权未申报缴纳企业所得税的风险防控模型构建。

模型构建：

在金税四期背景下，税务机关可以通过市场监督管理部门的国家企业信用信息公示系统以及企查查、天眼查等App获得被投资企业股权变更登记情况，掌握企业的股权转让相关行为，并与企业的财务报表和纳税申报数据进行比对。

从账面上看，当出现以下情况时，企业应申报缴纳相关的股权转让企业所得税：

“长期股权投资”明细科目期末余额＜期初余额

案例分析：

A公司和B公司均为居民企业，于2016年初共同出资1 000万元设立C公司，A公司和B公司的出资比例分别为40%和60%。C公司经营情况较好，一直盈利。2020年5月20日，A公司与D企业签订股权转让协议，将其持有的C公司40%股权以900万元转让给D企业，并于2020年6月10日办理完相关的股权转让工商变更手续。A公司适用的企业所得税税率为25%。因此：

A公司的股权转让所得＝900－1 000×40%＝500（万元）

A公司股权转让应申报缴纳的企业所得税金额＝500×25%＝125（万元）

但A公司在办理完股权转让手续后，2020年6月季度预缴和2020年度汇算清缴时均未就此申报相关的企业所得税。

2021年7月，主管税务机关通过查询国家企业信用信息公示系统和天眼查，并比对A公司2020年末和2020年初的“长期股权投资”科目余额，发现了A公司股权转让未申报企业所得税的风险，并将相关信息推送给A公司，提示A公司及时补缴相关企业所得税款和滞纳金。

四、互联网数据税务风险防控模型构建

此处主要介绍转让上市公司限售股未按规定缴纳增值税的风险防控模型构建。

模型构建：

从账面上看，若企业存在限售股转让，则根据限售股核算科目不同，相关的会计科目会出现以下情况：

“长期股权投资”与限售股相关的明细科目期末余额＜期初余额

“交易性金融资产”与限售股相关的明细科目期末余额＜期初余额

此时，企业应按照公式准确计算相关增值税，并申报纳税：

转让上市公司限售股应缴纳的增值税额＝(卖出价－买入价)÷(1＋6%)×6%

当长期股权投资和交易性金融资产项目与限购股相关的明细科目发生上述变化但没有相应的增值税缴纳记录时，需要考虑存在转让上市公司限售股但未按规定缴纳增值税的情况。

案例分析：

A公司于2017年5月8日B公司实施重大资产重组时取得了该公司的限售股600万股，解禁日为2020年5月8日。B公司因重大资产重组股票停牌前一交易日的收盘价为10元/股。

2020年，A公司在解禁日后陆续减持了B公司股票300万股，平均卖价为20元/股。A公司未针对减持B公司股票的行为申报缴纳增值税。

主管税务机关通过巨潮资讯网获取了B公司的限售股解禁信息，并了解到其辖区内的A公司持有B公司的限售股。于是查看了A公司的“长期股权投资”“交易性金融资产”等会计科目，并将其与企业向税务机关申报的企业所得税、投资收益纳税调整明细表、增值税申报数据等信息进行综合比对分析，发现A公司未就减持限售股的行为申报缴纳增值税。主管税务机关立即提醒A公司补充申报并缴纳了相关的增值税。A公司补缴的增值税额＝(300×20－300×10)÷(1＋6%)×6%＝169.81(万元)。

任务实训

1. 尝试用思维导图的方式构建第三方数据与税收风险防控指标的对应关系。

2. 上市公司的重大投资、重大资产重组以及董事会决议等信息都是通过上市公司公告的形式向投资者、社会公众进行披露的，请尝试分析这些第三方数据对于企业涉税风

险分析有什么样的作用，并分析具体的涉税风险分析路径。

通关测试

手机扫描右方二维码，完成第三方数据税务风险防控模型构建知识小测试。

素养园地

吹牛真的要上税

近日，在税务机关对某塑料制品公司实施税务检查时，该公司无法提供账簿、记账凭证和相关资料。税务机关根据该公司向市场监管部门申报的报表数据，核实其少缴税款 60 万元。依据有关规定，税务机关认为该公司的行为已构成偷税，决定追缴其少缴的税款，并加收滞纳金和罚款共计 30 万元。

该公司不认同这一处理处罚决定，理由是公司为了申报产业化龙头企业称号，虚增了报送给市场监管部门的报表数据。税务机关根据这些虚假数据做出的行政处理和处罚，事实不清，证据不足，该公司遂向法院提起了行政诉讼。经过审理，一审、二审法院均支持税务机关的认定，判决该塑料制品公司败诉。该公司需要按照税务机关的要求补缴税款、滞纳金和罚款。

上述塑料制品公司拿“吹牛”的财务数据骗取国家优惠政策，结果聪明反被聪明误，被税务机关当了真。吹牛不仅被“上税”，而且要罚款。大到政府、企业的经营数据，小到老百姓的财产收入数据，有一说一、实事求是才是正道，千万不要为了一时的利益而给自己挖坑。

04

项目四

涉税大数据采集、加工与可视化

知识目标

1. 了解涉税大数据的分类。
2. 熟悉涉税大数据的采集渠道、采集方法。
3. 掌握使用 Python 进行涉税数据采集的方法。
4. 掌握对采集的涉税数据进行清洗和整理的方法。
5. 掌握运用 Pandas 进行数据分析的方法。
6. 掌握使用 Matplotlib 进行数据可视化的方法。

能力目标

1. 能够根据税务风险分析的需要提取和采集需要的数据。
2. 能够对大批量数据进行集中清洗和整理。
3. 能够使用 Pandas 对税务风险防控模型进行数据分析。
4. 能够使用 Matplotlib 进行税务风险的可视化表达。

素养目标

1. 培养思考和分析能力，锻炼多角度独立观察和思考问题的能力。
2. 培养正确看待和准确运用技术的科学价值观。
3. 激发学习兴趣和爱好，培养良好的学习习惯和科学素养。

任务一 采集涉税大数据

任务描述

俗话说，“巧妇难为无米之炊”，仅凭借构建税务风险防控的理论模型，而没有涉税数据的支撑，是无法进行税务风险分析的，也无法实现对税务风险的有效管理。涉税数据是税务风险管理的主要载体。在大数据时代背景下，运用科学的技术与方法，有效获取涉税大数据资源，已经成为深入开展税务风险管理的基础环节和必要条件。本任务将从涉税数据的采集渠道、网络爬虫的工作方法等方面对涉税数据的获取过程进行全面介绍，旨在为本项目中涉税数据加工、涉税数据模型分析及可视化部分内容的学习奠定坚实的基础。

任务情境

某日，浙江省杭州市税务局第一稽查局接到一封举报信，信中举报杭州 A 跨境贸易公司设立内外两套账，存在隐匿收入、少缴税款的问题，并附了该公司的内部电子邮件截图，图中显示公司人员通过邮件收发两套账目。

杭州市税务局第一稽查局立即着手组织检查。检查组通过分析举报内容，初步掌握了涉案公司几名负责人的姓名以及公司旗下网店的名称、收支概况。为避免打草惊蛇，检查组通过互联网平台广泛搜索涉案公司信息，发现该公司作为深交所上市公司，有披露历年财务报告信息，且在几份与融资有关的财经新闻中也披露过公司相关年度的销售情况。将收集到的有关信息与税收征管系统中该公司的申报数据进行比对分析后，检查组判断该公司存在隐匿收入的重大嫌疑。

然而，面对收入严重不一致的证据，被查公司财务人员既不承认两套账的存在，也不说明报表的数据来源。通过反复分析已有的证据材料，检查组决定根据跨境电商行业的特点，在跨境电商平台开展调查，直接针对相关店铺进行取证。

很快，检查组在速卖通、亚马逊等 6 个电商平台上查到与涉案公司相关的店铺 14 个，发现这些店铺反映的经营情况与上市公司公告中披露的经营情况较为接近，但大量收入因未开具发票而在税务系统中没有留痕，公司通过财务人员个人账号和私设其他账号等方式进行收款，隐匿收入进行避税。至此，在内外部信息相互印证下，基本形成了一条完整的证据链。

最终，公司相关人员在证据面前无话可说，按照要求补缴了税款并接受了相应的处罚。

任务清单

1. 浙江省杭州市税务局第一稽查局在对杭州凯A跨境贸易公司进行纳税检查评估时使用了哪些涉税数据?

2. 浙江省杭州市税务局第一稽查局是通过哪些途径获取涉税数据的?

3. 浙江省杭州市税务局第一稽查局在获取涉税数据时使用了哪些方法?

4. 尝试使用网络爬虫进行涉税数据爬取的练习。

任务准备

一、涉税数据采集渠道

（一）财务数据的采集渠道

1. 内部采集渠道

财务数据的内部采集渠道主要是企业的财务管理系统、线下保存数据的办公软件、纳税申报系统中企业报送的财务报表信息等。通常，这部分数据可通过数据库等工具进行调取、采集，或运用应用程序接口（Application Program Interface，API）实现开放系统间集成及数据传输。

其中，企业内部财务数据的采集主要围绕费用报销、采购付款、订单收款、存货成本、固定资产、总账报表、会计档案、资金管理、税务管理九大业务流程展开。税务机关内部财务数据的采集主要围绕电子税务局纳税申报、大企业税收征管系统、重点税源税收管理系统等展开。

2. 外部采集渠道

财务数据的外部采集渠道主要包括交易所网站、财经金融图书馆、财经类数据库、公司官网等。

对于上市公司来说，如果其股票要上市交易，就要承担公开披露信息的义务。按照目前我国证监会的规定，上市公司信息披露的内容主要有四项：招股说明书、上市公告、定期报告和临时公告。

（1）招股说明书。招股说明书是股票发行人向证监会申请公开发行申报材料的必备部分，是向公众发布的旨在公开募集股份的书面文件，招股说明书的有效期为自公告之日起6个月。

（2）上市公告。除了招股说明书的主要内容，上市公告还包括以下内容：股票获准在证券交易所交易的日期和批准文号，股票发行情况，公司创立大会或者股东大会同意公司股票在交易所交易的决议，董事、监事和高级管理人员简历及持有本公司证券的情况，公司近3年或者成立以来的经营业绩和财务状况以及下一年的盈利预测文件，证券交易所要求载明的其他事项。

（3）定期报告。定期报告是上市公司公开信息中财务资料最为全面系统的，一般上市公司都会按照证监会的要求公布年度、半年度报告。

（4）临时公告。临时公告包括重大事件公告和公司收购公告。

重大事件是指上市公司发生对其原有的财务状况和经营成果已经或将要产生较大影响，并影响上市公司股票价格的事件，最常见的重大事件公告是“公司股份变动公告”和“配股说明书”。

公司收购公告是针对收购事件对外发布的公告。收购事件是会对收购公司和被收购公司的股票价格产生重要影响，有时甚至涉及整个证券市场的事件。

上述四类公告或报告虽然包含了许多非财务信息，但大部分信息具有财务性质或与财务有关，因而具有财务报告的性质，我们将其统称为上市公司财务报告。

上述财务报告必须按要求在公开的网站发布，其中最直接的就是上海证券交易所和深圳证券交易所的网站，至于在这两个网站里选哪一个，就要看公司是在哪里上市的了。如果代码是600开头，那就是在上海证券交易所上市，其他的一般在深圳证券交易所上市。除了证券交易所网站外，还可以通过财经类网站获取企业财务信息，比如巨潮资讯网和新浪财经等。其中，巨潮资讯网是中国证券监督管理委员会指定的上市公司信息披露网站，创建于1995年，是国内最早的证券信息专业网站，同时也是国内首家全面披露沪深上市公司公告信息和市场数据的大型证券专业网站。另外，财经类数据库也是获取上市公司财务信息的良好渠道。其中，Wind（万得）金融数据库是目前国内最大、最完整且应用最广泛的金融数据库，收录了中国证券市场上市公司海量的公告、数据，以及新中国成立以来所有国内宏观经济数据和部分海外经济数据。

相对上市公司，非上市公司没有强制的信息披露义务，因此从外部途径获取财务信息的便利程度相对不高，可以通过查找公司官方网站等尝试开辟数据采集的渠道。

（二）生产经营数据的采集渠道

为有效获取和准确掌握纳税人生产经营的实际情况，税务机关主要通过查阅税收统计报表、实地调研、问卷调查、构建涉税信息共享平台四种渠道获取生产经营原始数据。

1. 查阅税收统计报表

税收统计报表是按照国家税务总局统一规定的格式、项目、口径，自上而下布置、自下而上逐级收集涉税统计资料的一种调查方法。税务机关通过查阅税收统计报表可以全面系统地获取纳税人涉税生产经营过程的税基、计税收入、应纳税额、征收入库等数据资料。

2. 实地调研

实地调研又称为直接观察调查，是指税务机关到纳税人生产经营的现场实地观察、询问、调查纳税人生产经营状况，以获取第一手生产经营数据的调查方法。在实地调研过程中，税务机关主要围绕“四实”开展工作，采集所需的生产经营数据，即实查纳税人的生产经营、工艺流程、原材料消耗、能耗及产能状况；实测原材料和产成品的库存及变动情况；实估纳税人的销售收入、经营收入、投入产出率、利润率等税源指标；实算纳税人的法定税收能力。

3. 问卷调查

问卷调查是税务机关通过制定详细周密的问卷，要求纳税人据实回答问题以获取生产经营数据的一种调查方法。一般而言，纳税人熟悉自身生产经营过程中采购、生产、销售等各环节的具体情况，税务机关借助问卷作答的结果，可以在准确把握纳税人生产经营全过程实际情况的同时，运用科学的统计分析方法，有效获取生产经营相关涉税数据。

4. 构建涉税信息共享平台

税务机关可以通过构建与企业商业管理模式相匹配的企业 ERP 涉税信息共享平台，深入掌握纳税人生产经营实际情况，并获取生产经营涉税数据。

（三）税收征管数据的采集渠道

税收征管数据主要来源于金税、非金税等税务软件系统，因此，税务机关一般通过提取金税系统、增值税防伪税控稽核系统、发票电子底账系统、税收征收系统、收入规划核算系统等税务系统中存储的纳税申报信息、财务报表信息、税务登记信息、认定信息、发票管理信息、税收评定信息以及税务检查信息来获取所需的税收征管数据。

例如，当确认企业法人、财务人员、办税人员为同一人的纳税人是否存在时，税务机关可通过提取金税系统中的税务登记信息来完成相关数据的采集工作。当确认企业所得税申报收入小于增值税申报收入的纳税人是否存在时，税务机关可通过提取金税系统、增值税防伪税控稽核系统中的企业所得税、增值税申报信息来完成相关数据的采集工作。当确认进销不匹配的纳税人是否存在时，税务机关可通过提取发票电子底账系统中开具发票和取得发票的数据来完成相关数据的采集工作。

（四）第三方数据的采集渠道

对于已经在政府部门、行业协会等相关单位门户网站公开发布的涉税数据，税务机关通过直接登录相关单位的门户网站便能够获取相关数据；对于没有在政府部门、行业协会等相关单位门户网站公开发布的涉税数据，税务机关需要在征得涉税数据所有者和提供者同意，并确保严格遵守保密要求的前提下，向相关单位提出申请，以获取涉税数据。此外，近年来，随着互联网等信息技术的高速发展和综合治税税收保障体系的不断完善，各级政府部门的信息共享平台也成为获取第三方数据的重要渠道。税务机关可在本地区政府部门构建的信息共享平台上获取海量的涉税数据资源，为有效开展税收风险管理提供强有力的数据支持。

随着互联网、物联网、云计算等计算机网络技术的快速发展，互联网数据成为税务机关提升税收风险管理能力的重要抓手。一般情况下，税务机关主要通过手机 App、网络爬虫技术两种渠道，以手动单户采集或自动批量抓取模式获取互联网涉税数据。

利用手机 App 采集涉税数据时，税务机关工作人员只需要在手机上下载并登录具有即时查询企业基本信息（包括企业工商登记信息、对外投资信息、失信信息、专利、著作权等）功能的查询助手类软件或者具有辅助测量、计算功能的工具类计算软件，便能够轻松获取所需涉税数据，为后续税务核查工作做准备。

利用网络爬虫技术采集涉税数据时，税务机关需要在掌握网络爬虫技术的基础上，有针对性地运用网络爬虫技术批量抓取互联网平台上公开发布的企业经营信息、房地产交易信息、股权交易信息、法院拍卖信息、上市公司披露信息等涉税数据，并将其导入涉税数据监控平台，与税务机关内部的涉税数据进行综合比对分析，从中锁定存在税收风险的纳税人，进而对企业实施税收风险预警。

二、网络爬虫基本知识与工作流程

使用不同的数据采集渠道，需要用到不同的数据采集方法，其中，企业的生产经营数据、税收征管数据、银行或政务机构数据可直接从统计报表、征管系统或信息共享平台获取，方法较为简单但需要一定权限，此处不再赘述。从交易所或第三方财经网站获取财务数据可以直接下载，其操作方法理论难度不高，此处也不再展开叙述。而财务数据的批量下载以及互联网数据的获取则需要用到 Python 中的网络爬虫这一高能“黑科技”，不仅技术要求高、编程难度大，而且操作相对复杂、抽象、不易理解，因此下面将重点对如何运用网络爬虫技术抓取互联网数据做详细介绍。

（一）网络爬虫概述

1. 网络爬虫的定义

网络爬虫作为现代搜索引擎技术的重要组成部分，具体是指一种按照一定的规则，自动从互联网上抓取信息的程序。由于网络爬虫是一种专门用于检索信息的机器人程序，会不停地在互联网上提取 Web 网页、文档、图片、音频、视频等资源，就像蜘蛛在蜘蛛网上爬来爬去地工作一样，因此网络爬虫又被形象地称为网页蜘蛛或网页追逐者。利用网络爬虫，不仅可以使计算机程序在互联网上自动搜索和爬取网页，还方便用户根据既定目标精准抓取网页信息，使得在互联网海量的大数据中快速获取有用的涉税数据成为可能。

2. 网络爬虫的分类

网络爬虫按照系统结构和实现技术，大致可以分为通用网络爬虫、聚焦网络爬虫、增量网络爬虫、深层网络爬虫四类。

通用网络爬虫，又称全网爬虫，爬取对象从一些种子 URL 扩展到整个 Web，主要为门户站点搜索引擎和大型 Web 服务提供商采集数据。通用网络爬虫具有爬取范围广、爬取数量大、爬取速度和存储空间要求较高、爬取页面顺序要求低、待刷新页面多、刷新速度慢、采用并行工作方式等特点。虽然在某种程度上存在缺陷，但是通用网络爬虫适用于为搜索引擎搜索广泛的主题，有较高的应用价值。

聚焦网络爬虫，又称主题网络爬虫，是指有目标、有选择地爬取那些与预先设定主题相关的网页的网络爬虫。与通用网络爬虫相比，聚焦网络爬虫只需要爬取与主题相关的网页，不仅极大地节省了硬件和网络资源，加快了保存网页的更新速度，而且较好地满足了特定人群对特定领域信息的需求。因此，聚焦网络爬虫成为最为常用的一种网络爬虫类型，在爬取涉税数据等特定信息方面发挥着不可或缺的作用。

增量网络爬虫是指对已下载网页采取增量式更新和只爬取新产生的或者已经发生变化的网页的网络爬虫，它能够在一定程度上保证所爬取的页面是尽可能新的页面。与周期性爬取页面的网络爬虫相比，增量网络爬虫只在需要的时候爬取新产生或更新的页面，并不重新下载没有发生变化的页面。尽管在操作方面算法的复杂度和难度有所增加，但是可以有效减少数据下载量，及时更新已经爬取的网页，减少时间和空间上的耗费。

深层网络爬虫是指爬取深层网页的网络爬虫。Web 页面按照存在方式，可以分为表层网页和深层网页。表层网页是传统搜索引擎可以索引的页面，是以通过超链接可以到达的静态网页为主要组成部分的 Web 页面。深层网页是大部分内容不能通过静态链接获取的，隐藏在搜索表单背后的，只有用户提交关键词才能获得的 Web 页面。深层网络爬虫的主要任务就是爬取深层网页的信息，例如，模拟登录网站，爬取登录后的网页信息就属于深层网络爬虫的应用范畴。

3. 网络爬虫协议

就像我们在日常生活中需要遵守一定的行为规范一样，爬虫在网络世界中穿梭也需要在规则允许的范围内进行，这就是 Robots 协议，也称网络爬虫协议，全称是“网络爬虫排除标准”（Robots Exclusion Protocol）。在创建和维护网站的过程中，通过建立一个 robots.txt 文件创建 Robots 协议，告诉爬虫哪些内容是可以爬取的、哪些不可以，如果违反规则恶意爬取或高频次请求，就会被警告或拒绝。

当网络爬虫访问一个站点时，它会首先检查该站点根目录下是否存在 robots.txt 文件，如果存在，网络爬虫就会按照该文件中的内容来确定访问的范围；如果不存在该文件，网络爬虫就能够访问网站上所有没有被口令保护的页面。如果将网站视为酒店里的一个房间，robots.txt 就是主人在房间门口悬挂的“请勿打扰”的提示牌。这个文件告诉来访的搜索引擎哪些房间可以进入和参观，哪些房间因为存放着贵重物品，或可能涉及住户及访客的隐私而不对搜索引擎开放。但 robots.txt 不是命令，也不是防火墙，无法阻止恶意访问，如同守门人有时也无法阻止窃贼等恶意闯入者。

4. 网络爬虫的工作流程

我们平时上网的各项操作是在诸如 IE、Chrome 等浏览器中进行的，爬虫爬取数据也是通过浏览器完成的。我们平时在上网的时候，输入网址，打开网页，点击相应的链接，对应的内容就会呈现在我们面前。大家有没有想过这样一个问题：这些内容是存储在什么地方的呢？又是怎样一步步到了我们眼前的呢？

在请求网页内容的过程中，除了表面可见的浏览器，还有一个重要成员参与其中，那就是服务器，浏览器接收到上网者的指令后，会把信息传递给后方的服务器，服务器将存储在其中的信息经过加工转化为上网者能够读懂的信息返回给浏览器，再回传到上网者手中，就完成了这个过程。你可以将它想象成顾客去饭馆吃饭的过程：顾客把想吃的菜名报给服务员，服务员传递给后厨，后厨经过加工将做好的菜品返回给服务员，服务员再回传到顾客手中，顾客就可以享用美食了。这一过程也可以通过如图 4－1 所示的流程清晰地呈现出来。

在上面的流程中，爬虫能够帮我们进行与服务器交互的一系列工作，包括请求数据、获取网页、解析网页、存储数据并将其返回。网络爬虫的工作流程如图 4－2 所示。

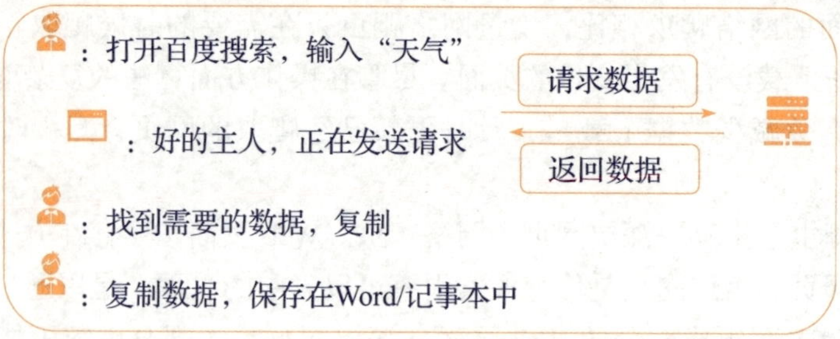

图 4－1　浏览器工作流程

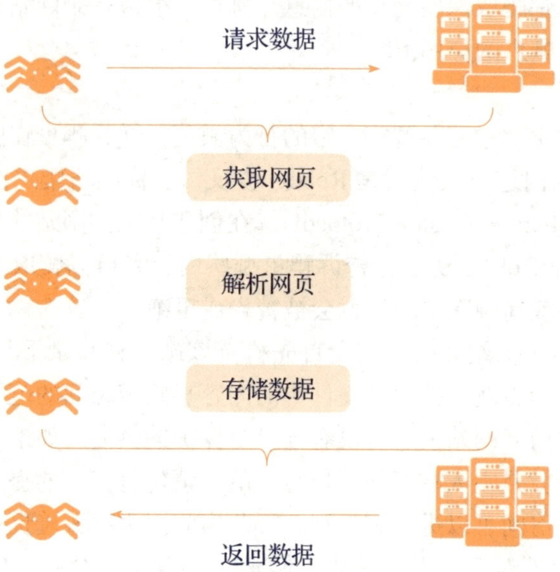

图 4－2　网络爬虫的工作流程

获取网页，顾名思义就是获取网页信息。在实际操作中，获取网页源代码的过程主要包括客户端发起请求和服务器返回响应，即用户通过浏览器向目标网页的服务器发出请求，目标网页的服务器收到请求进行处理和分析后，返回响应，响应的内容便是所要获取的网页源代码。

解析网页，就是从网页源代码中提取所需的数据，由于网页的结构有一定的规则，配合 Python 的一些第三方库，我们可以高效地从中提取网页数据。

存储数据，就是将解析后的数据存储在指定的位置。

由于大部分网络信息的爬取都离不开上述三个步骤，因此，接下来我们将围绕这三个步骤介绍网络爬虫技术。

（二）网络爬虫的工作流程

1. 认知网页

在正式开始学习网络爬虫的工作流程之前，我们要先了解网页的基础知识。

超文本标记语言（Hyper Text Mark-up Language，HTML），是一种用来描述网页的专门语言，也是目前网络上应用最为广泛的语言。程序员将所需要表达的信息按某种规则写成 HTML 文件，浏览器识别这些文件并将其“翻译”成可以识别的信息，在网页上展示出来，就是我们日常浏览网页所得到的内容。只有弄清楚这种语言的结构，才能操控爬虫准确捕获我们所需要的信息。接下来我们以谷歌 Chrome 浏览器为例来介绍 HTML 的结构。

（1）查看网页的 HTML 代码。

我们可以通过多种方式查看网页的 HTML 代码。一是在网页任意地方单击鼠标右键，然后单击“显示网页源代码”，浏览器会弹出一个新的标签页，里面显示的就是 HTML 代码；二是在网页的空白处单击右键，然后选择“检查”，HTML 代码会在同一网页的右侧显示出来；三是使用快捷键方式，Windows 用户在浏览器页面下按 Ctrl+Shift+I 键，Mac 用户在浏览器页面下按 Cmd + Opt + I 键，便可以打开浏览器开发者工具，看到网页的 HTML 代码。

打开 HTML 代码后，将鼠标放到代码的某一部分上，网页中的一些内容就会被标亮，意思是鼠标选到的代码部分对应网页上标亮的内容。这也再次印证我们所看到的网页内容都是与后台的 HTML 代码相对应的，要想让爬虫爬取网页的内容，就需要把 HTML 代码的对应部分写入爬虫代码中。

以谷歌 Chrome 浏览器为例，通过“显示网页源代码”方式打开的 HTML 代码如图 4－3 所示，通过快捷键方式或“检查”方式打开的开发者工具中显示的 HTML 代码如图 4－4 所示。

```
<!doctype html>
<html dir="ltr" lang="zh">
  <head>
    <meta charset="utf-8">
    <title>新标签页</title>
    <style>
      body {
        background: #FFFFFF;
        margin: 0;
      }

      #backgroundImage {
        border: none;
        height: 100%;
        pointer-events: none;
        position: fixed;
        top: 0;
        visibility: hidden;
        width: 100%;
      }

      [show-background-image] #backgroundImage {
        visibility: visible;
      }
    </style>
  </head>
  <body>
    <iframe id="backgroundImage" src="chrome-untrusted://new-tab-page/custom_background_image?url=https%3A%2F%2Flh4.googleusercontent.com%2Fproxy%2FUOhQwfclsAK8TnXZooTkh9azHvYOI3auDH07hZBZeYaaRWvzGaXnaY16C
    <ntp-app></ntp-app>
    <script type="module" src="new_tab_page.js"></script>
    <link rel="stylesheet" href="chrome://resources/css/text_defaults_md.css">
    <link rel="stylesheet" href="shared_vars.css">
  </body>
</html>
```

图 4－3　通过“显示网页源代码”方式打开的 HTML 代码

图 4－4 所示页面右侧显示的是浏览器开发者工具，浏览器开发者工具的功能是非常强大的，主要由元素、控制台、源代码、网络、性能、内存、应用、安全等构成。由于元素栏涵盖了组成当前页面的所有 HTML 元素，因此，我们只需要关注元素栏的相关内容。当我们将鼠标放在元素栏的某个 HTML 元素上时，左侧页面相应的区域会被标亮并显示该元素的元素名、属性以及在页面中的尺寸大小。具体显示效果如图 4－5 所示。

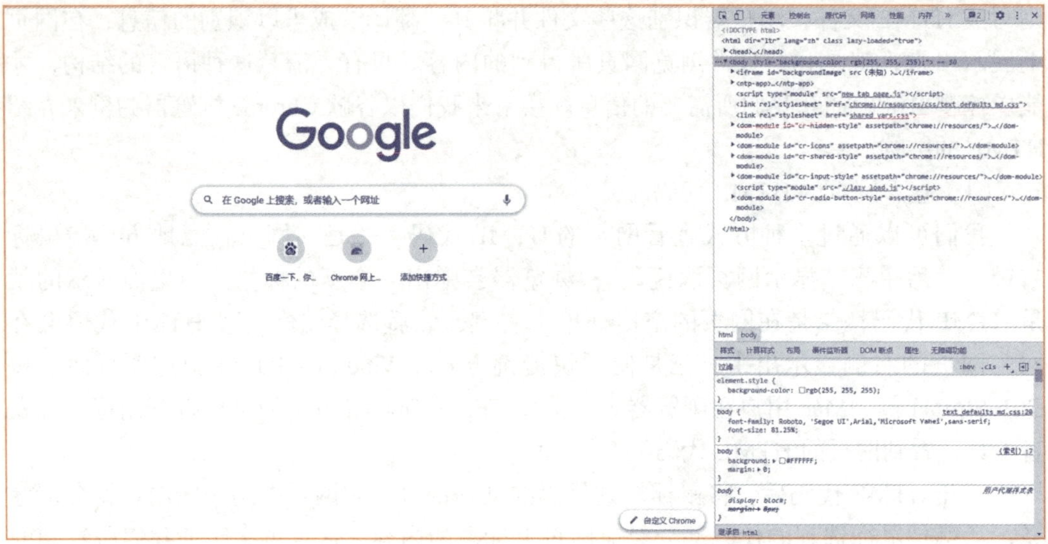

图 4-4　开发者工具中显示的 HTML 代码

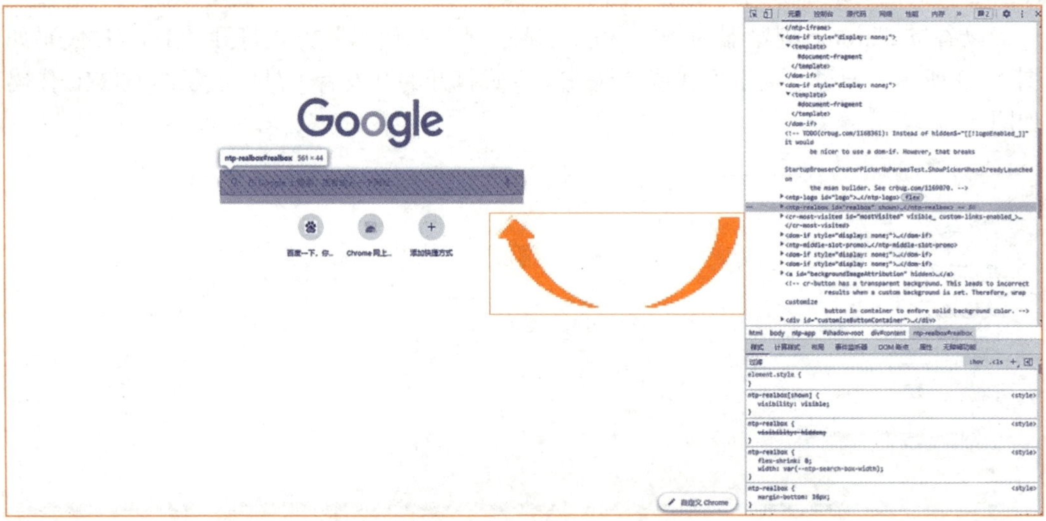

图 4-5　元素栏对应区域显示效果

通常情况下，浏览器开发者工具默认会隐藏大部分嵌套的 HTML 元素，仅保留部分外层标签。通过单击代码前面的三角箭头，可以点开被嵌套的部分，如图 4-6 所示。

（2）认识 HTML 代码的元素。

从图 4-6 可以看出，一个页面的 HTML 代码是非常复杂的，不掌握阅读方法是没有办法弄清楚它所表达的意思的，更别说从中找到我们需要的信息并进行爬取了。下面我们就一步一步来弄懂它。

HTML 网页代码最基本的组成部分是 HTML 元素，一组 HTML 代码由若干 HTML 元素构成，因此，要看懂 HTML 代码，首先需要对构成 HTML 的单个元素有充分的认识。通常情况下，一个完整的 HTML 元素由开始标签、元素内容、结束标签、属性

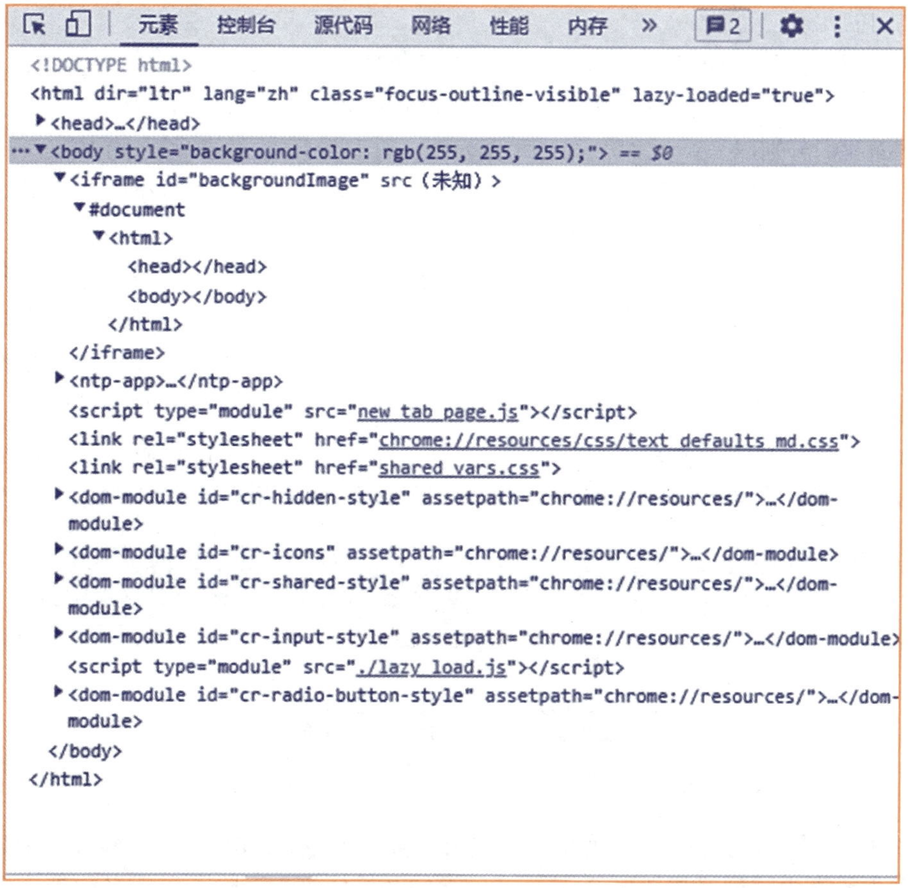

图 4－6 打开嵌套的 HTML 代码

（可选）构成，具体如图 4－7 所示。

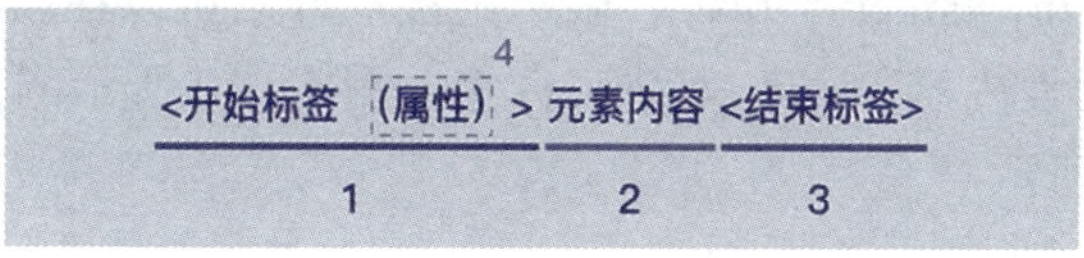

图 4－7 HTML 元素的构成

其中，开始标签包含元素的名称，被尖括号包围，表示元素从这里开始。结束标签与开始标签相似，只是其在元素名称之前还有一个斜杠“/”，表示元素的结尾。开始标签、结束标签之间就是元素内容。一般情况下，开始标签和结束标签是成对出现的，但也有少数单个出现的标签。并不是所有元素都需要设置属性，当要为元素内容配上一个超链接，用户单击元素内容就可以跳转到链接位置时，才需要在 HTML 元素的开始标签中设置属性。

关于 HTML 元素，有几点需要提醒的事项：

1）开始标签、结束标签与内容相结合，便构成了一个完整的 HTML 元素。

2）HTML 元素的标签不会呈现在网页上，我们在网页上只能看到开始标签与结束标签之间的元素内容。

3）元素内容不一定是普通文本，也可以嵌套其他 HTML 元素。

4）一个元素可以包含多个属性，属性的内容不会在网页中显示。

下面我们分别以 <p> 元素、<a> 元素为例，对 HTML 元素进行详细说明。

图 4－8 所示的代码展示的是一个名称为 p 的元素，<p> 元素的作用在于定义一个段落。起始位置的 <p> 是开始标签，表示一个段落由此开始。末尾位置的 </p> 是结束标签，表示这个段落在此结束。<p> 与 </p> 之间的“取于民有度，用之有止，国虽小必安；
 取于民无度，用之不止，国虽大必危。”是元素内容，表示段落的内容。同时在 <p> 元素的开始标签与结束标签之间，还嵌套了
 元素作为 <p> 元素的元素内容。
 元素是一个空元素，只有开始标签
，没有结束标签和元素内容，其作用是在文本中换行。当元素内容需要换行时，只需要在相应的位置插入一个开始标签
 便能实现。图 4－8 所示的代码进行网页呈现的预览效果如图 4－9 所示。

```
<p>取于民有度，用之有止，国虽小必安；<br>取于民无度，用之不止，国虽大必危。</p>
```

图 4－8　<p> 元素代码

取于民有度，用之有止，国虽小必安；
取于民无度，用之不止，国虽大必危。

图 4－9　<p> 元素网页呈现的预览效果

图 4－10 所示的代码展示的是一个名称为 a 的元素，<a> 元素的作用是在 HTML 文档中为元素内容创建超链接。在 <a> 元素的开始标签中，除了元素名称外，还包含 href 属性和 target 属性。其中，href 属性用于定义 <a> 元素的链接地址，由属性名 href 与属性值企查查官网链接 https://www.qcc.com/ 构成；target 属性用于定义链接点开后能否在新的标签页中打开，target="_blank" 表示链接点开后可以在新的标签页中打开。企查查为 <a> 元素的元素内容。</a> 为结束标签。图 4－10 所示的代码进行网页呈现的预览效果如图 4－11 所示。

```
<a href="https://www.qcc.com/" target="_blank">企查查</a>
```

图 4－10　<a> 元素代码

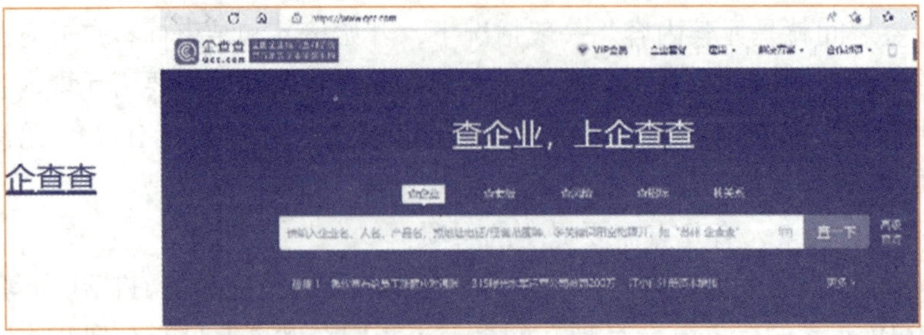

图 4－11　<a> 元素网页呈现的预览效果

一般来说，HTML 常用的元素如表 4－1 所示。

表 4－1　HTML 常用的元素

开始标签	标签意义	结束标签
<h1>	一级标题	</h1>
<h2>	二级标题	</h2>
<a>	链接	</a>
<div>	块，用来包含其他标签	</div>
<p>	段落	</p>

（3）认识 HTML 代码的结构。

在对 HTML 的元素有了一定的了解之后，我们来具体了解一下 HTML 代码的结构。图 4－12 所示的代码展示的是 HTML 代码的基本结构。这段代码一共包含了六个 HTML 元素，分别为 <!DOCTYPE html> 元素、<html> 元素、<head> 元素、<meta> 元素、<title> 元素和 <body> 元素。

```
<!DOCTYPE html>
<html lang="en">
    <head>
        <meta charset="UTF-8">
        <title>Title</title>
    </head>
    <body>

    </body>
</html>
```

图 4－12　HTML 代码结构示例

<!DOCTYPE html> 元素是空元素，用于告知浏览器需要处理的是一个文本类型的 HTML 文档。

<html> 元素用于定义一个 HTML 文档，<html> 为开始标签，</html> 为结束标签，开始标签与结束标签之间包含了诸多其他的元素。此外，还需要注意 <html> 元素的开始标签包含了 lang 属性。lang 属性用于指定页面的语言类型。当 lang 设置为“en”时，表示当前页面的语言类型为英文。如果我们要制作中文网页，只需将 lang 设置为“zh”，便能够指定页面语言类型为中文。

<head> 元素表示页面的头部信息，用于描述页面的标题、字符集、语言等概要信息。通常情况下，<head> 元素会嵌套其他元素。在如图 4－12 所示的代码中，<head> 元素就嵌套了 <meta>、<title> 两个元素。

<meta> 元素表示页面的元信息，一般嵌套在 <head> 元素中，可以实现对页面的特定操作。在如图 4－12 所示的代码中，<meta> 元素用于定义 HTML 文档的中文字符编码格式。具体的编码“UTF-8”体现在 charset 属性中。

<title> 元素用于设置页面的标题。在如图 4－12 所示的代码中，<title> 元素的元素内容为 Title，也就意味着我们可以在浏览器的标签页上看到设置好的页面标题“Title”。

<body> 元素表示页面的主体内容，用于定义 HTML 文档的主体。一般而言，网页开发者会把想让用户在访问页面时看到的内容写进 <body> 元素，因此，<body> 元素是我们在爬取信息时需要重点关注的对象。

读懂了 HTML 代码的结构，在爬取网页数据时，我们只需要将具有某一标签属性的 HTML 语句放入爬虫中，就可以达到目的。

（4）掌握 HTML 元素的定位方法。

通过前面介绍的方法我们可以打开并浏览网页的 HTML 代码，也掌握了阅读代码的方法，但一个网页的代码那么多，通过一层一层点开三角标签来找到需要的元素是非常费时费力的。下面就向大家介绍一种浏览器开发者工具自带的能够帮助我们直接定位页面对应的 HTML 元素的快捷方法。

首先，单击浏览器开发者工具左上角的指针工具，单击后指针工具会变为蓝色。谷歌 Chrome 浏览器主页面浏览器开发者工具的指针工具如图 4－13 所示。

图 4－13　谷歌 Chrome 浏览器主页面浏览器开发者工具的指针工具

然后，将鼠标移到左侧页面的目标区域所在位置，就能够迅速在浏览器开发者工具的元素栏看到目标区域对应的 HTML 元素。谷歌 Chrome 浏览器主页面搜索栏对应的 HTML 元素如图 4－14 所示。

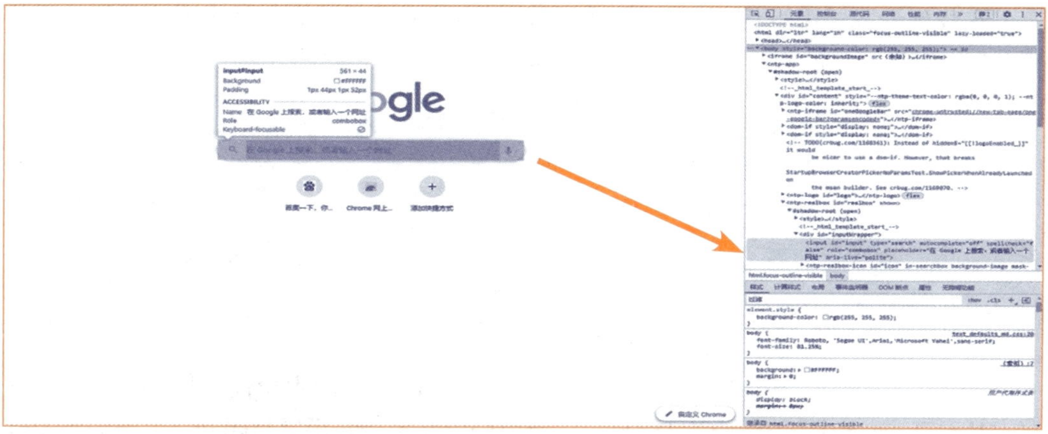

图 4－14　谷歌 Chrome 浏览器主页面搜索栏对应的 HTML 元素

2. 获取网页

在对网页有了基本的认识之后，下面我们将正式开始学习如何使用网络爬虫爬取数据。学习使用网络爬虫，首先需要掌握的是如何获取网页，这也是网络爬虫爬取数据的第一个步骤。在获取网页的过程中最为关键的操作就是模拟浏览器发起一个请求并发送给服务器。通常情况下，我们主要通过 Requests 库来实现发起请求的操作。Requests 库的安装在项目一已经进行了详细的介绍，接下来介绍如何使用 Requests 库获取我们需要的网页信息。

第一步，导入已安装的 Requests 库。

导入 Requests 库的语句为：import requests。

第二步，查找并声明浏览器用户代理和需要爬取网页的网址。

用户代理（User Agent）是一个特殊字符串头，具有使服务器识别客户使用的操作系统及其版本、CPU 类型、浏览器及其版本、浏览器渲染引擎、浏览器语言、浏览器插件等作用。用户代理是网站用于判断给不同的操作系统、不同的浏览器发送不同页面的标准。如果用户代理不正确，则会导致某些页面无法在某个浏览器中正常显示。以谷歌 Chrome 浏览器为例，在浏览器地址栏中输入“about://version”，单击 Enter 键，便能够在页面中找到用户代理的具体信息，如图 4－15 所示。

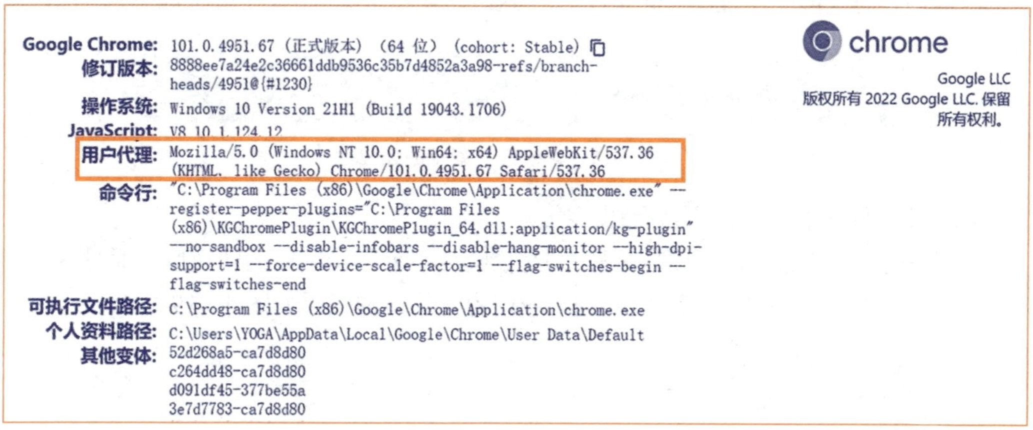

图 4－15　谷歌 Chrome 浏览器用户代理获取

在找到浏览器用户代理信息后，便可以在 PyCharm 的代码区域声明浏览器用户代理和需要爬取网页的 URL，具体代码如图 4－16 所示。

```
# 声明谷歌Chrome浏览器用户代理
Headers ={'User-Agent':
'Mozilla/5.0 (Windows NT 10.0; Win64; x64) AppleWebKit/537.36 (KHTML, like Gecko) Chrome'
}
# 声明需要爬取网页的URL
URL='https://'
```

图 4－16　声明浏览器用户代理和需要爬取网页 URL 的代码

需要注意的是，在声明浏览器用户代理时，不需要复制用户代理信息后面的版本号；User Agent 和用户代理信息要分别用单引号引起来，并用冒号隔开。在声明需要爬取网页的 URL 时，具体网址要用单引号引起来。

第三步，发起请求，获取静态网页源代码。

静态网页是指客户端与服务器进行交互的网页。静态网页基本上是 HTML 脚本的网页，没有数据库的支持，网页设计好后更新相对麻烦，需要手动更新内容。对于静态网页，我们通过调用 Requests 库中的 get() 函数，直接向服务器发起请求，并将响应结果赋值在变量 res 上，就能够获取其源代码，具体代码如图 4－17 所示。

```
# 发送请求，并把响应结果赋值在变量res上
res= requests.get(URL,headers=Headers)
```

图 4－17　获取静态网页的代码

第四步，转换获取网页源代码的字符编码。

由于 Requests 库默认的字符编码为英文，因此，当我们获取的是中文网页的源代码时，我们需要将响应结果的 encoding 属性设置成中文字符的编码格式。常用的中文字符编码格式有 utf-8 和 GBK。一般而言，Requests 会自己去判断返回数据的编码类型。当判断出错导致乱码的时候，就需要使用 encoding 指定编码类型，指定的编码类型必须和原数据的编码类型一致。在将 encoding 属性先设置为 utf-8 不能得到中文网页正确编码格式下的响应内容时，再设置 encoding 属性为 GBK。转换字符编码的代码如图 4－18 所示。

```
# 转换获取网页源代码的字符编码
res.encoding='utf-8'
```

图 4－18　转换字符编码的代码

第五步，输出获取的网页源代码。

发起请求，获取静态网页源代码，并完成响应结果字符编码的转换后，通过调用响应结果的 text 属性，就能够查看具体的响应内容，具体的代码如图 4－19 所示。

```
# 输出获取的网页源代码
print(res.text)
```

图 4－19　输出静态网页的代码

3. 解析网页

解析网页是网络爬虫爬取数据的第二个步骤，也是整个过程的重头戏。它主要是在获取网页源代码的基础上，将其翻译成我们能看懂的样子，然后通过程序提取我们需要的部分。通常情况下，我们主要通过 BeautifulSoup 库来解析和提取网页源代码中的数据。

BeautifulSoup 库是用于从获取的网页源代码中解析和提取数据的 Python 第三方库，也称为 bs4 库（其中，4 表示版本）。它不仅能够支持 Python 标准库内置的 HTML 解析器，而且能够支持 lxml、html5lib 等功能强大的第三方解析器。这里主要运用 lxml 解析器，将网页源代码实例化加载为 BeautifulSoup 对象，再使用对象的方法提取数据。具体的操作方法如下：

第一步，导入 bs4 库中的 BeautifulSoup 类，如图 4－20 所示。

```
# 导入bs4库中的BeautifulSoup类
from bs4 import BeautifulSoup
```

图 4－20　导入 bs4 库中 BeautifulSoup 类的代码

第二步，解析网页源代码。

解析网页源代码的过程实际上就是实例化 BeautifulSoup 类，得到 BeautifulSoup 对象的过程。在实例化 BeautifulSoup 类时，通常要传入两个参数：一个参数是获取网页得到的网页源代码（HTML 文档）的字符串形式，用于指示解析的内容，我们主要通过调用响应结果的 text 属性来完成参数设置；另一个参数是解析器的名称，用于标识解析文档的方法。具体的代码如图 4－21 所示。

```
# 用BeautifulSoup和lxml解析器，解析已获取的网页源代码
bs= BeautifulSoup(res.text,'lxml')
```

图 4－21　解析网页源代码的代码

第三步，从 BeautifulSoup 对象中提取数据。

在第二步中，我们用 BeautifulSoup 和 lxml 解析器，将复杂的网页源代码转换成了 BeautifulSoup 对象。BeautifulSoup 对象数据结构为树形，构成树的每个节点都是另一种 Python 对象，即 Tag 对象。通常情况下，BeautifulSoup 对象代表整个 HTML 文档，Tag 对象则是与 HTML 文档中的 HTML 元素一一对应的，而在 BeautifulSoup 对象中，Tag 对象之间如同 HTML 文档中的 HTML 元素一样存在着层层嵌套的关系。如果想要提取某个 HTML 元素，我们只需要通过定位锁定嵌套关系中的 HTML 元素对应的 Tag 对象，此功能通过调用 find_all() 函数、find() 函数即可实现。

find_all() 函数的功能是搜索所有满足参数条件的 Tag 对象。该函数的语法为：查找范围 .find_all(参数)。其中，查找范围可以是 BeautifulSoup 对象，也可以是 Tag 对象。参数主要涉及 HTML 元素名和 HTML 元素属性。传入 HTML 名作为 find_all() 函数的参数，搜索所有与 HTML 元素名匹配的 Tag 对象时，每次只能传入一个 HTML 元素名，并且要以字符串形式传入。传入 HTML 元素属性（例如，id、class、href 等）作

为 find_all() 函数的参数，搜索所有与 HTML 元素属性对应的 Tag 对象时，要用参数名 = 参数值的形式传入。需要注意的是，HTML 元素的 class 属性与 Python 的关键字 class 重复，所以，当传入 HTML 元素的 class 属性作为参数时，参数名要加一个下划线“_”，写作“class_”，以避免混淆。此外，由于 find_all() 函数返回的结果是满足参数条件的所有 Tag 对象组成的一个类似列表的可迭代对象，因此要提取其中的某个 Tag 对象，需要使用 for 循环，并调用 get_text() 函数。

find() 函数的语法结构、查找范围、参数要求与 find_all() 函数相同。唯一不同的是，find() 函数返回的结果是满足参数条件的第一个 Tag 对象。

综上所述，从 BeautifulSoup 对象中提取数据的具体代码如图 4－22 所示。

```
#用find()获取与HTML元素名、HTML属性对应的父节点的Tag对象，并赋值给data_tag
data_tag=bs.find()
#将Tag对象中包含的html标签去除，提取我们需要的部分，并赋值给data
data=data_tag.text()
print(data)

#用find_all()获取所有与HTML元素名或HTML属性对应的子节点的Tag对象，并赋值给data_list
data_list=bs.find_all()
#使用for循环遍历data_list,得到其中每一个Tag对象
for data in data_list:
    #将data_list中每一个data包含的html标签去除，提取我们需要的部分赋值给df,并输出
    df=data.get_text()
    print(df)
```

图 4－22　从 BeautifulSoup 对象中提取数据的代码

4. 存储数据

存储数据是网络爬虫爬取数据的最后一步，具体是指在解析网页的基础上，将提取的网页数据存储在指定的位置。由于解析网页源代码后，通常会将提取的网页数据存放在字典中，因此，为了便于操作，我们主要运用 csv 模块来完成数据的存储工作。

csv 模块是用于处理 csv 文件的 Python 常用模块。它是 Python 标准库中的内置模块，包括多个变量、函数和类。通过直接调用模块中的函数或类，能够快速对 csv 文件进行读写。具体的操作方法如下：

第一步，导入 csv 模块。在使用 csv 模块之前，我们需要在 PyCharm 中导入 csv 模块，具体代码如图 4－23 所示。

```
# 导入csv模块
import csv
```

图 4－23　导入 csv 模块的代码

第二步，创建要写入内容的 csv 文件。使用 with open() as 语法，新建 csv 文件并存储提取的网页数据。其中，open() 函数的参数表示需要存储提取的网页数据的 csv 文件名和以写入方式打开文件；as 后面要添加需要赋值的变量名称。具体的代码如图 4－24 所示。

```
# 创建要写入内容的csv文件
with open('文件名.csv', 'w') as f:
```

图 4－24 创建 csv 文件的代码

第三步，调用 csv 模块中的 DictWriter 类。使用 csv.DictWriter() 语法，将 csv 文件转换为 DictWriter 对象。其中，DictWriter() 的参数为 open() 函数打开的文件对象和文件表头名称。具体的代码如图 4－25 所示。

```
    # 将csv文件对象转换成 DictWriter 对象，并赋值给writer
    writer= csv.DictWriter(f,fieldnames=['表头名称'])
```

图 4－25 调用 csv 模块中的 DictWriter 类的代码

第四步，写入表头与数据。使用 writeheader() 语法，将 DictWriter 对象中的 fieldnames 写入 csv 文件的第一行。使用 writerows() 语法，将多个字典写入 csv 文件。具体的代码如图 4－26 所示。

```
    # 写入表头与数据
    writer.writeheader()
    writer.writerows('数据列表')
```

图 4－26 写入表头与数据的代码

任务实施

一、杭州 A 跨境贸易公司涉税检查总结

1. 浙江省杭州市税务局第一稽查局在对杭州 A 跨境贸易公司进行纳税检查评估时使用了哪些涉税数据？

2. 浙江省杭州市税务局第一稽查局是通过哪些途径获取涉税数据的？

3. 浙江省杭州市税务局第一稽查局在获取涉税数据时使用了哪些方法？

4. 跟随下面的任务实施环节使用网络爬虫完成涉税数据爬取的练习。

二、爬取数据的简单尝试

接下来，我们按照前面介绍的步骤，以百度网站为例，完成部分数据的爬取。

（一）获取网页

在 PyCharm 中运行如图 4－27 所示的代码，完成导入 Requests 库、声明用户代理、获取网页源代码、转码、打印等工作，就能够得到服务器响应的网页源代码。仔细观察可发现，服务器响应的网页源代码实际上就是组成百度首页的所有 HTML 元素，具体如图 4－28 所示。

Practice.py

```python
import requests
Headers ={'User-Agent':
'Mozilla/5.0 (Windows NT 10.0; Win64; x64) AppleWebKit/537.36 (KHTML, like Gecko) Chrome'
}
URL='https://www.baidu.com/'
res= requests.get(URL,headers=Headers)
res.encoding='utf-8'
print(res.text)
```

图 4－27　获取百度首页的代码

Run: Practice

```
"C:\Program Files\Python310\python.exe" C:/Users/YOGA/Desktop/LearnPython01/Practice.py
<!DOCTYPE html><!--STATUS OK--><html><head><meta http-equiv="Content-Type" content="text/html;charset=utf-8"><meta http-equiv="X-UA-Compatible"
content="IE=edge,chrome=1"><meta content="always" name="referrer"><meta name="theme-color" content="#ffffff"><meta name="description" content="全
球领先的中文搜索引擎、致力于让网民更便捷地获取信息，找到所求。百度超过千亿的中文网页数据库，可以瞬间找到相关的搜索结果。"><link rel="shortcut icon" href="/favicon.ico"
type="image/x-icon" /><link rel="search" type="application/opensearchdescription+xml" href="/content-search.xml" title="百度搜索" /><link
rel="icon" sizes="any" mask href="//www.baidu.com/img/baidu_85beaf5496f291521eb75ba38eacbd87.svg"><link rel="dns-prefetch" href="//dss0.bdstatic
.com"/><link rel="dns-prefetch" href="//dss1.bdstatic.com"/><link rel="dns-prefetch" href="//ss1.bdstatic.com"/><link rel="dns-prefetch"
href="//sp0.baidu.com"/><link rel="dns-prefetch" href="//sp1.baidu.com"/><link rel="dns-prefetch" href="//sp2.baidu.com"/><title>百度一下，你就知道
</title><style index="newi" type="text/css">#form .bdsug{top:39px}.bdsug{display:none;position:absolute;width:535px;background:#fff;border:1px
solid #ccc!important;_overflow:hidden;box-shadow:1px 1px 3px #ededed;-webkit-box-shadow:1px 1px 3px #ededed;-moz-box-shadow:1px 1px 3px
#ededed;-o-box-shadow:1px 1px 3px #ededed}.bdsug li{width:519px;color:#000;font:14px arial;line-height:25px;padding:0 8px;position:relative;
cursor:default}.bdsug li.bdsug-s{background:#f0f0f0}.bdsug-store span,.bdsug-store b{color:#7A77C8}.bdsug-store-del{font-size:12px;color:#666;
text-decoration:underline;position:absolute;right:8px;top:0;cursor:pointer;display:none}.bdsug-s .bdsug-store-del{display:inline-block}
.bdsug-ala{display:inline-block;border-bottom:1px solid #e6e6e6}.bdsug-ala h3{line-height:14px;background:url(//www.baidu.com/img/sug_bd
.png?v=09816787.png) no-repeat left center;margin:6px 0 4px;font-size:12px;font-weight:400;color:#7B7B7B;padding-left:20px}.bdsug-ala
p{font-size:14px;font-weight:700;padding-left:20px}#m .bdsug .bdsug-direct p{color:#00c;font-weight:700;line-height:34px;padding:0 8px;
margin-top:0;cursor:pointer;white-space:nowrap;overflow:hidden}#m .bdsug .bdsug-direct p img{width:16px;height:16px;margin:7px 6px 9px
0;vertical-align:middle}#m .bdsug .bdsug-direct p span{margin-left:8px}#form .bdsug .bdsug-direct{width:auto;padding:0;border-bottom:1px solid
#f1f1f1}#form .bdsug .bdsug-direct p i{font-size:12px;line-height:100%;font-style:normal;font-weight:400;color:#fff;background-color:#2b99ff;
display:inline;text-align:center;padding:1px 5px;*padding:2px 5px 0;margin-left:8px;overflow:hidden}.bdsug .bdsug-pcDirect{color:#000;
font-size:14px;line-height:30px;height:30px;background-color:#f8f8f8}.bdsug .bdsug-pc-direct-tip{position:absolute;right:15px;top:8px;
width:55px;height:15px;display:block;background:url(https://pss.bdstatic.com/r/www/cache/static/protocol/https/global/img/pc_direct_42d6311.png)
```

图 4－28　获取百度首页代码的运行结果

（二）解析网页

接下来，我们完成百度首页左上角文本的解析和爬取，即新闻、hao123、地图、贴吧、视频、图片、网盘、更多，如图 4－29 所示。

图 4－29　需爬取的百度首页文本

通过使用浏览器开发者工具内置的指针工具，我们迅速锁定需要爬取文本父节点的HTML元素名为div，HTML元素属性为class="s-top-left-new s-isindex-wrap"，子节点为<a>元素，如图4-30所示。

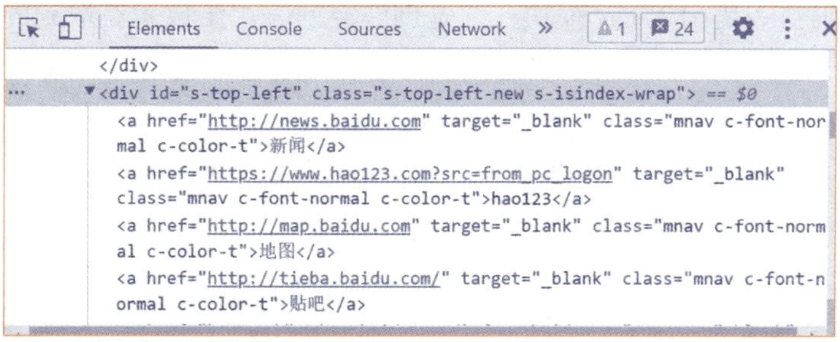

图4-30 需爬取文本对应的HTML代码

用find()函数在BeautifulSoup对象中搜索元素名为div、属性为class="s-top-left-new s-isindex-wrap"的HTML元素对应的Tag对象，并在此基础上用find_all()函数搜索所有与<a>对应的Tag对象，就可以提取所需的数据。添加解析代码后的完整代码如图4-31所示，解析百度首页代码的运行结果如图4-32所示。

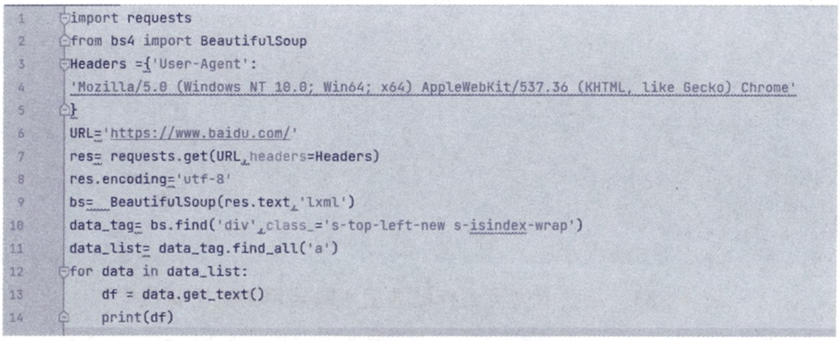

图4-31 添加解析代码后的完整代码

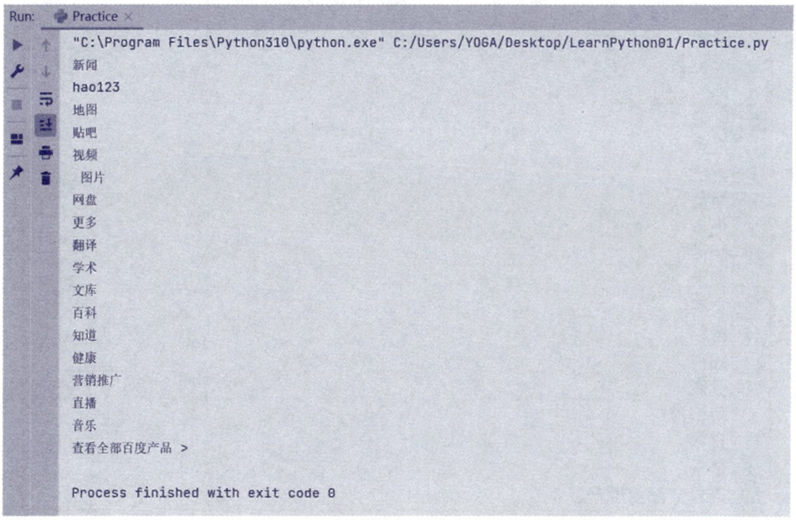

图4-32 解析百度首页代码的运行结果

（三）存储数据

接下来，我们将提取出来的网页左上角的“新闻、hao123、地图、贴吧、视频、图片、网盘、更多”等文本，存储在指定位置。在获取网页和解析网页代码的基础上补充存储网页的代码：一是引入 csv 模块；二是创建空列表用于放置获取到的数据，代码为 info_list=[]；三是创建空字典用于放置转换的 Tag 对象；四是增加写入 csv 文件的代码。从获取网页到存储数据所需要用到的所有代码如图 4－33 所示。将上述代码编辑完成后，运行代码，就能够在 PyCharm 存放文件的文件夹中发现名为 data 的 csv 文件。打开文件就能够看到需要爬取的数据，具体运行结果如图 4－34 所示。

```
import requests
from bs4 import BeautifulSoup
import csv
info_list=[]
Headers={'User-Agern':'Mozilla/5.0 (Windows NT 10.0; Win64; x64) AppleWebKit/537.36 (KHTML, like Gecko) Chrome'}
URL='http://www.baidu.com/'
res=requests.get(URL,headers=Headers)
res.encoding='utf-8'
bs=BeautifulSoup(res.text,'lxml')
datatag=bs.find('div',class_='s-top-left-new s-isindex-wrap')
data_list=data_tag.find_all('a')
for data in data_list:
    df=data.get_text()
    info_dict={}
    info_dict['项目名称']=df
    info_list.append(info_dict)
with open('data.csv','w')as f:
    writer=csv.DictWriter(f,fieldnames=['项目名称'])
    writer.writeheader()
    writer.writerows(info_list)
```

图 4－33　从获取网页到存储数据所需要用到的所有代码

	A	B	C	D	E	F
1	项目名称					
2	新闻					
3	hao123					
4	地图					
5	贴吧					
6	视频					
7	图片					
8	网盘					
9	更多					
10	翻译					
11	学术					
12	文库					
13	百科					
14	知道					
15	健康					
16	营销推广					
17	直播					
18	音乐					
19	查看全部百度产品 >					

图 4－34　爬取百度首页文本代码的运行结果

三、爬取企业工商信息数据

在下面的任务中，我们以爬取企查查中的华为技术有限公司页面的工商信息为例，带领大家一起完成涉税数据采集的实操项目。

第一步，进入需要爬取的网页。具体步骤为：打开谷歌 Chrome 浏览器，输入网址“ https:www.qcc.com”进入企查查首页，在搜索栏中输入“华为”，单击“查一下”，在搜索结果页面找到华为技术有限公司，单击进入企查查中加载了华为技术有限公司信息的页面（具体网址为：https://www.qcc.com/firm/6b242b475738f45a4dd180564d029aa9.html），如图 4－35 所示。页面中的工商信息就是我们要爬取的对象，如图 4－36 所示。

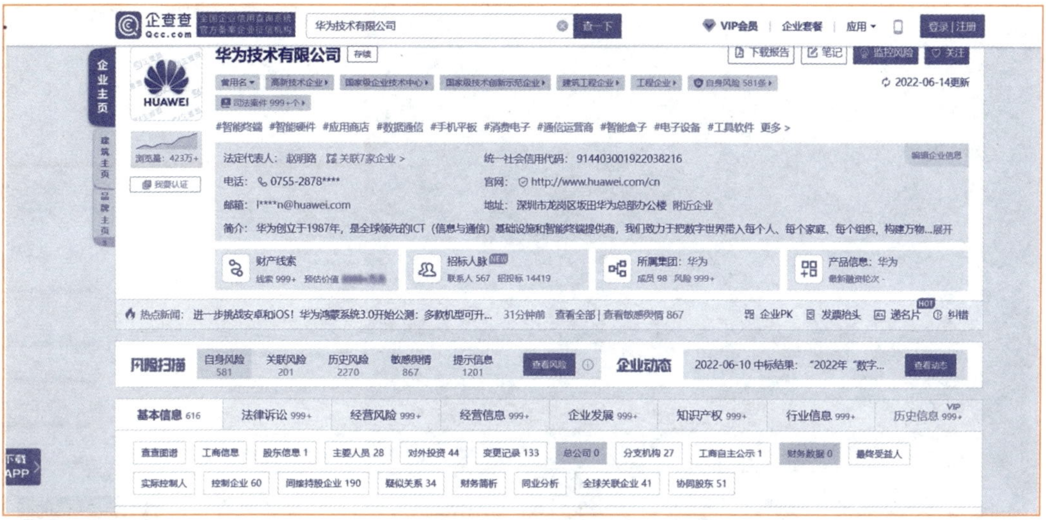

图 4－35　企查查中的华为技术有限公司页面

图 4－36　华为技术有限公司的工商信息

第二步，找到所需爬取信息对应的网页源代码。具体步骤为：按快捷键 F12 打开浏览器开发者工具，使用浏览器开发者工具左上角的指针工具，将鼠标光标放在所要爬取的各项工商信息上，逐个点击。通过观察我们可以发现，华为技术有限公司的工商信息在 class="ntable" 的 table 元素中。table 元素作为父节点嵌套了多个 tr 元素。在子节点 tr 元素中，又嵌套了多个 td 元素，其中，每一行工商信息的提示项（如法定代表人、注册资本、组织机构代码等）都在属性为 class="tb" 的 td 元素中，而提示项所对应的信息内容在 td 元素嵌套的属性为 class="copy-value" 的 span 元素中。如图 4－37 至图 4－39 所示。

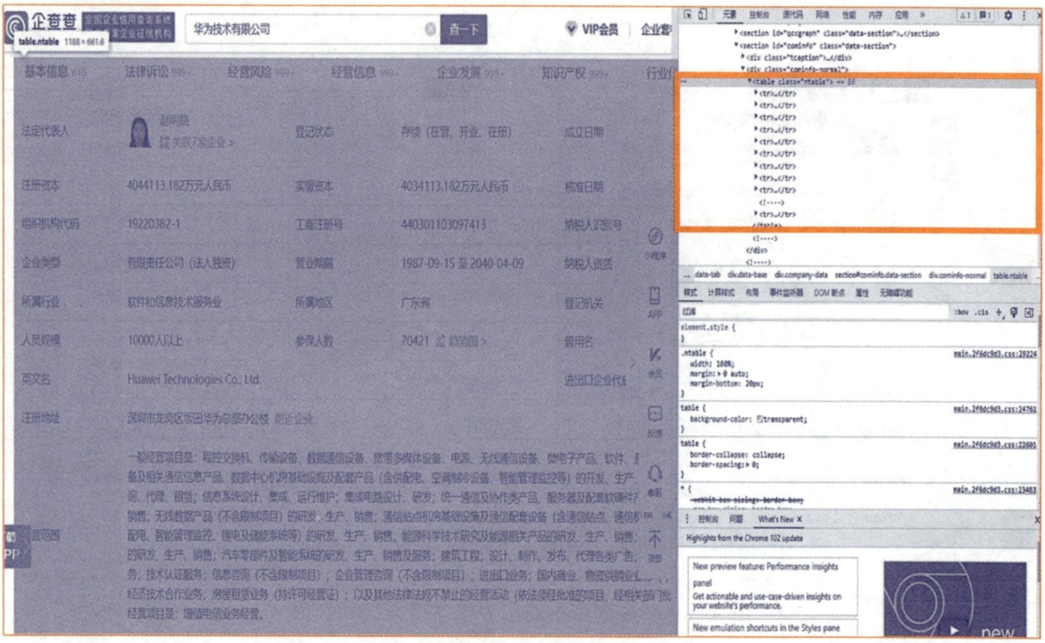

图 4－37　华为技术有限公司工商信息源代码（一）

```
▼<table class="ntable">
  ▶<tr>…</tr>
  ▶<tr>…</tr>
  ▶<tr>…</tr>
  ▶<tr>…</tr>
  ▶<tr>…</tr>
  ▶<tr>…</tr>
  ▶<tr>…</tr>
  ▶<tr>…</tr>
  ▶<tr>…</tr>
   <!---->
  ▶<tr>…</tr>
 </table>
```

图 4－38　华为技术有限公司工商信息源代码（二）

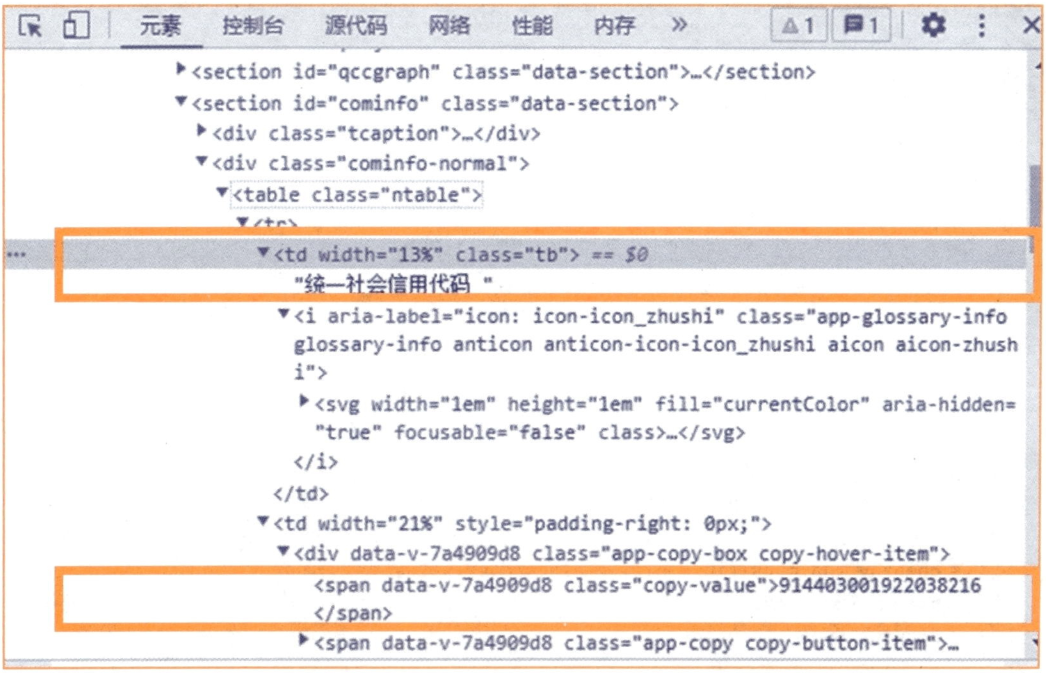

图 4-39　华为技术有限公司工商信息源代码（三）

第三步，在掌握了所要爬取数据的源代码后，就可以进行获取网页的操作了，具体代码如图 4-40 所示。通过运行图片中的代码，就能够得到网页源代码，如图 4-41 所示。

```
# 导入Requests库、bs4库中的BeautifulSoup类、csv模块
import requests
from bs4 import BeautifulSoup
import csv
# 设置空的列表，用于存储工商信息各项目
data_list = []
# 声明谷歌Chrome浏览器用户代理和需要爬取网页的URL
Headers = {'User-Agent':
'Mozilla/5.0 (Windows NT 10.0; Win64; x64) AppleWebKit/537.36 (KHTML, like Gecko) Chrome'
}
URL = 'https://www.qcc.com/firm/6b242b475738f45a4dd180564d029aa9.html'
# 发送请求，并把响应结果赋值在变量res上
res = requests.get(URL, headers=Headers)
# 转换获取网页源代码的字符编码
res.encoding = 'utf-8'
# 输出获取的网页源代码
print(res.text)
```

图 4-40　华为技术有限公司工商信息获取网页的代码

接下来，我们要在获取网页的基础上，解析和提取网页源代码中的数据，具体代码如图 4-42 至图 4-44 所示。通过运行图片中的代码，就能够得到所要提取的工商信息，如图 4-45 所示。

```
Run: Practice01
"C:\Program Files\Python310\python.exe" C:/Users/YOGA/Desktop/LearnPython01/Practice01.py
<!DOCTYPE html>
<html class="">
  <head>
    <title>华为技术有限公司 - 企查查</title>
    <meta name="description" content="企查查为您提供华为技术有限公司的最新工商信息、公司简介、公司地址、电话号码、招聘信息、信用信息、财务信息、法律诉讼等多维度详细信息查询，让您
    <meta name="keywords" content="华为技术有限公司,华为技术有限公司企业工商注册信息查询,企查查">
    <meta charset="utf-8">
    <meta name="viewport" content="width=device-width,initial-scale=1,minimal-ui">
    <link rel="icon" href="//qcc-static.qcc.com/resources/web/omaterial/favicon.png">
    <link rel="manifest" href="/manifest.json">
    <!--[if lt IE 9]>
    <script src="//qcc-static.qcc.com/resources/web/omaterial/html5shiv.js"></script>
    <script src=//qcc-static.qcc.com/resources/web/omaterial/respond.js"></script>
    <![endif]-->
    <link rel="stylesheet" href="//qcc-static.qichacha.com/qcc/pc-web/prod-22.06.177/web/css/font-awesome.css" type="text/css"><link rel="stylesheet'
    <link rel="stylesheet" href="//qcc-static.qichacha.com/qcc/pc-web/prod-22.06.177/main.8e929419.css"><link rel="stylesheet" href="//qcc-static.qic

      <link rel="canonical" href="https://www.qcc.com/firm/6b242b475738f45a4dd180564d029aa9.html">  <link rel="alternate" media="only screen and(max-

  </head>
  <body>
    <div id="app">
```

图 4-41　华为技术有限公司工商信息获取网页的代码运行结果

```python
# 用BeautifulSoup和lxml解析器,解析已获取的网页源代码
bs = BeautifulSoup(res.text, 'lxml')
# 用find()获取属性为class="copy-value"的h1元素对应的Tag对象,并赋值给company_tag
company_tag = bs.find('h1', class_='copy-value')
# 从company_tag中提取所需数据赋值给company_name
company_name = company_tag.get_text()
# 创建字典，用以储存数据
company_dict = {}
# 将公司名称添加到字典中，并打印字典
company_dict['公司名称'] = company_name
print(company_dict)
```

图 4-42　华为技术有限公司工商信息解析网页的代码（一）

```python
# 用find()获取tr元素对应的父节点的Tag对象,并赋值给info_tag
info_tag = bs.find('table',class_='ntable')
# 用find_all()获取所有tr元素的Tag对象,并赋值给info_list
info_list = info_tag.find_all('tr')
# 使用for循环遍历info_list,得到每一个Tag对象
for info in info_list:
    # 提取各工商信息的提示项,并赋值给key
    key = info.find('td',class_='tb').get_text()
    # 提取各工商信息提示项所对应的内容,并赋值给value
    value = info.find('span', class_='copy-value')
    # 使用if语句设置如果工商信息提示项对应的内容存在，则返回具体内容；否则返回空值
    if info.find('span', class_='copy-value'):
        value = info.find('span', class_='copy-value').get_text()
    else:
        value = None
```

图 4-43　华为技术有限公司工商信息解析网页的代码（二）

第四步，将提取的工商信息储存在 csv 文件中，具体代码如图 4-46 所示。通过运行图片中的代码，我们就能够在 PyCharm 存放文件的文件夹中发现名为 hw 的 csv 文件，其中储存着需要爬取的信息，如图 4-47 所示。

```
        # 将爬取的工商信息添加到字典中
        company_dict[key] = value
    # 将工商信息的缺失值填补进字典
    company_dict['法定代表人\n            '] = '赵明路'
    company_dict['注册资本 '] = '4044113.182万元人民币'
    company_dict['企业类型\n            '] = '有限责任公司（法人独资）'
    company_dict['所属行业 '] = '软件和信息技术服务业'
    company_dict['人员规模\n            '] = '10000人以上'
    company_dict['注册地址 '] = '深圳市龙岗区坂田华为总部办公楼'
    # 将字典信息存储至列表中，并打印列表
    data_list.append(company_dict)
    print(data_list)
```

图 4－44　华为技术有限公司工商信息解析网页的代码（三）

```
{'公司名称': '华为技术有限公司'}
[{'公司名称': '华为技术有限公司', '统一社会信用代码 ': '914403001922038216', '法定代表人\n            ': '赵明路'

Process finished with exit code 0
```

图 4－45　华为技术有限公司工商信息解析网页的代码运行结果

```
# 创建 csv 文件存储信息
with open('hw.csv', 'w') as f:
    # 将文件对象转换成DictWriter对象，并赋值给writer
    writer = csv.DictWriter(f, fieldnames =['公司名称', '统一社会信用代码 ', '法定代表人\n            ',
'注册资本 ', '组织机构代码 ', '企业类型\n            ', '所属行业 ', '人员规模\n            ', '英文名\n            ',
'注册地址 ', '经营范围 '])
    # 写入表头与数据
    writer.writeheader()
    writer.writerows(data_list)
```

图 4－46　华为技术有限公司工商信息存储数据的代码

A	B	C	D	E	F	G	H	I	J	K	L	M	N
公司名称	统一社会信用	法定代表人	注册资本	组织机构代	企业类型	所属行业	人员规模	英文名	注册地址	经营范围			
华为技术有限公司	9.144E+17	赵明路	4044113.1	19220382·	有限责任公	软件和信息	10000人以	Huawei Te	深圳市龙岗	一般经营项目是：程控交换机、传输设备、			

图 4－47　华为技术有限公司工商信息存储数据代码的运行结果

四、爬取企业财务报表信息

（一）爬取企业资产负债表

使用爬虫爬取企业财务报表信息的代码比较复杂，涉及自定义函数等诸多复杂的内容，感觉困难的同学没必要掌握代码的编写，此处直接提供爬取报表的代码块，只需要做出简单修改就可以获取不同上市公司不同类型的报表。

将下方代码粘贴到 PyCharm 代码编辑区，单击“运行”就可以完成从上海证券交易所官方网站报表专栏（网址：http://listxbrl.sse.com.cn/）下载贵州茅台资产负债表的操作，下载的资产负债表从 PyCharm 存放文件的文件夹中就可以找到并打开使用了。

```
import requests
from bs4 import BeautifulSoup
import csv
headers = {
"Accept": "*/*",
"Host": "listxbrl.sse.com.cn",
"Content-Type": "application/x-www-form-urlencoded;charset=UTF-8",
"Origin": "http://listxbrl.sse.com.cn",
"Referer":"http://listxbrl.sse.com.cn/companyInfo/toCompanyInfo.do?stock_id=600519&report_period_id=5000",
"User-Agent": "Mozilla/5.0 (Windows NT 10.0; Win64; x64) AppleWebKit/537.36 (KHTML, like Gecko) Chrome/96.0.4664.93 Safari/537.36",
"X-Requested-With": "XMLHttpRequest"}
reqData = {'report_year': '2020', 'stock_id': '600519', 'report_period_id': '5000'}
def  get_data():
    url = "http://listxbrl.sse.com.cn/companyInfo/showBalance.do"
    content = requests.post(url=url, headers=headers, data=reqData).json()
    return content
def  save_csv(data, path):
    name = ["货币资金（元）", "结算备付金（元）", "拆出资金（元）", "交易性金融资产（元）", "应收票据（元）", "应收账款（元）",  "预付账款（元）", "应收保费（元）", "应收分保账款（元）", "应收分保合同准备金（元）", "应收利息（元）", "应收股利（元）", "其他应收款（元）","买入返售金融资产（元）", "存货（元）", "一年内到期的非流动资产（元）", "其他流动资产（元）", "流动资产合计（元）", "发放贷款和垫款（元）","可供出售金融资产（元）", "持有至到期投资（元）", "长期应收款（元）", "长期股权投资（元）", "投资性房地产（元）", "固定资产净额（元）","在建工程（元）", "工程物资（元）", "固定资产清理（元）", "生产性生物资产（元）", "油气资产（元）", "无形资产（元）", "开发支出（元）","商誉（元）", "长期待摊费用（元）", "递延税款借项合计（元）", "其他长期资产（元）", "非流动资产合计（元）", "资产总计（元）","短期借款（元）", "向中央银行借款（元）", "吸收存款及同业存放（元）", "拆入资金（元）", "交易性金融负债（元）", "应付票据（元）", "应付账款（元）", "预收账款（元）", "卖出回购金融资产款（元）", "应付手续费及佣金（元）", "应付职工薪酬（元）", "应交税费（元）", "应付利息（元）", "应付股利（元）", "其他应付款（元）", "应付分保账款（元）", "保险合同准备金（元）", "代理买卖证券款（元）", "代理承销证券款（元）", "一年内到期的长期负债（元）", "其他流
```

```
动负债（元）", "流动负债合计（元）", "长期借款（元）", "应付债券（元）"," 长期应付款（元）", "专项应付款（元）", "预计负债（元）", "递延税款贷项合计（元）", "其他长期负债（元）", "长期负债合计（元）"," 负债合计（元）", "股本（元）", "资本公积（元）", "库存股（元）", "盈余公积（元）", "一般风险准备（元）", "未分配利润（元）"," 外币报表折算差额（元）", "归属于母公司所有者权益合计（元）", "少数股东权益（元）", "股东权益合计（元）", "负债和股东权益合计（元）"]
        header_list = ['指标/年份']
        for i in data["columns"][0]:
            header_list.append(i.get('title'))
        try:
            csvfile = open(path, "w", newline='')
            writer = csv.writer(csvfile)
            writer.writerow(header_list)
            for index, num in enumerate(data['rows']):
                row_data = []
                row_data.append(name[index])
                row_data.extend([num['value0'], num['value1'],
                                 num['value2'], num['value3'],
num['value4']])
                writer.writerow(row_data)
        except Exception as e:
            print("writer error==>", e)
    save_csv(get_data(), "贵州茅台资产负债表.csv")
    print('爬取完成')
```

（二）爬取不同企业资产负债表

将上述代码中用橙色方框标注出来的部分对应的股票代码和企业名称做一下简单修改，就可以获取到需要的上市公司对应年份的报表信息了。

比如，我们需要获取上汽集团的资产负债表，只需要将第一个橙色方框对应的 stock_id 修改为“600104”，将第二个橙色方框对应的企业名称和报表名称修改为“上汽集团资产负债表”，单击“运行”，就可以将上汽集团的资产负债表下载到本地 PyCharm 文件夹中了。

（三）爬取企业其他财务报表

将上述代码中用深蓝色方框标注出来的部分做一下替换，替换成我们需要的报表类型的信息，就可以获取到对应的报表了。

比如，我们需要获取贵州茅台的利润表，就需要将深蓝色方框对应的部分修改为利润表的信息。

1. Headers 的替换

在上海证券交易所官方网站报表专栏（网址：http://listxbrl.sse.com.cn/）输入贵州茅台的股票代码“600519”，报告类型选择“年报”，单击“搜索”即可查询到贵州茅台的相关信息，单击“利润表”选项卡选中，如图 4－48 所示。

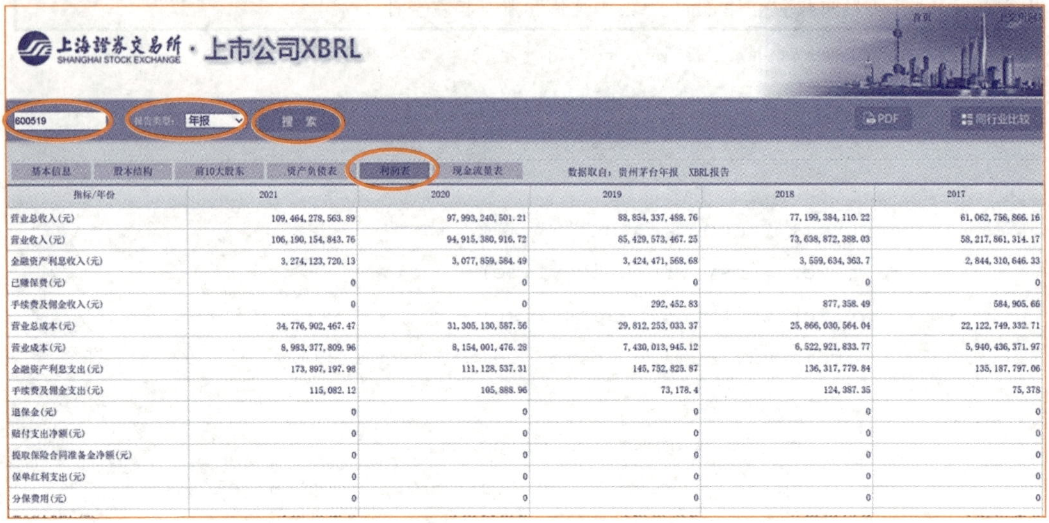

图 4－48　选择贵州茅台利润表

按快捷键 F12 或单击鼠标右键选“检查”打开浏览器开发者工具，选择 Network 选项卡后按下快捷键 Ctrl＋R，单击调出的 showmap.do，就可以看到 Headers 选项，上述代码中的 Headers 内容集中在 Request Headers 中，将对应的项目替换成利润表 Headers 选项中的内容即可，具体如图 4－49 所示。

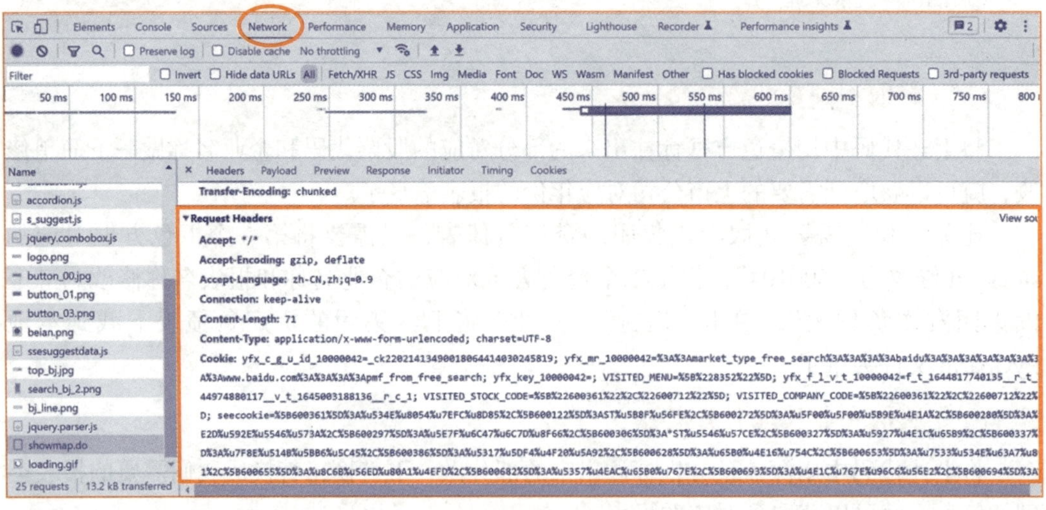

图 4－49　找到利润表对应的 Headers

2. name 的替换

仍然是在浏览器开发者工具中，选择 Sources 选项卡，下拉选择利润表对应的 name 内容并替换原代码中的 name 部分即可，具体如图 4－50 所示。

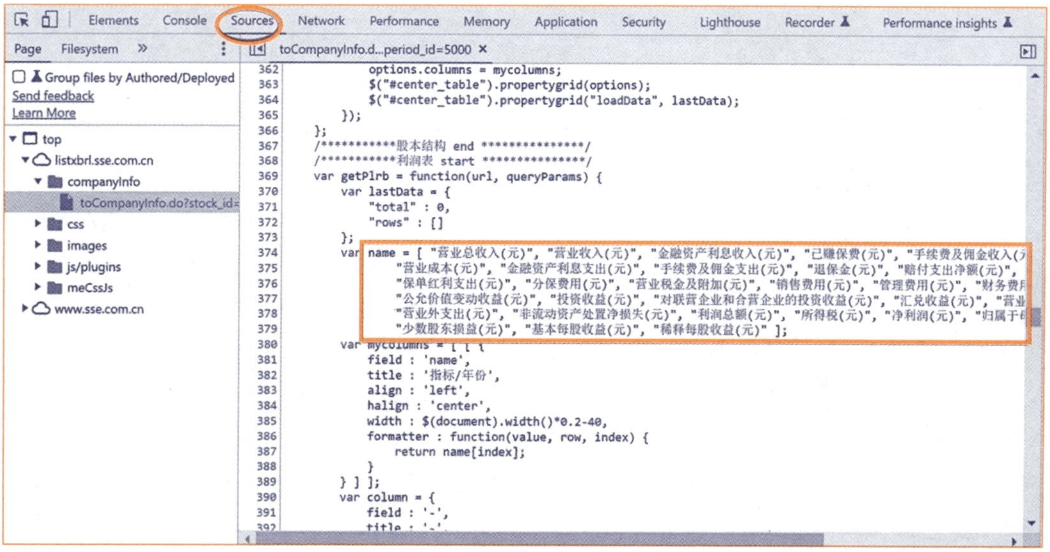

图 4－50　找到利润表对应的 name

3. 利润表爬取保存

替换后的完整代码如下，单击“运行”，就可以将贵州茅台的利润表下载到本地 PyCharm 文件夹中了，最后别忘记把保存的报表名称修改为“贵州茅台利润表”。

```
import requests
from bs4 import BeautifulSoup
import csv
headers = {
    "Accept": "*/*",
    "Host": "listxbrl.sse.com.cn",
    "Content-Type": "application/json;charset=UTF-8",
    "Origin": "http://listxbrl.sse.com.cn",
    "Referer": "http://listxbrl.sse.com.cn/companyInfo/toCompanyInfo.do?stock_id=600519&report_period_id=5000",
    "User-Agent": "Mozilla/5.0 (Windows NT 10.0; Win64; x64) AppleWebKit/537.36 (KHTML, like Gecko) Chrome/103.0.0.0 Safari/537.36"}# 将 headers 修改为利润表对应的内容
reqData = {'report_year': '2020', 'stock_id': '600519', 'report_period_id': '5000'}  # 将对应股票代码修改为贵州茅台对应的股票代码
```

```
def get_data():
    url = "http://listxbrl.sse.com.cn/companyInfo/showBalance.do"
    content = requests.post(url=url, headers=headers, data=reqData).
json()
    return content
def save_csv(data, path):
    name = [ "营业总收入（元）", "营业收入（元）", "金融资产利息收（元）",
"已赚保费（元）", "手续费及佣金收入（元）", "营业总成本（元）","营业成本（元）",
"金融资产利息支出（元）", "手续费及佣金支出（元）", "退保金（元）", "赔付支出净额
（元）", "提取保险合同准备金净额（元）", "保单红利支出（元）", "分保费用（元）",
"营业税金及附加（元）", "销售费用（元）", "管理费用（元）", "财务费用（元）",
"资产减值损失（元）", "公允价值变动收益（元）", "投资收益（元）", "对联营企业和合
营企业的投资收益（元）", "汇兑收益（元）", "营业利润（元）", "营业外收入（元）",
"营业外支出（元）", "非流动资产处置净损失（元）", "利润总额（元）", "所得税
（元）", "净利润（元）", "归属于母公司所有者的净利润（元）", "少数股东损益（元）",
"基本每股收益（元）", "稀释每股收益（元）" ]; # 将name修改为利润表对应的
内容
    header_list = ['指标/年份']
    for i in data["columns"][0]:
        header_list.append(i.get('title'))
    try:
        csvfile = open(path, "w", newline='')
        writer = csv.writer(csvfile)
        writer.writerow(header_list)
        for index, num in enumerate(data['rows']):
            row_data = []
            row_data.append(name[index])
            row_data.extend([num['value0'], num['value1'],
                             num['value2'], num['value3'],
num['value4']])
            writer.writerow(row_data)
    except Exception as e:
        print("writer error==>", e)
save_csv(get_data(), "贵州茅台利润表.csv")  # 将名称修改为贵州茅台利润表
print('爬取完成')
```

任务实训

1. 完成爬取企查查中福建鸿星尔克体育用品有限公司页面工商信息的练习，进一步熟悉获取网页、解析网页、存储数据的操作方法。

2. 完成爬取上海证券交易所网站中贵州茅台现金流量表的练习，进一步熟悉财务报表数据的爬取操作。

3. 小组任务：以小组为单位，选择任意主题，分工协作爬取涉税数据，制作 PPT 展示任务完成情况及成果，并分享心得体会。

通关测试

手机扫描右方二维码，完成涉税大数据采集知识小测试。

素养园地

爬虫虽方便，使用需谨慎

2015 年 6 月，赵某某入职某智慧财税公司，负责该公司技术开发及上架相关事宜，后于 2017 年 5 月离职。该公司主要营业范围为记账软件的开发和代理记账的实际运营。2020 年 1 月至 12 月间，赵某某利用其在该公司工作时所了解到的技术信息以及掌握的客户资源，结合自身网络爬虫专业能力，爬取了公司积累的客户账务信息出售，以此牟利 25 余万元。

经法院审理认定，赵某某未经公司授权或者同意，以技术手段非法获取涉密商业数据进行牟利的行为已构成非法获取计算机信息系统数据罪，且属于情节特别严重，应予以惩处。

法院依法判决：被告人赵某某犯非法获取计算机信息系统数据罪，判处有期徒刑 4 年 6 个月，罚金人民币 5 万元。

上述案例告诫我们：在使用网络爬虫时必须遵守相关法律法规和道德规范，确保合规、安全、可控，未经允许擅自爬取网站数据，有可能给自身带来法律风险和道德风险。在爬取数据前，要得到网站所有者的允许，数据爬取过程中要遵守网络爬虫规范，尊重他人的合法权益，不得侵犯商业秘密和个人隐私。

任务二 加工涉税大数据

任务描述

能否高效开展税务风险分析，进而实现税收风险的有效监管，不仅取决于能否获取涉税数据资源，还取决于所获取的涉税数据质量是否达标。正所谓“磨刀不误砍柴工”，在进行税务风险分析之前，通过运用科学的方法对采集到的涉税数据进行加工处理，提升涉税数据的质量，使其更好地适应特定的分析工具尤为重要。本任务将从数据加工的含义、数据加工的工作内容、数据加工的方法等方面对涉税数据的加工进行介绍，旨在为本项目中涉税数据模型分析及可视化部分内容的学习提供有力的支撑。

任务情境

某税务机关工作人员在对辖区企业涉税风险进行评估筛查时，通过网络爬虫的方式爬取了部分上市公司资产负债表和利润表信息（如表 4-2 和表 4-3 所示。可登录人大社官网下载 Excel 表格。为便于显示，此处 Excel 表格保留整数，后续利用 Python 进行数据处理时可能会显示为位数不等的小数，为专注数据清洗内容，不进行小数的调整处理），但由于没有设置数据有效性检查，数据汇总后，发现了各种各样的问题，比如数据整行缺失、某个数据缺失、个别数据行重复等。为了对收集的数据进行有效的统计分析，需要先完成数据的清洗整理工作。

任务清单

1. 完成资产负债表的数据清洗整理工作。
2. 处理利润表的数据，使之能与合并资产负债表数据进行一一对应归集。
3. 完成资产负债表和利润表的数据归集工作。
4. 统计各行业的净利润之和。
5. 筛选出资产总额在 1 000 万元以上的企业。

表 4-2　上市公司资产负债表

金额单位：万元

上市公司全称	股票代码	股票简称	年度区间	行业名称	所属省份	资产总额	负债合计	所有者权益合计
中兴通讯股份有限公司	000063	中兴通讯	2021-12-31	计算机、通信和其他电子设备制造	广东省	16 876 343	11 547 577	5 328 766
航天工业发展股份有限公司	000547	航天发展	2021-12-31	计算机、通信和其他电子设备制造	福建省	1 396 334	397 137	999 198
珠海格力电器股份有限公司	000651	格力电器	2021-12-31	电气机械及器材制造	广东省	31 959 818	21 167 273	10 792 545
一汽解放集团股份有限公司	000800	一汽解放	2021-12-31	汽车制造	吉林省	6 976 594	4 352 370	2 624 224
中国重汽集团济南卡车股份有限公司	000951	中国重汽	2021-12-31	汽车制造	山东省	3 547 779	2 050 236	1 497 543
海南金盘智能科技股份有限公司	688676		2021-12-31	电气机械及器材制造	海南省	538 160	291 926	246 235
珠海格力电器股份有限公司	000651	格力电器	2021-12-31	电气机械及器材制造		31 959 818	21 167 273	10 792 545
北京北斗星通导航技术股份有限公司	002151	北斗星通	2021-12-31	计算机、通信和其他电子设备制造	北京市	718 343	250 321	468 022
国民技术股份有限公司	300077	国民技术	2021-12-31	计算机、通信和其他电子设备制造	广东省	266 795	111 638	155 157
航天工业发展股份有限公司	000547	航天发展	2021-12-31	计算机、通信和其他电子设备制造	福建省	1 396 334	397 137	999 198
上海汽车集团股份有限公司	600104	上汽集团	2021-12-31	汽车制造	上海市	91 692 270	58 815 197	32 877 073
海尔智家股份有限公司	600690	海尔智家	2021-12-31	电气机械及器材制造	山东省		13 637 653	8 108 296
海南金盘智能科技股份有限公司	688676	金盘科技	2021-12-31	电气机械及器材制造	海南省	538 160	291 926	246 235

注：数据计算受尾数四舍五入影响。

表 4－3　上市公司利润表

金额单位：万元

股票代码	000063	002151	000547	300077	600690	000651	688676	000800	000951	600104
年度区间	2021 年	2021 年	2021 年	2021 年	2021 年	2021 年	2021 年	2021 年	2021 年	2021 年
净利润	703 589	19 415	65 357	21 520	1 321 707	2 283 189	23 544	389 985	166 875	3 394 176
营业总收入	11 452 164	385 067	414 387	101 761	22 755 614	18 965 403	330 258	9 875 124	5 609 917	77 984 579
营业总成本	10 889 200	377 638	362 710	98 593	21 333 148	16 352 185	303 814	9 549 238	5 401 003	77 074 973
营业利润	867 611	19 784	67 415	20 980	1 587 648	2 667 737	24 745	408 103	203 896	4 144 675
利润总额	849 893	19 994	68 698	21 309	1 591 603	2 680 324	25 751	410 918	208 727	4 155 766

任务准备

一、数据加工的含义及工作内容

（一）数据加工的含义

数据加工是数据分析的重要前提之一，具体是指运用抽取、清洗、转换、匹配、汇总等手段，对从各种渠道获取的内外部数据资源进行标准化、格式化处理，使其满足数据分析需求的过程。数据加工可以实现数据的清洗和转换处理，能够解决原始数据无法正常用于数据分析导致的“数据丰富，信息贫乏”等问题。税务机关通过对海量的涉税数据进行加工处理，可以从中挖掘出有价值的综合信息，从而为税务风险管理提供依据。

（二）数据加工的工作内容

通常情况下，数据加工的工作内容主要包括数据清洗、数据转换、数据匹配、数据汇总、数据归集、数据字典、日常维护等。

数据清洗是指按照一定的清洗规则，对原始数据的完整性、一致性和准确性进行审查和校验，以发现并纠正原始数据中的可识别错误的过程。原始数据中的可识别错误大体可以概括为缺失数据、重复数据、错误数据三类。通过数据清洗，处理缺失数据、删除重复数据、修正错误数据等，可以确保数据的一致性，有效避免“脏数据”、异常值对数据分析结果的不良影响。数据清洗是一项复杂且烦琐的工作，同时也是整个数据分析过程中非常重要的环节。一名好的数据分析师必定也是一名数据清洗高手，因为在整个数据分析过程中，数据清洗会花费 80% 的时间。数据清洗的目的是让数据变得标准、干净。

数据转换是指对原始数据进行结构转换、代码统一、度量统一等处理，以满足数据分析需要的过程。通过数据转换，不仅能够对非结构化数据进行结构化处理，还能够对不同结构的数据进行结构统一，进而实现内外部数据在结构上的同质化。

数据匹配是数据加工的重要环节，具体是指对原始数据进行归集，使在逻辑上有参照关系的数据之间建立起明确且符合要求的映射关系的过程。数据匹配对于确保后期数据可用性至关重要，提高数据匹配的准确性是提升数据分析质量的前提和基础。

数据汇总是指根据不同字段、不同维度，对原始数据进行多层次汇总，形成满足不同分析要求的数据集的过程。数据汇总不仅有利于提高数据分析的效率，而且能够有效降低数据分析的难度。

数据归集是指把不同系统、不同库表结构的数据项，按照业务分析的方向存放在一起的过程。通过数据归集，不仅能够实现数据表向数据项单元转化，还能够根据数据分析的具体情况形成主题数据库，有利于数据分析效率和质量的提升。

数据字典是指将数据加工的结果按照规范化的数据字典模板，进行统一代码设置，编制成数据字典的过程。一般而言，在编制数据字典时，需要从业务和技术角度对信息平台归集和加工的数据表与数据项进行详细说明；在编制数据字典后，需要定期通过管理工具对其进行动态维护。

日常维护是指对数据加工情况进行日常巡检，解决各渠道提出的数据加工方面问题的过程。日常维护不仅有利于保证数据加工的准确性、及时性和有效性，还有利于提高数据分析的质量。

二、认识 Pandas 数据处理工具

（一）Pandas 概述

Pandas 是 Python 的第三方库，是基于 NumPy 库开发的用于数据分析的工具。它不仅提供了大量便捷的处理数据的函数和方法，而且包含大量的库和一些标准的数据模型，具有高效分析数据的功能，通过 Pandas，我们能够完成数据的读写、清洗、处理和分析等操作。因此，从某种程度上来说，Pandas 是使 Python 成为强大而高效的数据分析工具的重要因素之一。

在 Python 中引入 Pandas 的代码为：import pandas as pd。

Pandas 的主要数据结构包括 Series（一维数据）与 DataFrame（二维数据）。Series 是一种类似于一维数组的对象，它由一组数据以及一组与之相关的数据标签（索引）组成。DataFrame 是一种二维数据结构，数据以表格的形式存储，分成若干行和列。我们可以通过熟悉的 Excel 来对应理解 Pandas 的这两种数据结构，DataFrame 就相当于 Excel 中的表格，Series 就相当于表格中的每一行或每一列，多个 Series 可组成一个 DataFrame，Series 可以作为 DataFrame 的一部分，也可以作为一个独立的数据结构存在。

如图 4 - 51 所示，资产列或 2020 行即可视为一个 Series。整个表格可视为一个 DataFrame 结构，由行索引、列索引和数据内容构成。如果在创建的时候没有设置行索引和列索引，则默认使用 0、1、2……的数字为索引。

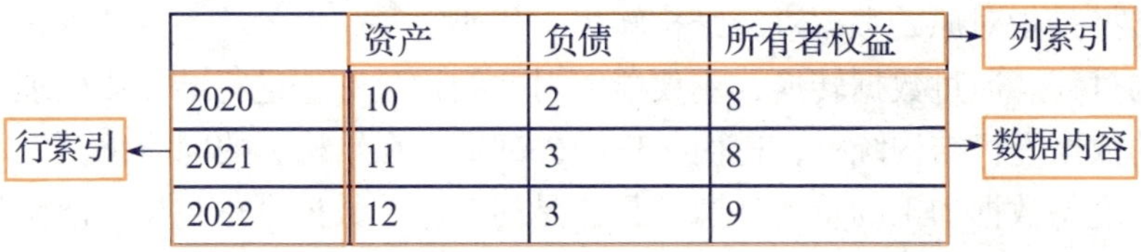

图 4 - 51 Series 和 DataFrame 结构示例

在税务风险分析的实际操作过程中，很少有用到一行或一列数据的情况，所以此处重点讲解 DataFrame 的基本操作。

（二）DataFrame 的创建

使用 DataFrame() 可以将多种格式的数据转换为 DataFrame 对象，它的三个参数 data、index 和 columns 分别为数据、行索引和列索引。通过以下代码就可以把图 4 - 51 的数据存储为 Pandas 可以处理的 DataFrame 表格。

创建二维列表存储数据内容：

```
lol_list = [[10,2,8],
            [11,3,8],
            [12,3,9]]
```

创建 DataFrame：

```
df = pd.DataFrame(data=lol_list,
                  index=['2020','2021','2022'],
                  columns=['资产','负债','所有者权益'])
print(df)
```

运行结果如图 4－52 所示。

	资产	负债	所有者权益
2020	10	2	8
2021	11	3	8
2022	12	3	9

图 4－52　创建 DataFrame 表格代码运行结果

（三）DataFrame 的写入和读取

Pandas 可以将创建的 DataFrame 表格数据写入文件中进行永久性保存，支持的文件格式有 HTML、CSV、JSON、Excel 等。对应的代码分别为 df.to_html()、df.to_csv()、df.to_json()、df.to_excel()。

将上述创建的 DataFrame 表格写入 Excel 文件中，存储路径为 ' D:/software/PyCharm/anzhuang/venv/ 财务数据 .xlsx'，使用 df.to_excel(' D:/software/PyCharm/anzhuang/venv/ 财务数据 .xlsx', ' 财务数据 ') 就可以把表格数据存储在指定路径下的 Excel 中，文件名为“财务数据”，sheet 名为“财务数据”。

接下来我们再把刚才写入的 Excel 表格读取出来，将读取的表格存入新变量 df1 中，代码如下：

```
df1=pd.read_excel('D:/software/PyCharm/anzhuang/venv/ 财务数据 .xlsx')
print(df1)
```

运行结果如图 4－53 所示。

	Unnamed: 0	资产	负债	所有者权益
0	2020	10	2	8
1	2021	11	3	8
2	2022	12	3	9

图 4－53　读取 Excel 代码运行结果

三、数据加工的处理流程

在对数据加工的含义和主要工作内容有了一定的认识后，下面向大家介绍如何运用

Python 的数据分析包 Pandas 库来完成常用的数据加工操作。

（一）数据查看

Pandas 中对表格数据特征进行查看的函数主要有表 4-4 所示的三种。

表 4-4　数据特征查看函数

函数	含义
df.info()	返回 DataFrame 表格的信息概况
df.head()	返回 DataFrame 表格的前 *n* 行，默认为 5
df.tail()	返回 DataFrame 表格的后 *n* 行，默认为 5

以图 4-52 中的 DataFrame 表格为例，在前述创建 DataFrame 代码的基础上分别使用 print(df.info())、print(df.head(2))、print(df.tail(2))，得到的结果如图 4-54 至图 4-56 所示。

```
<class 'pandas.core.frame.DataFrame'>
Index: 3 entries, 2020 to 2022
Data columns (total 3 columns):
 #   Column  Non-Null Count  Dtype
---  ------  --------------  -----
 0   资产      3 non-null      int64
 1   负债      3 non-null      int64
 2   所有者权益   3 non-null      int64
dtypes: int64(3)
memory usage: 96.0+ bytes
None
```

图 4-54　DataFrame 表格信息概况

```
      资产  负债  所有者权益
2020  10   2     8
2021  11   3     8
```

图 4-55　DataFrame 表格前两行明细

```
      资产  负债  所有者权益
2021  11   3     8
2022  12   3     9
```

图 4-56　DataFrame 表格后两行明细

（二）数据截取

使用代码可以轻松进行数据表格任意行列数据的截取。

```
# 截取 DataFrame 中的某一行。下方代码截取的是第一行，需要注意的是，DataFrame 中行的计数是从 0 开始的，且使用方括号切片截取数据时包含左边的数字行但不包含右边的数字行，所以下方代码截取到第一行，但不能截取到第二行
print(df[0:1])
# 截取 DataFrame 中的多行。下方代码能够截取到第二行到第三行的数据
```

```
print(df[1:3])
# 截取 DataFrame 多行里面的某几列。下方代码能够截取到第二行到第三行中的 name 列和 age 列
print(df[1:3][['name','age']])
# 截取 DataFrame 中的某一列。下方代码能够截取到 name 列的数据
print(df['name'])
# 截取 DataFrame 中的多个列。下方代码能够截取到 name 列和 age 列
print(df[['name','age']])
```

仍然以图 4－52 中的 DataFrame 表格为例，在创建 DataFrame 代码的基础上分别使用 print(df[0:1])、print(df[1:3])、print(df[1:3][['资产', '负债 ']])、print(df[' 资产 '])、print(df[[' 资产 ', ' 负债 ']])，得到的结果如图 4－57 至图 4－61 所示。

	资产	负债	所有者权益
2020	10	2	8

图 4－57　DataFrame 表格第一行截取结果

	资产	负债	所有者权益
2021	11	3	8
2022	12	3	9

图 4－58　DataFrame 表格第二行至第三行截取结果

	资产	负债
2021	11	3
2022	12	3

图 4－59　DataFrame 表格第二行至第三行资产、负债列截取结果

```
2020    10
2021    11
2022    12
Name: 资产, dtype: int64
```

图 4－60　DataFrame 表格资产列截取结果

	资产	负债
2020	10	2
2021	11	3
2022	12	3

图 4－61　DataFrame 表格资产、负债列截取结果

（三）数据筛选

使用 Pandas 可以对满足某一条件的数据进行筛选。比如对前面创建的财务信息 DataFrame 表格，我们可以读取写入数据的 Excel 表格并筛选资产额大于 10 的所有数据，代码如下：

```
import pandas as pd
df = pd.read_excel('D:/software/PyCharm/anzhuang/venv/ 财务数据 .xlsx')
df1=df[df[' 资产 ']>10]
print(df1)
```

运行结果如图 4－62 所示。

	Unnamed: 0	资产	负债	所有者权益
1	2021	11	3	8
2	2022	12	3	9

图 4－62　资产额大于 10 的所有数据筛选代码运行结果

如果是需要同时满足两个条件的筛选，需要用到符号“&”，仍以前面的 DataFrame 表格为例，筛选资产额大于 10 且小于 12 的所有数据，代码如下：

```
import pandas as pd
df = pd.read_excel('D:/software/PyCharm/anzhuang/venv/ 财务数据 .xlsx ')
df1=df[(df['资产']>10)& (df['资产']<12)]
print(df1)
```

运行结果如图 4－63 所示。

```
   Unnamed: 0  资产  负债  所有者权益
1        2021  11    3     8
```

图 4－63　资产额大于 10 且小于 12 的所有数据筛选代码运行结果

（四）数据排序

在获取数据的过程中，数据的排序也是我们经常需要处理的问题。对数据进行排序可以使用 sort_index()、sort_values() 两种方法。其中，sort_index( ) 方法是按照行索引进行排序，sort_values() 可以指定具体列进行排序。在大数据税务风险分析的过程中，按列排序的情况更为常见，此处重点说明。

sort_values() 中的 by 参数指定按哪一列进行排序；inplace 参数用来控制是否直接在原始数据上进行操作，True 代表直接替换原始数据；ascending 参数默认或设置为 True 时按升序排列，设置为 False 时按降序排列。以图 4－52 中的 DataFrame 表格为例，将表格中的数据按资产列降序排列，代码如下：

```
import pandas as pd
df = pd.read_excel('D:/software/PyCharm/anzhuang/venv/ 财务数据 .xlsx')
df.sort_values(by='资产',inplace=True,ascending=False)
print(df)
```

运行结果如图 4－64 所示。

```
      资产  负债  所有者权益
2022  12    3     9
2021  11    3     8
2020  10    2     8
```

图 4－64　按资产列降序排列代码运行结果

（五）数据清洗

1. 缺失数据的处理

由于数据来源的复杂性和不确定性，在采集数据的过程中，难免会出现字段值不全或缺失、错误标识符 (#DIV/0!) 等情况。为确保数据的完整性，我们有必要查找缺失数据并对其进行处理。通过调用 isnull() 函数，可以迅速识别缺失数据，结果为“True”意为有缺失数据，结果为“False”意为无缺失数据。

对图 4－52 中的 DataFrame 表格进行缺失数据的查找，具体代码如下：

```
import pandas as pd
df = pd.read_excel('D:/software/PyCharm/anzhuang/venv/ 财务数据 .xlsx')
print(df.isnull())
```

运行结果如图 4－65 所示，此时无数据缺失。

```
   Unnamed: 0     资产     负债   所有者权益
0       False  False  False  False
1       False  False  False  False
2       False  False  False  False
```

图 4－65　查找缺失数据代码运行结果

对该 DataFrame 表格进行调整，删除 2020 年的资产数据后再次运行上述代码进行缺失数据的查找，运行结果如图 4－66 所示，可以看出 2020 年的资产数据显示为缺失状态。

```
   Unnamed: 0     资产     负债   所有者权益
0       False   True  False  False
1       False  False  False  False
2       False  False  False  False
```

图 4－66　修改后查找缺失数据代码运行结果

查找到缺失数据后，我们主要运用删除对应行、补齐缺失数据两种方法来进行缺失数据的处理。通过调用 dropna() 函数，可删除缺失数据所在的行。通过调用 fillna() 函数，可以默认值、前一个数值、后一个数值、均值等来填补缺失数据。代码如下：

```
# 删除缺失数据对应行
df.dropna()
# 使用默认值替代缺失数据
df.fillna(' 默认值 ')
# 使用缺失值数据所在位置前一个数值替代缺失数据
df.fillna(method='pad')
# 使用缺失值数据所在位置后一个数值替代缺失数据
df.fillna(method='bfill')
# 使用均值数据替代缺失数据
df.fillna(df.mean())
# 传入字典，对不同列填补不同的值
df.fillna({' 列名 ':' 值 '})
```

对上述调整后的 DataFrame 表格进行缺失数据填充，将 2020 年的资产数据“10”

填充回去，代码如下：

```
import pandas as pd
df = pd.read_excel('D:/software/PyCharm/anzhuang/venv/ 财务数据 .xlsx')
df=df.fillna({'资产':'10'})
print(df)
```

运行结果如图 4－67 所示，可以看出资产数据已填补完毕。

	Unnamed: 0	资产	负债	所有者权益
0	2020	10	2	8
1	2021	11	3	8
2	2022	12	3	9

图 4－67　处理缺失数据代码运行结果

2. 重复数据的处理

在采集数据的过程中，除了存在缺失数据的异常情况外，通常还存在重复数据的异常情况。因此，为保证数据的准确性，在清洗数据时，我们需要通过调用 duplicated() 函数确认数据中是否存在重复数据，并在此基础上通过调用 drop_duplicates() 函数删除重复数据。此外，需要特别注意的是，删除重复数据后，我们还要调用 sort_values() 函数，通过参数 by、ascending 指定排序的列和排序方式，对清洗的数据进行排序。无论是删除重复数据还是数据排序，如果要在原数据上处理并保持处理结果，均需要在参数中设置 inplace=True。

对图 4－52 中的 DataFrame 表格进行重复数据的查找，具体代码如下：

```
import pandas as pd
df = pd.read_excel('D:/software/PyCharm/anzhuang/venv/ 财务数据 .xlsx')
print(df.duplicated())
```

运行结果如图 4－68 所示，此时无数据重复。

对上述 DataFrame 表格进行调整，再添加一行一样的 2020 年数据，调整完毕后再次运行上述代码进行重复数据的查找，运行结果如图 4－69 所示，可以看出因为 2020 年的数据多了一行，所以第二行的数据筛查结果为 True，意为存在重复数据。

```
0    False
1    False
2    False
dtype: bool
```

图 4－68　查找重复数据代码运行结果

```
0    False
1     True
2    False
3    False
dtype: bool
```

图 4－69　修改后查找重复数据代码运行结果

对上述调整后的 DataFrame 表格进行重复数据删除，将 2020 年的重复行数据删除，代码如下：

```
import pandas as pd
df = pd.read_excel('D:/software/PyCharm/anzhuang/venv/ 财务数据 .xlsx')
df=df. drop_duplicates()
print(df)
```

运行结果如图 4－70 所示，可以看出 2020 年的重复行数据已删除。

	Unnamed: 0	资产	负债	所有者权益
0	2020	10	2	8
2	2021	11	3	8
3	2022	12	3	9

图 4－70　删除重复数据代码运行结果

（六）数据转换

从不同渠道采集的数据常常缺乏一致性，数据结构混杂、不规范，无法满足数据分析的需要。为确保数据分析顺利进行，我们需要通过数据转换来实现数据结构的同质化。此处主要介绍数据转置、行或列交换两种最常用的数据转换方法。

1. 数据转置的处理

数据转置是指将数据的行数据转换到列方向上，将列数据转换到行方向上。一般而言，通过直接调用 DataFrame 对象的 T 属性即可转置数据的行和列。以图 4－52 中的 DataFrame 表格为例，将行和列进行置换，具体代码如下：

```
import pandas as pd
df = pd.read_excel('D:/software/PyCharm/anzhuang/venv/ 财务数据 .xlsx')
df=df.T
print(df)
```

运行结果如图 4－71 所示。

	0	1	2
Unnamed: 0	2020	2021	2022
资产	10	11	12
负债	2	3	3
所有者权益	8	8	9

图 4－71　数据转置代码运行结果

2. 行或列交换的处理

行或列交换是指将数据行或列的顺序进行调整，以实现数据结构的统一。一般而言，通过调用 reindex() 函数即可实现行或列顺序的交换。

以图 4－52 中的 DataFrame 表格为例，将行数据调整为“2022、2021、2020”的顺序排列，具体代码如下：

```
import pandas as pd
df = pd.read_excel('D:/software/PyCharm/anzhuang/venv/ 财务数据 .xlsx')
hang=[2,1,0]
print(df.reindex(hang))
```

运行结果如图 4－72 所示，可以看出原来“2020、2021、2022”的行顺序已经变换为“2022、2021、2020”的顺序了。

	Unnamed: 0	资产	负债	所有者权益
2	2022	12	3	9
1	2021	11	3	8
0	2020	10	2	8

图 4－72　行交换代码运行结果

仍以上述 DataFrame 表格为例，将列数据调整为所有者权益到资产的顺序排列，具体代码如下：

```
import pandas as pd
df = pd.read_excel('D:/software/PyCharm/anzhuang/venv/ 财务数据 .xlsx')
lie=[" 所有者权益 "," 负债 "," 资产 "]
print(df.reindex(columns=lie))
```

运行结果如图 4－73 所示，可以看出，列顺序已经完成交换了。

（七）数据归集

	所有者权益	负债	资产
0	8	2	10
1	8	3	11
2	9	3	12

图 4－73　列交换代码运行结果

数据归集是数据加工的重要环节。由于数据的多样性，从单一渠道获取的数据往往不能完全满足数据分析的需要，为提供高质量数据，确保数据分析的可操作性，我们需要从多种渠道获取数据，并在数据清洗、数据转换、数据汇总的基础上，将从不同渠道获取的两个或两个以上的数据表合并为口径统一的一个数据表。一般情况下，我们主要通过调用 merge()，将一个或多个相同列的不同数据表连接起来。

按照前述创建 DataFrame 表格的方法再创建一个数据表格，存储 2020—2022 年的收入（20、21、22）、成本（10、11、12）、利润（10、10、10）等数据，命名为“财务数据新增”，然后将新创建的表格合并到原 DataFrame 中，合并代码如下：

```
import pandas as pd
df1=pd.read_excel('D:/software/PyCharm/anzhuang/venv/ 财务数据 .xlsx')
df2=pd.read_excel('D:/software/PyCharm/anzhuang/venv/ 财务数据新增 .xlsx')
data=pd.merge(df1,df2)
print(data)
```

运行结果如图 4－74 所示。

	Unnamed: 0	资产	负债	所有者权益	收入	成本	利润
0	2020	10	2	8	20	10	10
1	2021	11	3	8	21	11	10
2	2022	12	3	9	22	12	10

图 4－74 数据归集代码运行结果

（八）数据汇总

数据分析要求从不同维度对数据进行观察和分析，全面挖掘数据背后有价值的信息。为此，我们需要在数据清洗、数据转换的基础上，立足于多个角度，对数据进行分类汇总，进而为数据分析提供有力的支撑。在分类汇总时，我们要先根据数据的具体情况，调用 groupby() 函数对数据进行分组，然后再调用 sum() 函数进行汇总运算。

假设已知某集团公司各分公司各票种用量情况，现需要统计各票种的使用总量。首先使用 Pandas 创建 DataFrame 表格，代码如下：

```
import pandas as pd
lol_list = [["普通发票",10],
            ["专用发票",11],
            ["普通发票",12],
            ["专用发票",9]]
df = pd.DataFrame(data=lol_list,
              columns=['票种','数量'])
print(df)
```

运行结果如图 4－75 所示。

	票种	数量
0	普通发票	10
1	专用发票	11
2	普通发票	12
3	专用发票	9

图 4－75 创建发票使用情况表格代码运行结果

使用 groupby() 和 sum() 函数分别进行分组和求和，具体代码如下：

```
import pandas as pd
lol_list = [["普通发票",10],
            ["专用发票",11],
            ["普通发票",12],
```

```
            [" 专用发票 ",9]]
df = pd.DataFrame(data=lol_list,
              columns=[' 票种 ',' 数量 '])
print(df.groupby(" 票种 ").sum())
```

运行结果如图 4－76 所示。

```
        数量
票种
专用发票   20
普通发票   22
```

图 4－76　数据汇总代码运行结果

任务实施

对任务情境中提到的资产负债表和利润表数据按照任务清单中列出的任务分别进行实操处理。

一、查看数据结构实操

将要处理的上市公司资产负债表数据导入 Python 中并查看数据结构，以便对后面的数据处理工作进行整体规划，做到心中有数。代码如下：

```
# 加载 pandas 库
import pandas as pd
# 使用 pandas 库导入数据
df=pd.read_excel('D:/software/PyCharm/anzhuang/venv/ 资产负债表数据 .xlsx')
print(df.info())
```

运行结果如图 4－77 所示。

```
<class 'pandas.core.frame.DataFrame'>
RangeIndex: 14 entries, 0 to 13
Data columns (total 9 columns):
 #   Column    Non-Null Count  Dtype
---  ------    --------------  -----
 0   上市公司全称    13 non-null     object
 1   股票代码     13 non-null     float64
 2   股票简称     12 non-null     object
 3   年度区间     13 non-null     datetime64[ns]
 4   行业名称     13 non-null     object
 5   所属省份     12 non-null     object
 6   资产总额     12 non-null     float64
 7   负债合计     13 non-null     float64
 8   所有者权益合计   13 non-null     float64
dtypes: datetime64[ns](1), float64(4), object(4)
memory usage: 1.1+ KB
None
```

图 4－77　查看上市公司资产负债表数据结构代码运行结果

二、数据清洗实操

（一）缺失数据的处理

查找缺失值并打印结果，代码如下：

```
print(df.isnull())
```

运行结果如图 4－78 所示。

	上市公司全称	股票代码	股票简称	年度区间	行业名称	所属省份	资产总额	负债合计	所有者权益合计
0	False	False	False	False	False	False	False	False	False
1	False	False	False	False	False	False	False	False	False
2	False	False	False	False	False	False	False	False	False
3	False	False	False	False	False	False	False	False	False
4	False	False	False	False	False	False	False	False	False
5	False	False	True	False	False	False	False	False	False
6	True	True	True	True	True	True	True	True	True
7	False	False	False	False	False	True	False	False	False
8	False	False	False	False	False	False	False	False	False
9	False	False	False	False	False	False	False	False	False
10	False	False	False	False	False	False	False	False	False
11	False	False	False	False	False	False	False	False	False
12	False	False	False	False	False	False	True	False	False
13	False	False	False	False	False	False	False	False	False

图 4－78 查找上市公司资产负债表数据缺失值代码运行结果

通过观察图 4－78，我们不难发现，图中显示“True”的位置为缺失值。第 7 行数据整行为空，第 6 行数据股票简称为空，第 8 行数据所属省份为空，第 13 行数据资产总额为空。

在找到缺失值后，就要对缺失值进行处理。Pandas 处理缺失数据的方法有删除记录和填充数据两种。整行数据为空时我们可以执行删除操作；股票简称和所属省份所在列的缺失值可以通过搜索股票简称和所属省份找到相关信息，并将其填补到数据表中对应的位置。资产总额、负债合计、所有者权益合计等数据类指标的缺失值可以根据会计恒等式“资产＝负债＋所有者权益”计算出数值，并将其填充到数据表中对应的位置。

（1）使用 dropna() 函数删除整行数据为空的行。在上述确认缺失值操作的基础上补充代码删除空行并重新查看缺失值，具体代码如下：

```
import pandas as pd
df=pd.read_excel('D:/software/PyCharm/anzhuang/venv/资产负债表数据.xlsx')
df=df.dropna(how="all")
print(df.isnull())
```

运行结果如图 4－79 所示。

	上市公司全称	股票代码	股票简称	年度区间	行业名称	所属省份	资产总额	负债合计	所有者权益合计
0	False	False	False	False	False	False	False	False	False
1	False	False	False	False	False	False	False	False	False
2	False	False	False	False	False	False	False	False	False
3	False	False	False	False	False	False	False	False	False
4	False	False	False	False	False	False	False	False	False
5	False	False	True	False	False	False	False	False	False
7	False	False	False	False	False	True	False	False	False
8	False	False	False	False	False	False	False	False	False
9	False	False	False	False	False	False	False	False	False
10	False	False	False	False	False	False	False	False	False
11	False	False	False	False	False	False	False	False	False
12	False	False	False	False	False	False	True	False	False
13	False	False	False	False	False	False	False	False	False

图 4 - 79　删除空行代码运行结果

从图 4 - 79 中可以看出，整行数据为空的行已经被删除掉了。

（2）使用 fillna() 函数填充缺失值。在填充缺失值时，需要特别注意的是，如果要限制填充个数，则要在参数中设置 limit= 填充个数；如果要在原数据上处理缺失数据并保存处理结果，则要在参数中设置 inplace=True。具体代码如下：

```
import pandas as pd
df=pd.read_excel('D:/software/PyCharm/anzhuang/venv/资产负债表数据.xlsx')
df.fillna({"股票简称":"金盘科技"},limit=1,inplace=True)
df.fillna({"所属省份":"广东省"},limit=1,inplace=True)
df.fillna({"资产总额":df["负债合计"]+df["所有者权益合计"]},limit=1,inplace=True)
print(df.isnull())
```

运行结果如图 4 - 80 所示。

	上市公司全称	股票代码	股票简称	年度区间	行业名称	所属省份	资产总额	负债合计	所有者权益合计
0	False	False	False	False	False	False	False	False	False
1	False	False	False	False	False	False	False	False	False
2	False	False	False	False	False	False	False	False	False
3	False	False	False	False	False	False	False	False	False
4	False	False	False	False	False	False	False	False	False
5	False	False	False	False	False	False	False	False	False
6	False	False	False	False	False	False	False	False	False
7	False	False	False	False	False	False	False	False	False
8	False	False	False	False	False	False	False	False	False
9	False	False	False	False	False	False	False	False	False
10	False	False	False	False	False	False	False	False	False
11	False	False	False	False	False	False	False	False	False
12	False	False	False	False	False	False	False	False	False

图 4 - 80　填充上市公司资产负债表数据缺失值代码运行结果

通过观察图 4 - 80 可以发现，所有的缺失值都已经填充完毕了。

（二）重复数据的处理

首先，我们要调用 duplicated() 函数，查找重复值。具体代码如下：

```
print(df.duplicated())
```

运行结果如图 4－81 所示。

```
0      False
1      False
2      False
3      False
4      False
5      False
7       True
8      False
9      False
10      True
11     False
12     False
13      True
dtype: bool
```

图 4－81 查找上市公司资产负债表数据重复值代码运行结果

通过观察图 4－81 我们可以发现，图中显示“True”的位置为重复值，也就是说，上市公司资产负债表数据的第 7 行、第 10 行和第 13 行与其他行的内容有重复。

其次，在找到重复值后，我们要在调用 drop_duplicates() 函数删除重复值的基础上，通过调用 sort_values() 函数对数据进行排序，并调用 to_excel () 函数导出清洗后的 Excel 数据表到指定的位置。具体代码如下：

```
df.drop_duplicates("上市公司全称",inplace=True)
df.sort_values(by="股票代码",ascending=True,inplace=True)
df.to_excel('D:/software/PyCharm/anzhuang/venv/资产负债表数据清洗后.xlsx',
index=False)
```

运行结果如图 4－82 所示。

上市公司全称	股票代码	股票简称	年度区间	行业名称	所属省份	资产总额	负债合计	有者权益合计
中兴通讯股份有限公司	000063	中兴通讯	2021-12-31	计算机、通信和其他电子设备制造业	广东省	16876343	11547577	5328766
航天工业发展股份有限公司	000547	航天发展	2021-12-31	计算机、通信和其他电子设备制造业	福建省	1396334	397137	999198
珠海格力电器股份有限公司	000651	格力电器	2021-12-31	电气机械及器材制造业	广东省	31959818	21167273	10792545
一汽解放集团股份有限公司	000800	一汽解放	2021-12-31	汽车制造业	吉林省	6976594	4352370	2624224
中国重汽集团济南卡车股份有限公司	000951	中国重汽	2021-12-31	汽车制造业	山东省	3547779	2050236	1497543
北京北斗星通导航技术股份有限公司	002151	北斗星通	2021-12-31	计算机、通信和其他电子设备制造业	北京市	718343	250321	468022
国民技术股份有限公司	300077	国民技术	2021-12-31	计算机、通信和其他电子设备制造业	广东省	266795	111638	155157
上海汽车集团股份有限公司	600104	上汽集团	2021-12-31	汽车制造业	上海市	91692270	58815197	32877073
海尔智家股份有限公司	600690	海尔智家	2021-12-31	电气机械及器材制造业	山东省	21745949	13637653	8108296
海南金盘智能科技股份有限公司	688676	金盘科技	2021-12-31	电气机械及器材制造业	海南省	538160	291926	246235

图 4－82 数据清洗代码运行结果

三、数据转换实操

观察任务情境中给出的两个表格可以发现，资产负债表中每家企业的信息都是横排放置的，而利润表中每家企业的信息都是竖排放置的，想要达到将每家企业的资产负债信息和利润信息合并在一起的目的，首先要做的就是将两个表格处理成一样的放置模式，这就涉及数据转换的操作。

（一）数据转置的处理

首先，我们要将上市公司利润表数据导入 Python 中并观察数据结构。需要注意的是，Pandas 会默认把 Excel 中的第 1 行作为列名，如果不需要设置第 1 行为列名，则在调用 read_excel() 函数时，要在参数中设置 header=None。具体代码如下：

```
import pandas as pd
df=pd.read_excel('D:/software/PyCharm/anzhuang/venv/利润表数据.xlsx',
header=None)
print(df)
```

运行结果如图 4－83 所示。

```
             0             1  ...                 9                10
0         股票代码        000063  ...            000951            600104
1         年度区间    2021-12-31  ...        2021-12-31        2021-12-31
2      净利润（万元）        703589  ...  166874.993289   3394175.885755
3   营业总收入（万元）   11452164.1  ...  5609917.400311  77984578.639356
4   营业总成本（万元）   10889199.6  ...  5401003.384956  77074973.028151
5     营业利润（万元）     867610.5  ...  203895.844231   4144674.948829
6     利润总额（万元）     849892.6  ...  208727.232162   4155765.938879

[7 rows x 11 columns]
```

图 4－83　上市公司利润表数据导入代码运行结果

然后，我们要调用 DataFrame 对象的 T 属性完成数据的转置。需要注意的是，这种方法并不能修改原数据，如果需要修改原数据，则要将转置后的数据分配给原数据。具体代码如下：

```
df=df.T
print(df)
```

运行结果如图 4－84 所示。

（二）行或列交换的处理

数据转置后，利润表的各列依次为股票代码、年度区间、净利润、营业总收入、营业总成本、营业利润、利润总额，而通常情况下，按照企业经营成果的形成逻辑和利润

```
        0           1  ...              5              6
0    股票代码       年度区间  ...        营业利润（万元）        利润总额（万元）
1   000063  2021-12-31  ...       867610.5       849892.6
2   002151  2021-12-31  ...   19784.054376   19994.210428
3   000547  2021-12-31  ...   67414.741076   68698.174205
4   300077  2021-12-31  ...   20980.161463   21309.151601
5   600690  2021-12-31  ...  1587647.798305  1591603.054906
6   000651  2021-12-31  ...   2667736.5292  2680323.749857
7   688676  2021-12-31  ...    24745.15903   25751.107056
8   000800  2021-12-31  ...  408103.298817  410917.778625
9   000951  2021-12-31  ...  203895.844231  208727.232162
10  600104  2021-12-31  ...  4144674.948829  4155765.938879

[11 rows x 7 columns]
```

图 4－84　上市公司利润表数据转置代码运行结果

表的编制原理，企业利润应以营业利润、利润总额、净利润的顺序列示，因此，我们需要将净利润对应的列转换到利润总额对应的列之后。具体的步骤为：首先，根据列索引编号，设置列索引顺序；其次，通过调用 reindex() 函数转换列的位置；最后，调用 to_excel () 函数导出经转置、列交换后的 Excel 数据表到指定的位置。此外，需要特别注意的是，第一，列索引从 0 开始编号，在设置列索引顺序时，不要弄错编号；第二，运用 reindex() 函数交换列后不能修改原数据，如果需要修改原数据，则要将完成列交换的数据分配给原数据；第三，如果导出数据时不需要设置列索引为列名，则要在参数中设置 header=None。具体代码如下：

```
lie=[0,1,3,4,5,6,2]
df=df.reindex(columns=lie)
df.to_excel('D:/software/PyCharm/anzhuang/venv/ 利润表数据转换后 .xlsx',
index=False,header=None)
```

运行结果如图 4－85 所示。

股票代码	年度区间	营业总收入	营业总成本	营业利润	利润总额	净利润
000063	2021-12-31	11452164	10889200	867611	849893	703589
002151	2021-12-31	385067	377638	19784	19994	19415
000547	2021-12-31	414387	362710	67415	68698	65357
300077	2021-12-31	101761	98593	20980	21309	21520
600690	2021-12-31	22755614	21333148	1587648	1591603	1321707
000651	2021-12-31	18965403	16352185	2667737	2680324	2283189
688676	2021-12-31	330258	303814	24745	25751	23544
000800	2021-12-31	9875124	9549238	408103	410918	389985
000951	2021-12-31	5609917	5401003	203896	208727	166875
600104	2021-12-31	77984579	77074973	4144675	4155766	3394176

图 4－85　上市公司利润表列交换代码运行结果

四、数据归集实操

首先，我们要将完成数据清洗和数据转换的上市公司资产负债表数据、利润表数据分别导入 Python 中。其次，通过调用 merge() 函数将上市公司资产负债表和利润表合并为上市公司财务数据表。最后，调用 to_excel () 函数将合并后的上市公司财务数据表导出到指定的位置。具体代码如下：

```
import pandas as pd
df=pd.read_excel('D:/software/PyCharm/anzhuang/venv/ 资产负债表数据清洗后 .xlsx')
df1=pd.read_excel('D:/software/PyCharm/anzhuang/venv/ 利润表数据转换后 .xlsx')
data=pd.merge(df,df1,on=" 股票代码 ")
data.to_excel('D:/software/PyCharm/anzhuang/venv/ 合并财务数据 .xlsx', index=False)
```

运行结果如图 4－86 所示。

上市公司全称	股票代码	股票简称	年度区间	行业名称	所属省份	资产总额（万元）	负债合计（万元）	所有者权益合计（万元）	营业总收入（万元）	营业总成本（万元）	营业利润（万元）	利润总额（万元）	净利润（万元）
中兴通讯股份有限公司	63	中兴通讯	2021-12-31	计算机、通信和其他电子设备制造业	广东省	16876342.5	11547576.5	5328766	11452164.1	10889199.6	867610.5	849892.6	703589
航天工业发展股份有限公司	547	航天发展	2021-12-31	计算机、通信和其他电子设备制造业	福建省	1396334.447	397136.6334	999197.8132	414386.7011	362710.2818	67414.74108	68698.17421	65356.64733
珠海格力电器股份有限公司	651	格力电器	2021-12-31	电气机械及器材制造业	广东省	31959818.38	21167273.26	10792545.12	18965403.35	16352184.83	2667736.529	2680323.75	2283189.363
一汽解放集团股份有限公司	800	一汽解放	2021-12-31	汽车制造业	吉林省	6976594.393	4352370.321	2624224.072	9875124.267	9549238.349	408103.2988	410917.7786	389985.476
中国重汽集团济南卡车股份有限公司	951	中国重汽	2021-12-31	汽车制造业	山东省	3547778.886	2050236.26	1497542.627	5609917.4	5401003.385	203895.8442	208727.2322	166874.9933
北京北斗星通导航技术股份有限公司	2151	北斗星通	2021-12-31	计算机、通信和其他电子设备制造业	北京市	718343.315	250321.1473	468022.1677	385066.6849	377637.914	19784.05438	19994.21043	19414.62112
国民技术股份有限公司	300077	国民技术	2021-12-31	计算机、通信和其他电子设备制造业	广东省	266794.56	111637.8132	155156.7453	101760.8714	98592.91868	20980.16146	21309.1516	21519.69633
上海汽车集团股份有限公司	600104	上汽集团	2021-12-31	汽车制造业	上海市	91692269.56	58815196.51	32877073.06	77984578.64	77074973.03	4144674.949	4155765.939	3394175.886
海尔智家股份有限公司	600690	海尔智家	2021-12-31	电气机械及器材制造业	山东省	21745949.42	13637653.28	8108296.143	22755614.36	21333147.65	1587647.798	1591603.055	1321706.718
海南金盘智能科技股份有限公司	688676	金盘科技	2021-12-31	电气机械及器材制造业	海南省	538160.139	291925.5717	246234.5673	330257.6597	303813.8845	24745.15903	25751.10706	23543.56722

图 4－86　上市公司财务数据归集代码运行结果

五、数据汇总实操

将资产负债表和利润表数据归集到一起之后，下面我们按照任务清单中第 4 项任务的要求对各行业的净利润进行统计。

将归集后的财务数据导入 Python 中，并调用 groupby() 函数按照行业名称对数据进行分组，然后使用 sum() 函数分别对各行业净利润数据进行汇总运算。具体代码如下：

```
import pandas as pd
df=pd.read_excel('D:/software/PyCharm/anzhuang/venv/ 合并财务数据 .xlsx')
print(df.groupby(" 行业名称 ") [" 净利润 "].sum())
```

运行结果如图 4－87 所示。

```
行业名称
汽车制造业                 3951036.36
电气机械及器材制造业             3628439.65
计算机、通信和其他电子设备制造业      809879.96
Name: 净利润, dtype: float64
```

图 4－87　各行业净利润数据汇总代码运行结果

六、数据筛选实操

资产总额数据既可以在清洗后的资产负债表中找到，也可以在合并后的财务数据表中找到，因此在对资产总额在 1 000 万元以上的企业进行筛选时，我们可以选择其中的任意一个表格导入 Python 中并进行筛选。具体代码如下：

```
import pandas as pd
df=pd.read_excel('D:/software/PyCharm/anzhuang/venv/合并财务数据.xlsx')
df1=df[df['资产总额']>10000000]
print(df1)
```

运行结果如图 4－88 所示。

```
          上市公司全称     股票代码   股票简称  ...      营业利润         利润总额          净利润
0     中兴通讯股份有限公司  000063   中兴通讯  ...  867610.50  849892.60  703589.00
2   珠海格力电器股份有限公司  000651   格力电器  ... 2667736.53 2680323.75 2283189.36
7   上海汽车集团股份有限公司  600104   上汽集团  ... 4144674.95 4155765.94 3394175.89
8     海尔智家股份有限公司  600690   海尔智家  ... 1587647.80 1591603.05 1321706.72
```

图 4－88　资产总额在 1 000 万元以上的企业数据筛选代码运行结果

任务实训

1. 完成酒、饮料和精制茶制造业中有代表性的上市公司财务数据转换的练习，熟练掌握数据转置、数据行或列交换的操作方法。

2. 完成上市公司财务数据行业口径、地区口径的分组汇总练习，熟练掌握数据汇总的操作方法。

3. 完成批发业、零售业上市公司财务数据归集的练习，熟练掌握数据归集的操作方法。

4. 小组任务：以小组为单位，选择任意主题，分工协作完成数据查找、数据清洗、数据转换、数据归集、数据汇总，制作 PPT 现场展示任务完成情况，并分享心得体会。

通关测试

手机扫描右方二维码，完成涉税大数据加工知识小测试。

素养园地

筑牢安全防线　保障数据安全

网络服务提供者和其他企业事业单位应当采取技术措施和其他必要措施，确保信息安全，防止在业务活动中收集的公民个人电子信息泄露、毁损、丢失。

——《全国人民代表大会常务委员会关于加强网络信息保护的决定》

纳税人、扣缴义务人有权要求税务机关为纳税人、扣缴义务人的情况保密。税务机关应当依法为纳税人、扣缴义务人的情况保密。

——《税收征收管理法》

纳税人涉税保密信息，是指税务机关在税收征收管理工作中依法制作或者采集的，以一定形式记录、保存的涉及纳税人商业秘密和个人隐私的信息。主要包括纳税人的技术信息、经营信息和纳税人、主要投资人以及经营者不愿公开的个人事项。纳税人的税收违法行为信息不属于保密信息范围。对于纳税人的涉税保密信息，税务机关和税务人员应依法为其保密。

——《纳税人涉税保密信息管理暂行办法》

税务业务数据是税务信息系统所处理的税务业务的数字化表现形式，是税务信息系统安全保护的出发点和归宿。税务信息系统的安全保护归根结底都是为了确保税务业务数据的安全。

——《税务系统信息安全等级保护基本要求（试行）》

任务三

涉税数据模型分析及可视化

任务描述

一直以来，税务管理的一大痛点就是税务机关与纳税人间的信息不对称，税务机关手中掌握的纳税人信息不完整使得税务风险分析的效果大打折扣，即便明晰了财务数据与税收数据、不同税种税收数据以及第三方数据对于税务风险的影响，构建了风险分析模型，但苦于数据的缺失，总是不能实际有效地将其应用于风险分析和税收管理。

金税四期的建设和开展很好地解决了数据问题，纳税人的相关税收数据、财务数据、生产经营数据、第三方数据在金税四期平台上实现了大集中，运用大数据技术将汇集的数据引入涉税风险分析指标体系模型中，可以有效实现对涉税风险的动态监测和实时察觉，故而可以说在金税四期的环境下，企业在税务机关面前是“近乎透明的”。

所谓知己知彼，百战不殆。企业也需要充分了解和掌握利用大数据技术对数据进行采集和处理并将其应用到税务风险防控模型中进行风险分析的方法和技巧，这样才能够及时有效地进行自我预警和完善，更好地规避税收风险，实现税收遵从，创造一个和谐、安全的经营和发展环境。本任务的主要目的就是使用 Python 大数据技术对项目三中所涉及的税务风险防控指标进行数据代入和整理分析，并将分析结果进行可视化表达，直观地展示和分析税务风险。

任务情境

某同学在学习了税务风险防控模型构建方法后一直跃跃欲试，想找机会实践一把，体验一下福尔摩斯探案般抽丝剥茧的过程。尤其是在了解到 Python 能够对分析结果进行可视化呈现，绘制出漂亮的图表后，更是迫切地想尽快掌握这一技能，在大数据税务风险分析领域能够好好施展一番。我们一起来帮他完成心愿吧！为突出数据分析和可视化这一任务，本部分不再展示数据抓取和处理的过程，直接使用处理过的干净数据进行分析和可视化。

任务清单

1. 完成财务数据税务风险防控模型分析并进行可视化展现。
2. 完成生产经营数据税务风险防控模型分析并进行可视化展现。
3. 完成税收征管数据税务风险防控模型分析并进行可视化展现。
4. 完成第三方数据税务风险防控模型分析并进行可视化展现。

任务准备

一、Python 数据分析流程

Python 数据分析的流程可以分为设定问题、获取数据、清洗及整理数据、数据分析和可视化四个基本步骤。具体到税务风险控制领域，设定问题就是要根据税务数据的特点和风险控制的需要，总结概括出需要使用 Python 进行分析的领域，也就是项目三涉及的大数据税务风险防控模型的构建；获取数据、清洗及整理数据就是使用爬虫工具获取所需要的数据，然后通过 Pandas 工具对数据进行加工处理，也就是本项目前两个任务涉及的数据采集和加工；数据分析和可视化是最后一个环节，也是深入挖掘数据价值并通过 Matplotlib 工具进行结果呈现，最终形成有价值的分析报告的过程。

二、认识 Matplotlib 可视化工具

（一）Matplotlib 基本介绍

Matplotlib 是一个 Python 2D 绘图库，它是 Python 中最常用的可视化工具之一，功能非常强大，可以通过调用函数轻松方便地绘制数据分析中常见的各种图形，比如折线

图、条形图、柱状图、散点图、饼图等，与普通图表软件相比，使用 Matplotlib 生成的图形质量较高。Matplotlib 最核心的模块是 pyplot 模块，几乎所有的 2D 图形都是通过该模块进行绘制的，pyplot 模块约定别名为 plt。

通常情况下，我们可以将一张 Matplotlib 图像分成三层结构：第一层是底层容器层，第二层是辅助显示层，第三层是图像层。

底层容器层主要由 Canvas、Figure、Axes 组成。Canvas 是位于最底层的系统层，在绘图的过程中充当画板的角色，也就是放置画布（Figure）的工具，用户一般接触不到。Figure 是 Canvas 上方的第一层，也是需要用户操作的第一层，在绘图的过程中充当画布的角色，绘图时可以设置画布的大小和分辨率等。Axes 是应用层的第二层，在绘图的过程中相当于画布上的绘图区。一个 Figure 对象可以包含多个 Axes（绘图区）对象，每个 Axes 都是一个独立的坐标系，所有图像都是基于坐标系绘制的。

辅助显示层是指 Axes 内除了根据数据绘制出的图像以外的内容，主要包括 Axes 外观（facecolor）、边框线（spines）、坐标轴（axis）、坐标轴名称（axis label）、坐标轴刻度（tick）、坐标轴刻度标签（tick label）、网格线（grid）、图例（legend）、标题（title）等内容。该层的设置可使图像显示更加直观、更加容易被用户理解，但又不会对图像产生实质性的影响。

图像层是指 Axes 内根据数据使用 plot、scatter、bar、histogram、pie 等函数绘制出的图像，也是用户操作最多的地方。

（二）可视化图形的种类

Python 可视化图形的基本类型有折线图、柱状图、饼状图、散点图等。

（1）折线图：以折线的上升或下降来表示统计数量的增减变化，它最大的特点是能够显示数据的变化趋势。

（2）柱状图：以横向或纵向并列分布的若干柱形表示统计数量的变化规律，它最大的特点是能够进行数据之间的比较。

（3）饼状图：以位于同一个圆形上的不同扇形的面积大小表示数据变化规律，用于表示不同分类在整体中的占比情况。

（4）散点图：用以散点形式分布在坐标系内的坐标点判断 x、y 变量之间是否存在某种关联或总结坐标点的分布模式，它最主要的用途是判断变量之间是否存在数量关联趋势或展示数据分布规律。

（三）Matplotlib 绘图的基本代码

（1）从 Matplotlib 包中导入 pyplot 模块并将其改名为 plt，接下来在编写代码时就可以直接使用 plt 方法了。具体代码如下：

```
from matplotlib import pyplot as plt
```

（2）根据数据表中的 x、y 值进行图形绘制。不同图形对应的函数表达式如表 4－5 所示。

表 4-5　不同图形对应的函数表达式

图形	函数表达
折线图	plt.plot()
柱状图	plt.bar()
饼状图	plt.pie()
直方图	plt.hist()
散点图	plt.scatter()
面积图	plt.area()
堆叠图	plt.stackplot()
箱线图	plt.boxplot()

（3）设置辅助显示层图形参数，不同绘图项目对应的函数表达式如表 4-6 所示。

表 4-6　不同绘图项目对应的函数表达式

绘图项目	函数表达
设置图像标题	plt.title()
设置 *X* 轴名称	plt.xlabel()
设置 *Y* 轴名称	plt.ylabel ()
设置 *X* 轴范围	plt.xlim()
设置 *Y* 轴范围	plt.ylim()
设置 *X* 轴刻度	plt.xticks()
设置 *Y* 轴刻度	plt.yticks()
设置图例	plt.legend()

（4）设置图像层图形参数。

1）设置图形颜色，颜色参数及代表色如表 4-7 所示。

表 4-7　颜色参数及代表色

颜色参数	代表色
color='b'	蓝色（blue）
color='g'	绿色（green）
color='r'	红色（red）
color='w'	白色（white）
color='m'	洋红色（magenta）
color='y'	黄色（yellow）
color='k'	黑色（black）
color='c'	青色（cyan）

2）设置字体。由于 Matplotlib 默认字体中没有中文，所以如果想给图形添加标签，就需要通过下面的代码将字体设置为黑体：

```
plt.rcParams['font.sans-serif']=['SimHei']
```

3）保存或显示图形。通过 plt.savefig() 可以保存绘制的图形；通过 plt.show() 可以直接显示图形。

（5）数据可视化的完整代码如下（以折线图为例）：

```
# 从Matplotlib中引入pyplot 工具并命名为plt
from matplotlib import pyplot as plt
# 设置中文字体为黑体
lt.rcParams['font.sans-serif']=[ 'SimHei']
# 确定x、y 值，数字为举例，特别注意：x、y 值的个数要相同
x = [1,2,3,4,5,6,7]
y = [7,7,8,5,1,1,3]
# 根据确定的 x、y 值进行折线图绘制
plt.plot(x,y,label=' 设置图例项目名称 ')
# 为 X、Y 轴及所绘制的图形命名
plt.xlabel('X 轴命名 ')
plt.ylabel("Y 轴命名 ")
plt.title(' 图形命名 ')
# 显示图例
plt.legend()
# 显示绘制的图形
plt.show()
```

举例来说，某公司 2022 年 1—7 月的销售额分别是 100 万元、110 万元、112 万元、109 万元、124 万元、108 万元、132 万元。如果要使用折线图的方法将其展示出来，就可以在 PyCharm 中构建以下代码块：

```
from matplotlib import pyplot as plt
plt.rcParams['font.sans-serif']=['SimHei']
x = ['1月','2月','3月','4月','5月','6月','7月']
y = [100,110,112,109,124,108,132]
plt.plot(x,y,label=" 销售额 ")
plt.xlabel(' 月份 ')
plt.ylabel(" 销售额（单位：万元）")
plt.title(' 某公司 2022 年 1—7 月销售额 ')
```

```
plt.legend()
plt.show()
```

运行结果如图 4－89 所示[①]。

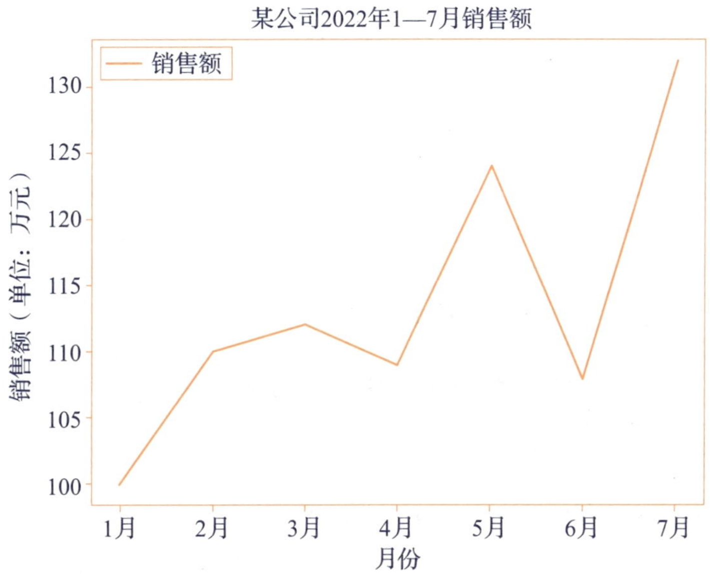

图 4－89　折线图绘制代码运行结果

任务实施

一、财务数据税务风险防控模型分析及可视化

（一）财务报表主要项目税务风险防控模型分析及可视化

分析背景：以项目三任务一应付款项指标模型中的部分指标为例，使用项目四前两个任务中介绍的方法进行行业企业财务数据提取，并详细介绍使用 Python 进行大数据税务风险模型分析和可视化的过程。

数据说明：本次分析使用的数据是上海市证券交易所零售行业 2020 年应付账款期初余额和期末余额，数据汇集在一张表格中，表格格式为 XLSX，表格名称为“应付账款 2020”。数据字段如下（可登录人大社官网下载 Excel 表格）：

年份：2020 年

期初余额：各企业 2020 年资产负债表应付账款项目期初余额

期末余额：各企业 2020 年资产负债表应付账款项目期末余额

① 受限于印刷配色，教材中展示的可视化图形颜色、线条形式等与代码实际执行结果或有出入，以实际执行结果为准。全书同。

实现思路：

（1）分别对应付账款期初、期末余额进行排序。

（2）计算每家企业应付账款的平均余额。

（3）计算行业企业应付账款平均余额并查找畸大值。

（4）计算每家企业应付账款变动率。

（5）对应付账款变动率进行排序并查找畸变值。

（6）完成可视化表达。

实现过程：

（1）加载 Pandas，代码如下：

```
import pandas as pd
```

（2）使用 Pandas 导入数据，代码如下：

```
# 文件路径为 Python 文件位置下的相对路径，可根据自己的安装及保存路径对代码中的文件路径进行修改
import pandas as pd
yf=pd.read_excel('D:/software/PyCharm/anzhuang/venv/应付账款2020.xlsx')
```

（3）使用 info() 方法查看数据的基本结构，包括字段、数据类型等，代码如下：

```
import pandas as pd
yf=pd.read_excel('D:/software/PyCharm/anzhuang/venv/应付账款2020.xlsx')
print(yf.info())
```

运行结果如图 4－90 所示。

```
<class 'pandas.core.frame.DataFrame'>
RangeIndex: 15 entries, 0 to 14
Data columns (total 4 columns):
 #   Column     Non-Null Count  Dtype
---  ------     --------------  -----
 0   年份         15 non-null     int64
 1   公司名称       15 non-null     object
 2   应付账款期初余额   15 non-null     float64
 3   应付账款期末余额   15 non-null     float64
dtypes: float64(2), int64(1), object(1)
```

图 4－90　查看数据基本结构代码运行结果

可以看出，我们用到的数据由四列组成，包括年份、公司名称、应付账款期初余额和应付账款期末余额，其中年份是整数型数据，公司名称是对象型数据，应付账款金额是浮点型数据。

（4）对应付账款进行排序筛查。

1）按应付账款期初余额升序排列，代码如下：

```
import pandas as pd
yf=pd.read_excel('D:/software/PyCharm/anzhuang/venv/应付账款2020.xlsx')
yf1=yf.sort_values("应付账款期初余额")
```

使用 head() 方法打印前 5 行数据进行观察，看是否存在应付账款期初余额 <0 的情况，代码如下：

```
import pandas as pd
yf=pd.read_excel('D:/software/PyCharm/anzhuang/venv/应付账款2020.xlsx')
yf1=yf.sort_values("应付账款期初余额")
print(yf1.head())
```

其中，yf1 是对排序后取得结果的命名。

为避免打印出来的是科学计数法格式的数据，我们需要对打印数据的格式进行设置，代码如下：

```
import pandas as pd
pd.set_option('display.float_format',lambda x : '%.2f' % x)
yf=pd.read_excel('D:/software/PyCharm/anzhuang/venv/应付账款2020.xlsx')
yf1=yf.sort_values("应付账款期初余额")
print(yf1.head())
```

其中，“%.2f”中的 2 代表的是保留小数的位数。

运行结果如图 4－91 所示。

```
      年份  公司名称     应付账款期初余额        应付账款期末余额
9   2020  J公司   3303667.24   4802786.11
8   2020  I公司  12829525.97  10030170.13
2   2020  C公司  21730352.13  19875561.55
4   2020  E公司  25523549.63 168592860.59
11  2020  L公司  84481045.38 214000857.08
```

图 4－91　筛选应付账款期初余额最小的 5 家公司代码运行结果

2）使用同样的方法将应付账款期末余额按升序排序，打印出前 5 行的数据进行观察，运行结果如图 4－92 所示。

通过两次排序的结果可以看出，应付账款期初余额和期末余额都不存在小于零的情况，说明从应付账款这方面来看，零售行业的上市公司虚开发票、向关联方或股东借款未计缴税款的风险较低，可以暂时不考虑这方面的风险。

	年份	公司名称	应付账款期初余额	应付账款期末余额
9	2020	J公司	3303667.24	4802786.11
8	2020	I公司	12829525.97	10030170.13
2	2020	C公司	21730352.13	19875561.55
1	2020	B公司	87545869.09	87545869.09
5	2020	F公司	126680379.97	119170685.96

图 4-92　筛选应付账款期末余额最小的 5 家公司代码运行结果

（5）计算每家企业应付账款的平均余额，代码如下：

```
import pandas as pd
pd.set_option('display.float_format',lambda x : '%.2f' % x)
yf=pd.read_excel('D:/software/PyCharm/anzhuang/venv/ 应付账款 2020.xlsx')
# 在 yf 中增加一列“平均值”，并通过 mean 函数计算应付账款的平均值，axis=1 表示逐行
读取和计算
yf[' 平均值 ']=yf[[" 应付账款期初余额 "," 应付账款期末余额 "]].mean(axis=1)
print(yf)
```

运行结果如图 4-93 所示。本案例涉及企业较少，进行了全部打印，如果企业数量较多，可以排序后打印大小最值进行观察。

	年份	公司名称	应付账款期初余额	应付账款期末余额	平均值
0	2020	A公司	1968173710.85	1371136715.21	1669655213.03
1	2020	B公司	87545869.09	87545869.09	87545869.09
2	2020	C公司	21730352.13	19875561.55	20802956.84
3	2020	D公司	939789863.43	939789863.43	939789863.43
4	2020	E公司	25523549.63	168592860.59	97058205.11
5	2020	F公司	126680379.97	119170685.96	122925532.97
6	2020	G公司	379016169.27	920267182.22	649641675.75
7	2020	H公司	185674298.81	131122374.94	158398336.88
8	2020	I公司	12829525.97	10030170.13	11429848.05
9	2020	J公司	3303667.24	4802786.11	4053226.68
10	2020	K公司	314821031.75	329200311.12	322010671.44
11	2020	L公司	84481045.38	214000857.08	149240951.23
12	2020	M公司	465503037.16	540605154.79	503054095.98
13	2020	N公司	435142749.38	420279839.14	427711294.26
14	2020	O公司	226418977.93	237416611.34	231917794.63

图 4-93　计算每家企业应付账款平均余额代码运行结果

（6）计算行业企业应付账款平均余额，并筛选出应付账款平均余额畸高的企业，此处我们以大于行业平均余额 3 倍为标准进行筛选，代码如下：

```
import pandas as pd
pd.set_option('display.float_format',lambda x : '%.2f' % x)
```

```
yf=pd.read_excel('D:/software/PyCharm/anzhuang/venv/ 应付账款 2020.xlsx')
yf[' 平均值 ']=yf[[" 应付账款期初余额 "," 应付账款期末余额 "]].mean(axis=1)
#使用 mean 函数对行业内各企业的应付账款平均值求平均，yf.loc[yf[' 平均值 '] 代表逐行提取“平均值”列的数据，与行业平均余额的 3 倍进行比较，找出符合结果的企业
print(yf.loc[yf[' 平均值 ']>3*yf[" 平均值 "].mean()," 公司名称 "])
```

运行结果如图 4 - 94 所示。

```
0    A公司
Name: 公司名称, dtype: object
```

图 4 - 94　筛选应付账款平均余额高于行业均值 3 倍的企业代码运行结果

从图 4 - 94 中可以看出，只有 A 公司符合这一条件，我们需要结合该公司其他财务数据、税收征管数据、第三方数据等各方面信息综合分析其涉税风险。

（7）计算每家企业应付账款增值率，代码如下：

```
import pandas as pd
pd.set_option('display.float_format',lambda x : '%.2f' % x)
yf=pd.read_excel('D:/software/PyCharm/anzhuang/venv/ 应付账款 2020.xlsx')
#使用 pct.change 函数计算应付账款的增长率，axis=1 表示逐行读取和计算
yf[' 增值率 '] = yf[[' 应付账款期初余额 ',' 应付账款期末余额)']].pct_change(axis=1)
[' 应付账款期末余额 ']
print(yf[[" 公司名称 "," 应付账款期末余额 "," 应付账款期初余额 "," 增值率 "]])
```

运行结果如图 4 - 95 所示。本案例涉及企业较少，进行了全部打印，如果企业数量较多，可以排序后打印大小最值进行观察。

	公司名称	应付账款期末余额	应付账款期初余额	增值率
0	A公司	1371136715.21	1968173710.85	-0.30
1	B公司	87545869.09	87545869.09	0.00
2	C公司	19875561.55	21730352.13	-0.09
3	D公司	939789863.43	939789863.43	0.00
4	E公司	168592860.59	25523549.63	5.61
5	F公司	119170685.96	126680379.97	-0.06
6	G公司	920267182.22	379016169.27	1.43
7	H公司	131122374.94	185674298.81	-0.29
8	I公司	10030170.13	12829525.97	-0.22
9	J公司	4802786.11	3303667.24	0.45
10	K公司	329200311.12	314821031.75	0.05
11	L公司	214000857.08	84481045.38	1.53
12	M公司	540605154.79	465503037.16	0.16
13	N公司	420279839.14	435142749.38	-0.03
14	O公司	237416611.34	226418977.93	0.05

图 4 - 95　计算每家企业应付账款增值率代码运行结果

（8）将应付账款增值率按升序排列，打印结果并筛选出变化较大的企业，代码如下：

```
    import pandas as pd
    pd.set_option('display.float_format',lambda x : '%.2f' % x)
    yf=pd.read_excel('D:/software/PyCharm/anzhuang/venv/应付账款2020.xlsx')
    yf['增值率'] = yf1[['应付账款期初余额','应付账款期末余额']].pct_change(axis=1)
['应付账款期末余额']
    # 使用 sort_values 函数实现对数据按增值率进行排序
    print(yf[["公司名称","应付账款期末余额","应付账款期初余额","增值率"]]
.sort_values("增值率"))
```

运行结果如图 4－96 所示。本案例涉及企业较少，进行了全部打印，如果企业数量较多，可以排序后打印大小最值进行观察。

	公司名称	应付账款期末余额	应付账款期初余额	增值率
0	A公司	1371136715.21	1968173710.85	-0.30
7	H公司	131122374.94	185674298.81	-0.29
8	I公司	10030170.13	12829525.97	-0.22
2	C公司	19875561.55	21730352.13	-0.09
5	F公司	119170685.96	126680379.97	-0.06
13	N公司	420279839.14	435142749.38	-0.03
1	B公司	87545869.09	87545869.09	0.00
3	D公司	939789863.43	939789863.43	0.00
10	K公司	329200311.12	314821031.75	0.05
14	O公司	237416611.34	226418977.93	0.05
12	M公司	540605154.79	465503037.16	0.16
9	J公司	4802786.11	3303667.24	0.45
6	G公司	920267182.22	379016169.27	1.43
11	L公司	214000857.08	84481045.38	1.53
4	E公司	168592860.59	25523549.63	5.61

图 4－96　应付账款增值率按升序排列代码运行结果

从图 4－96 中可以看出，所有企业中，应付账款减少的企业最大降幅为 30%，尚在可接受范围之内，但应付账款增加的企业变动幅度较大，尤其是 E 公司，增幅达到了 561%，L 公司和 G 公司的增幅也达到了 1 倍以上，属于我们应该重点关注涉税风险的企业。

（9）完成可视化表达。在涉税数据分析过程中，还有一种比较直观的方法，可以不用通过数值比较，直接从图形中观测出异常值，比如在对企业应付账款增值率进行考察的过程中，可以直接画出增值率的散点图或折线图，这样便能直观地看出是否有异常值。如有异常值，则进一步通过数据进行分析；若没有异常值，就可以直接忽略存在风险的可能。代码如下：

```
# 引入 Pandas
import pandas as pd
# 引入 Matplotlib
import  matplotlib.pyplot as plt
# 进行字体设置
plt.rcParams['font.sans-serif'] = ['SimHei']
# 设置正负号正常显示
plt.rcParams['axes.unicode_minus'] = False
yf = pd.read_excel('D:/software/PyCharm/anzhuang/venv/ 应付账款 2020.xlsx')
yf[' 增值率 '] = yf[[' 应付账款期初余额 ',' 应付账款期末余额 ']].pct_change(axis=1)
[' 应付账款期末余额 ']
# 设置 x 轴和 y 轴
x=yf[" 公司名称 "]
y=yf[' 增值率 ']
# 设置图表类型（以散点图和折线图为例，第一行代码为散点图，第二行代码为折线图）
plt.scatter(x,y,label=' 增值率 ')
plt.plot(x,y1,label=' 增值率 ')
# 设置图表标题（以折线图为例）
plt.title(' 企业应付账款增值率折线图 ')
# 显示图例
plt.legend()
plt.show()
```

运行结果如图 4－97 和图 4－98 所示。

从图中可以看出，所有企业中存在应付账款变动畸高的企业，我们需要进一步通过其他相关数据进行涉税风险分析。如果绘图所示曲线比较平缓，则可以认为应付账款变动率较大的企业不存在，可跳过这一部分的风险筛查。

（二）财务指标税务风险防控模型分析及可视化

分析背景：以项目三任务一盈利性指标模型中的部分指标为例，使用项目四前两个任务中介绍的方法提取企业相关财务数据，对企业 2020 年度的涉税风险状况进行分析。

数据说明：本次分析使用的数据是某地区零售行业部分企业 2015—2020 年的净利润和净资产数据，每年的各企业数据汇集在 1 张表格中，一共 6 张表格，表格格式为 XLSX，表格名称分别为“2015”“2016”“2017”“2018”“2019”“2020”。数据字段如下（可登录人大社官网下载 Excel 表格）：

年份：2015—2020 年（每年 1 张 Excel 表格）

净利润：2015—2020 年各企业年度净利润数据

期初净资产：2015—2020 年各企业资产负债表所有者权益项目期初金额

期末净资产：2015—2020 年各企业资产负债表所有者权益项目期末余额

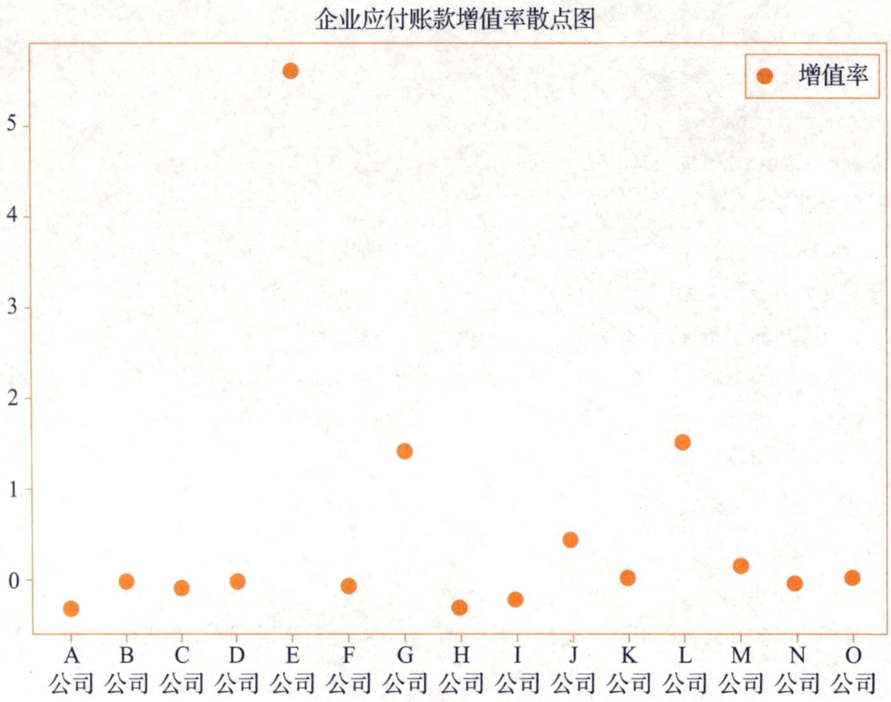

图 4－97　企业应付款增值率散点图绘制代码运行结果

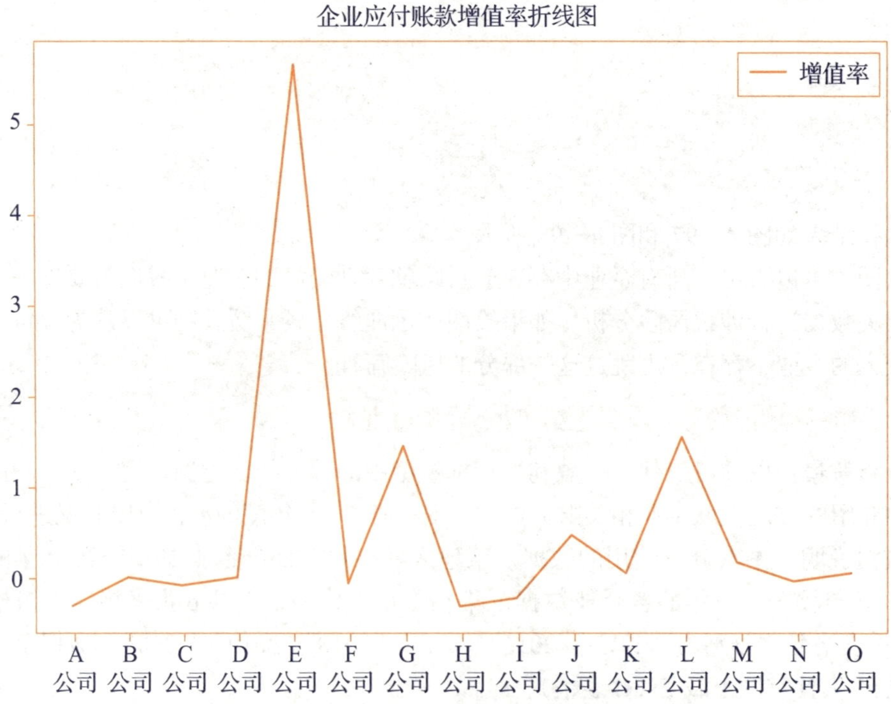

图 4－98　企业应付账款增值率折线图绘制代码运行结果

实现思路：

（1）计算分析各家企业 2020 年的净资产收益率情况。

（2）计算行业企业净资产收益率平均值并查找畸小值。

（3）计算风险企业历年收益率情况并进行可视化表达。

实现过程：

（1）加载 Pandas，代码如下：

```
import pandas as pd
```

（2）使用 Pandas 导入数据，代码如下：

```
# 文件路径为 Python 文件位置下的相对路径，可根据自己的安装及保存路径对代码中的文件路径进行修改
import pandas as pd
syl=pd.read_excel("D:/software/PyCharm/anzhuang/venv/2020.xlsx")
```

（3）使用 info() 方法查看数据的基本结构，包括字段、数据类型等，代码如下：

```
import pandas as pd
syl=pd.read_excel("D:/software/PyCharm/anzhuang/venv/2020.xlsx")
print(syl.info())
```

运行结果如图 4－99 所示。

```
<class 'pandas.core.frame.DataFrame'>
RangeIndex: 13 entries, 0 to 12
Data columns (total 5 columns):
 #   Column  Non-Null Count  Dtype
---  ------  --------------  -----
 0   年份      13 non-null     object
 1   公司名称    13 non-null     object
 2   净利润     13 non-null     int64
 3   期初净资产   13 non-null     int64
 4   期末净资产   13 non-null     int64
dtypes: int64(3), object(2)
```

图 4－99 查看数据基本结构代码运行结果

可以看出，我们用到的数据由五列组成，包括年份、公司名称、净利润、期初净资产和期末净资产，其中年份和公司名称是对象型数据，净利润、期初净资产和期末净资产是整数型数据。

（4）计算分析各家企业 2020 年的净资产收益率情况，代码如下：

```
import pandas as pd
syl=pd.read_excel("D:/software/PyCharm/anzhuang/venv/2020.xlsx")
```

```
pd.set_option('display.float_format',lambda x : '%.2f' % x)
# 首先使用 mean 函数计算净资产平均值，然后通过收益率指标计算公式计算收益率
syl["收益率"]=syl["净利润"]/syl[["期初净资产","期末净资产"]].mean(axis=1)
print(syl)
```

运行结果如图 4－100 所示。本案例涉及企业较少，进行了全部打印，如果涉及企业数量较多，可采取打印前几行或后几行的方法查看评估净资产收益率计算是否正确，也可以通过排序的方法观察收益率是否存在畸值。

	年份	公司名称	净利润	期初净资产	期末净资产	收益率
0	2020年	A公司	200	2435	3020	0.07
1	2020年	B公司	300	1430	1678	0.19
2	2020年	C公司	300	1800	2100	0.15
3	2020年	D公司	180	700	900	0.23
4	2020年	E公司	405	2178	2760	0.16
5	2020年	F公司	589	3400	3675	0.17
6	2020年	G公司	160	630	640	0.25
7	2020年	H公司	340	1980	2165	0.16
8	2020年	I公司	610	3500	3760	0.17
9	2020年	J公司	245	1650	1860	0.14
10	2020年	K公司	280	1588	1928	0.16
11	2020年	L公司	400	2540	2754	0.15
12	2020年	M公司	380	1760	2140	0.19

图 4－100　计算 2020 年各企业净资产收益率代码运行结果

（5）计算行业企业净资产收益率平均值并查找畸小值，此处以净资产收益率低于行业均值一半为标准来查找风险企业，代码如下：

```
import pandas as pd
syl=pd.read_excel("D:/software/PyCharm/anzhuang/venv/2020.xlsx")
pd.set_option('display.float_format',lambda x : '%.2f' % x)
syl["收益率"]=syl["净利润"]/syl[["期初净资产","期末净资产"]].mean(axis=1)
# 使用 mean 函数计算收益率的行业均值，比较选取收益率数值低于行业均值一半的企业
print(syl.loc[syl['收益率']<syl["收益率"].mean()/2,"公司名称"])
```

运行结果如图 4－101 所示。

```
0    A公司
Name: 公司名称, dtype: object
```

图 4－101　筛选净资产收益率低于行业均值一半的企业代码运行结果

可以看出，以上述标准进行排查，只有 A 公司的净资产收益率小于行业均值的一半，成为我们选中的目标。

如果遇到行业均值参考性不高、没有预警值且企业数量不多的情况，我们也可以通过可视化表达，采用折线图或柱形图等多种方法直观地查找畸值。本案例以柱状图为例来说明各企业净资产收益率的可视化表达方法。代码如下：

```
import pandas as pd
import matplotlib.pyplot as plt
plt.rcParams['font.sans-serif'] = ['SimHei']
plt.rcParams['axes.unicode_minus'] = False
syl = pd.read_excel('D:/software/PyCharm/anzhuang/venv/2020.xlsx')
syl["收益率"]= syl["净利润"]/syl[["期初净资产","期末净资产"]].mean(axis=1)
x=syl["公司名称"]
y=syl['收益率']
plt.bar(x,y,label='收益率')
plt.title('2020年各企业净资产收益率情况')
#给图表加上数据标签，并设置数据标签格式
for a,b in zip(x,y):
    plt.text(a, b, '%.2f' % b, ha='center', va= 'bottom',fontsize=7)
plt.legend()
plt.show()
```

运行结果如图 4－102 所示。

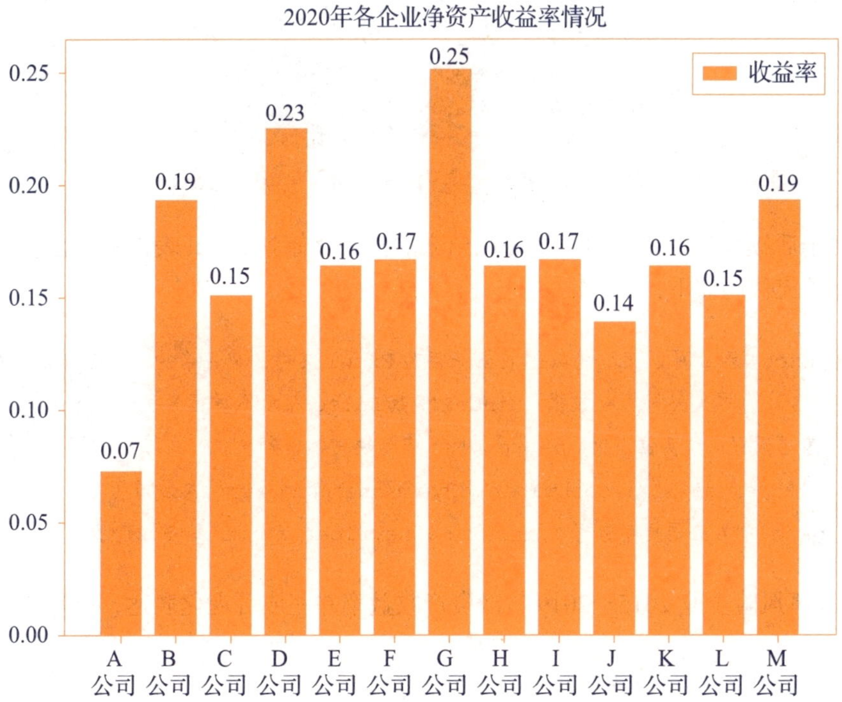

图 4－102　2020 年各企业净资产收益率柱状图绘制代码运行结果

从图 4 - 102 中可以非常直观地看出，A 公司的净资产收益率明显小于行业内其他企业，需列为重点检查的对象。

（6）计算风险企业历年收益率情况并进行可视化表达。

1）提取风险企业 2020 年前五年净利润和净资产数据，代码如下：

```
import pandas as pd
A2015=pd.read_excel("D:/software/PyCharm/anzhuang/venv/2015.xlsx")
A2016=pd.read_excel("D:/software/PyCharm/anzhuang/venv/2016.xlsx")
A2017=pd.read_excel("D:/software/PyCharm/anzhuang/venv/2017.xlsx")
A2018=pd.read_excel("D:/software/PyCharm/anzhuang/venv/2018.xlsx")
A2019=pd.read_excel("D:/software/PyCharm/anzhuang/venv/2019.xlsx")
#分别从 2015 年、2016 年、2017 年、2018 年和 2019 年的数据表中提取 A 公司的数据，并保存在一张新的数据表中，列标题分别为“年份”“净利润”“期初净资产”“期末净资产”
A_sum=pd.DataFrame(data=[A2015.loc[0],A2016.loc[0],A2017.loc[0],A2018.loc[0],A2019.loc[0]],columns=["年份","净利润","期初净资产","期末净资产"])
print(A_sum)
```

运行结果如图 4 - 103 所示。

```
   年份      净利润    期初净资产    期末净资产
2015年   122.0   2032.0   2116.0
2016年   183.0   2116.0   2245.0
2017年   165.0   2245.0   2330.0
2018年   160.0   2330.0   2435.0
2019年   200.0   2435.0   3020.0
```

图 4 - 103　提取 A 公司 2015—2019 年净利润和净资产数据代码运行结果

为便于后续操作，我们需要把提取出来的数据存储到 Excel 表格中，在前一步代码的基础上补充代码如下：

```
#to_excel 函数可以实现将数据表格保存为 Excel 文件，文件名为“A 公司历年数据”，sheet 表名称为“A 公司历年数据”，index 参数 False 表示不写行索引，float_format="%.2f"表示数据保留两位小数，na_rep=" "表示缺失数据为空
A_sum.to_excel(R"D:/software/PyCharm/anzhuang/venv/A 公司历年数据.xlsx",sheet_name= "A 公司历年数据",index=False,float_format="%.2f",na_rep=" ")
```

2）计算风险企业 2015—2019 年净资产收益率并完成可视化表达，代码如下：

```
import pandas as pd
import matplotlib.pyplot as plt
```

```
plt.rcParams['font.sans-serif'] = ['SimHei']
plt.rcParams['axes.unicode_minus'] = False
A = pd.read_excel('D:/software/PyCharm/anzhuang/venv/A公司历年数据.xlsx')
A ["收益率"]= A["净利润"]/A[["期初净资产","期末净资产"]].mean(axis=1)
x=A["年份"]
y=A['收益率']
plt.plot(x,y,label='收益率')
plt.title('A公司历年收益率')
for a,b in zip(x,y):
    plt.text(a, b, '%.3f' % b, ha='center', va= 'bottom',fontsize=7)
plt.legend()
plt.show()
```

运行结果如图 4－104 所示。

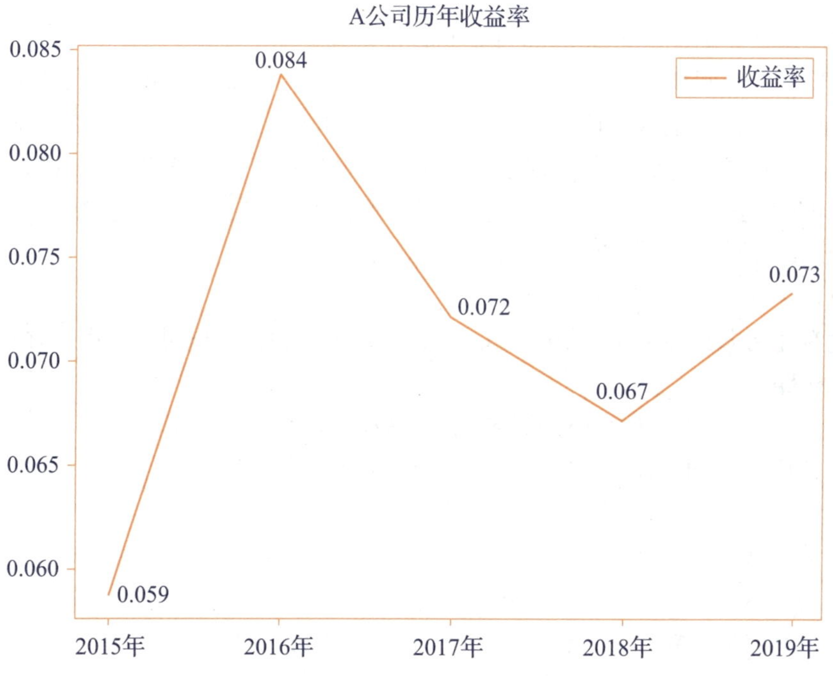

图 4－104　A 公司 2015—2019 年收益率折线图绘制代码运行结果

从图 4－104 中可以看出，A 公司 2015—2019 年净资产收益率虽然有波动，但均不高于 8.5%，也就是说，2020 年收益率偏低并非当年特殊情况导致的偶发状况，净资产收益率低于行业平均水平对 A 公司来说是一种相对的长期状态，我们需要进一步通过杜邦分析法将净资产收益率进行分拆，并结合其他财务数据和相关信息查找其数值偏低的原因。

二、生产经营数据税务风险防控模型分析及可视化

（一）单位产品能耗指标税务风险防控模型分析及可视化

分析背景：以项目三任务二中的单位产品能耗指标模型中的部分指标为例，使用项目四前两个任务介绍的方法进行行业企业财务数据的提取，详细介绍使用 Python 进行大数据税务风险分析和可视化的过程。

数据说明：本次分析使用的数据包括两类（可登录人大社官网下载 Excel 表格），一类是某地区汽车零配件行业典型的 8 家企业 A 公司—H 公司 2020 年散热器、中冷器、机油冷却器三种主要零配件的产量和生产以上产品的耗电量，这 8 家企业产品规格比较齐全、生产工艺相近、经营管理规范、财务核算健全。数据汇集在一张表格中，表格格式为 XLSX，表格名称为“A 公司—H 公司耗电量统计”。数据字段如下：

散热器产量：各企业 2020 年的散热器产量（件）

散热器车间耗电量：各企业 2020 年生产散热器的耗电量（千瓦・时）

中冷器产量：各企业 2020 年的中冷器产量（件）

中冷器车间耗电量：各企业 2020 年生产中冷器的耗电量（千瓦・时）

机油冷却器产量：各企业 2020 年的机油冷却器产量（件）

机油冷却器车间耗电量：各企业 2020 年生产机油冷却器的耗电量（千瓦・时）

另一类数据是该地区其他 12 家汽车零配件企业 I 公司—T 公司 2020 年总产量、耗电总量和其他企业用电的数据。数据汇集在一张表格中，表格格式为 XLSX，表格名称为“I 公司—T 公司耗电量统计”。数据字段如下：

产量：各企业 2020 年的汽车零配件产量（件）

耗电量：各企业 2020 年的耗电总量（千瓦・时）

其他企业用电：各企业 2020 年扣除生产用电外其他的用电量（千瓦・时）

实现思路：

（1）计算 A 公司—H 公司散热器单位产品耗电量并进行排序。

（2）计算 A 公司—H 公司中冷器单位产品耗电量并进行排序。

（3）计算 A 公司—H 公司机油冷却器单位产品耗电量并进行排序。

（4）计算 A 公司—H 公司三类产品平均单位产品耗电量。

（5）输出行业平均单位产品耗电量。

（6）分别对 I 公司—T 公司产品产量和耗电量进行排序。

（7）计算 I 公司—T 公司每家企业的平均单位产品耗电量。

（8）将 I 公司—T 公司每家企业的平均单位产品耗电量与行业平均单位产品耗电量进行比较，并寻找畸大值。

（9）完成可视化表达。

实现过程：

（1）加载 Pandas，代码如下：

```
import pandas as pd
```

（2）使用 Pandas 导入数据，代码如下：

```
# 文件路径为 Python 文件位置下的相对路径，可根据自己的安装及保存路径对代码中的文件路径进行修改
import pandas as pd
df=pd.read_excel('D:/software/PyCharm/anzhuang/venv/A 公司 -H 公司耗电量统计 .xlsx')
```

（3）使用 info() 方法查看数据的基本结构，包括字段、数据类型等，代码如下：

```
import pandas as pd
df=pd.read_excel('D:/software/PyCharm/anzhuang/venv/ A 公司 -H 公司耗电量统计 .xlsx')
print(df.info())
```

运行结果如图 4－105 所示。

```
Data columns (total 7 columns):
 #   Column        Non-Null Count  Dtype
---  ------        --------------  -----
 0   公司名称          8 non-null      object
 1   散热器产量         8 non-null      int64
 2   散热器车间耗电量      8 non-null      int64
 3   中冷器产量         8 non-null      int64
 4   中冷器车间耗电量      8 non-null      int64
 5   机油冷却器产量       8 non-null      int64
 6   机油冷却器车间耗电量    8 non-null      int64
dtypes: int64(6), object(1)
memory usage: 576.0+ bytes
None
```

图 4－105 查看数据基本结构代码运行结果

从图 4－105 中可以看出，我们用到的数据由七列组成，其中，公司名称为对象型数据，其他均为整数型数据。

（4）计算 A 公司—H 公司散热器单位产品耗电量并进行降序排列，代码如下：

```
import pandas as pd
# 使用 usecols=[0,1,2]  表示提取 Excel 文件的 1、2、3 列
df=pd.read_excel('D:/software/PyCharm/anzhuang/venv/A 公司 -H 公司耗电量统计 .xlsx', usecols=[0,1,2] )
df[' 单位产品耗电量 ']=df[' 散热器车间耗电量 ']/df[' 散热器产量 ']
# 按散热器产量列排序，ascending=False 表示降序，inplace=True 表示用排序后的数据集替换原来的数据
```

```
df.sort_values(by=' 单位产品耗电量 ',inplace=True,ascending=False)
print(df)
```

运行结果如图 4－106 所示。

	公司名称	散热器产量	散热器车间耗电量	单位产品耗电量
6	G公司	1500	168000	112.000000
1	B公司	800	88000	110.000000
7	H公司	1200	132000	110.000000
2	C公司	1200	127000	105.833333
0	A公司	1000	103000	103.000000
3	D公司	2000	205000	102.500000
4	E公司	1060	106000	100.000000
5	F公司	380	38000	100.000000

图 4－106　计算各公司散热器单位产品耗电量并进行降序排列代码运行结果

（5）计算 A 公司—H 公司中冷器单位产品耗电量并进行降序排列，代码如下：

```
import pandas as pd
df=pd.read_excel('D:/software/PyCharm/anzhuang/venv/A 公司 -H 公司耗电量
统计 .xlsx', usecols=[0,3,4] )
df[' 单位产品耗电量 ']=df[' 中冷器车间耗电量 ']/df[' 中冷器产量 ']
df.sort_values(' 单位产品耗电量 ',inplace=True,ascending=False)
print(df)
```

运行结果如图 4－107 所示。

	公司名称	中冷器产量	中冷器车间耗电量	单位产品耗电量
4	E公司	1200	148000	123.333333
1	B公司	1500	168000	112.000000
3	D公司	1400	150000	107.142857
2	C公司	1300	136000	104.615385
7	H公司	1540	158000	102.597403
0	A公司	2000	205000	102.500000
6	G公司	1320	132000	100.000000
5	F公司	669	66000	98.654709

图 4－107　计算各公司中冷器单位产品耗电量并进行降序排列代码运行结果

（6）计算 A 公司—H 公司机油冷却器单位产品耗电量并进行降序排列，代码如下：

```
import pandas as pd
df=pd.read_excel('D:/software/PyCharm/anzhuang/venv/A 公司 -H 公司耗电量
统计 .xlsx', usecols=[0,5,6] )
```

```
df['单位产品耗电量']=df['机油冷却器车间耗电量']/df['机油冷却器产量']
df.sort_values('单位产品耗电量',inplace=True,ascending=False)
print(df)
```

运行结果如图 4－108 所示。

	公司名称	机油冷却器产量	机油冷却器车间耗电量	单位产品耗电量
1	B公司	860	96000	111.627907
2	C公司	980	108000	110.204082
6	G公司	2460	254000	103.252033
7	H公司	680	69000	101.470588
3	D公司	1000	101000	101.000000
0	A公司	500	50000	100.000000
5	F公司	680	68000	100.000000
4	E公司	880	86000	97.727273

图 4－108　计算各公司机油冷却器单位产品耗电量并进行降序排列代码运行结果

（7）计算 A 公司—H 公司三类产品平均单位产品耗电量，代码如下：

```
import pandas as pd
df=pd.read_excel('D:/software/PyCharm/anzhuang/venv/A 公司 -H 公司耗电量统计 .xlsx')
df['散热器单位产品耗电量']=df['散热器车间耗电量']/df['散热器产量']
df['中冷器单位产品耗电量']=df['中冷器车间耗电量']/df['中冷器产量']
df['机油冷却器单位产品耗电量']=df['机油冷却器车间耗电量']/df['机油冷却器产量']
temp=df[['散热器单位产品耗电量','中冷器单位产品耗电量','机油冷却器单位产品耗电量']]
# 使用 round() 函数设置参数为 2，表示保留 2 位小数；使用 mean() 函数分别对每列取平均值
result=round(temp.mean(),2)
print(result)
```

运行结果如图 4－109 所示。

```
散热器单位产品耗电量        105.42
中冷器单位产品耗电量        106.36
机油冷却器单位产品耗电量      103.16
dtype: float64
```

图 4－109　计算各公司散热器、中冷器、机油冷却器平均单位产品耗电量代码运行结果

（8）计算行业平均单位产品耗电量，代码如下：

```
import pandas as pd
df=pd.read_excel('D:/software/PyCharm/anzhuang/venv/A 公司 -H 公司耗电量统计 .xlsx' )
df['散热器单位产品耗电量']=df['散热器车间耗电量']/df['散热器产量']
df['中冷器单位产品耗电量']=df['中冷器车间耗电量']/df['中冷器产量']
df['机油冷却器单位产品耗电量']=df['机油冷却器车间耗电量']/df['机油冷却器产量']
temp=df[['散热器单位产品耗电量','中冷器单位产品耗电量','机油冷却器单位产品耗电量']]
result=temp.mean()
# 对于每列的平均值再取平均，得到行业平均单位产品耗电量
final=round(result.mean(),2)
print('行业平均单位产品耗电量：\n',final)
```

运行结果如图 4－110 所示。

```
行业平均单位产品耗电量：
 104.98
```

图 4－110　计算行业平均单位产品耗电量代码运行结果

（9）对 I 公司—T 公司分别按产品产量和耗电量降序排列，代码如下：

```
import pandas as pd
df=pd.read_excel('D:/software/PyCharm/anzhuang/venv/I 公司 -T 公司耗电量统计 .xlsx')
df.sort_values('产品产量',inplace=True,ascending=False)
print('按产品产量排序：\n',df)
df['产品耗电量']=df['耗电量']-df['其他企业用电']
df.sort_values('产品耗电量',inplace=True,ascending=False)
print('按产品耗电量排序：\n',df)
```

运行结果如图 4－111 所示。

（10）计算 I 公司—T 公司每家企业的平均单位产品耗电量，代码如下：

```
import pandas as pd
df=pd.read_excel('D:/software/PyCharm/anzhuang/venv/I 公司 -T 公司耗电量统计 .xlsx')
df['产品耗电量']=df['耗电量']-df['其他企业用电']
df['平均单位产品耗电量']=df['产品耗电量']/df['产品产量']
temp=df[['公司名称','平均单位产品耗电量']]
print('平均单位产品耗电量：\n',temp.round(decimals=2))
```

```
按产品产量排序:
     企业名称   产品产量      耗电量   其他企业用电
6    O公司   2600   286000    6000
4    M公司   2500   352000    3000
3    L公司   2200   304000    6000
7    P公司   1850   208000    8000
10   S公司   1850   258000    6800
11   T公司   1820   198000    3800
9    R公司   1798   198000    1500
0    I公司   1760   208000    8000
5    N公司   1650   220000    4000
2    K公司   1568   187000    4000
8    Q公司   1500   168000    9000
1    J公司   1350   159000    5000
按产品耗电量排序:
     企业名称   产品产量      耗电量   其他企业用电      产品耗电量
4    M公司   2500   352000    3000   349000
3    L公司   2200   304000    6000   298000
6    O公司   2600   286000    6000   280000
10   S公司   1850   258000    6800   251200
5    N公司   1650   220000    4000   216000
7    P公司   1850   208000    8000   200000
0    I公司   1760   208000    8000   200000
9    R公司   1798   198000    1500   196500
11   T公司   1820   198000    3800   194200
2    K公司   1568   187000    4000   183000
8    Q公司   1500   168000    9000   159000
1    J公司   1350   159000    5000   154000
```

图 4－111　对 I 公司—T 公司分别按产品产量和耗电量降序排列代码运行结果

运行结果如图 4－112 所示。

```
平均单位产品耗电量:
     企业名称   平均单位产品耗电量
0    I公司    113.64
1    J公司    114.07
2    K公司    116.71
3    L公司    135.45
4    M公司    139.60
5    N公司    130.91
6    O公司    107.69
7    P公司    108.11
8    Q公司    106.00
9    R公司    109.29
10   S公司    135.78
11   T公司    106.70
```

图 4－112　计算 I 公司—T 公司每家企业平均单位产品耗电量代码运行结果

（11）将 I 公司—T 公司每家企业的平均单位产品耗电量与行业平均单位产品耗电量进行比较，并寻找畸大值，代码如下：

```
import pandas as pd
df=pd.read_excel('D:/software/PyCharm/anzhuang/venv/I 公司 -T 公司耗电量统计 .xlsx')
df[' 产品耗电量 ']=df[' 耗电量 ']-df[' 其他企业用电 ']
df[' 平均单位产品耗电量 ']=df[' 产品耗电量 ']/df[' 产品产量 ']
# Average=104.98 为前面步骤计算出来的行业平均单位产品耗电量
Average=104.98
df1=df.loc[df[' 平均单位产品耗电量 ']> Average*1.2]
print(df1[[" 企业名称 "," 平均单位产品耗电量 "]])
```

运行结果如图 4－113 所示。

	企业名称	平均单位产品耗电量
3	L公司	135.454545
4	M公司	139.600000
5	N公司	130.909091
10	S公司	135.783784

图 4－113　筛选平均单位产品耗电量畸高企业代码运行结果

（12）完成可视化表达，代码如下：

```
import pandas as pd
import matplotlib.pyplot as plt
plt.rcParams['font.sans-serif'] = ['SimHei']
plt.rcParams['axes.unicode_minus'] = False
df=pd.read_excel('D:/software/PyCharm/anzhuang/venv/I 公司 -T 公司耗电量统计 .xlsx')
df[' 产品耗电量 ']=df[' 耗电量 ']-df[' 其他企业用电 ']
df[' 平均单位产品耗电量 ']=df[' 产品耗电量 ']/df[' 产品产量 ']
Average=104.98
df[' 风险值 ']=Average*1.2
temp=df[[' 企业名称 ',' 平均单位产品耗电量 ',' 风险值 ']]
#x 轴为企业名称，y1 折线 = 风险值，y 轴为平均单位产品耗电量
x = temp[' 企业名称 ']
y1 = temp[' 风险值 ']
y = temp[' 平均单位产品耗电量 ']
# 红线是风险值；plot 实现折线；bar 实现柱状图
```

```
plt.plot(x,y1,color='r',label='风险值')
plt.bar(x,y, color='b', align='center',label='平均单位产品耗电量')
#显示图例标题，括号内内容为图例位置及字体大小
plt.legend(loc='upper left',fontsize=6)
#输出可视化图表
plt.show()
```

运行结果如图 4-114 所示。

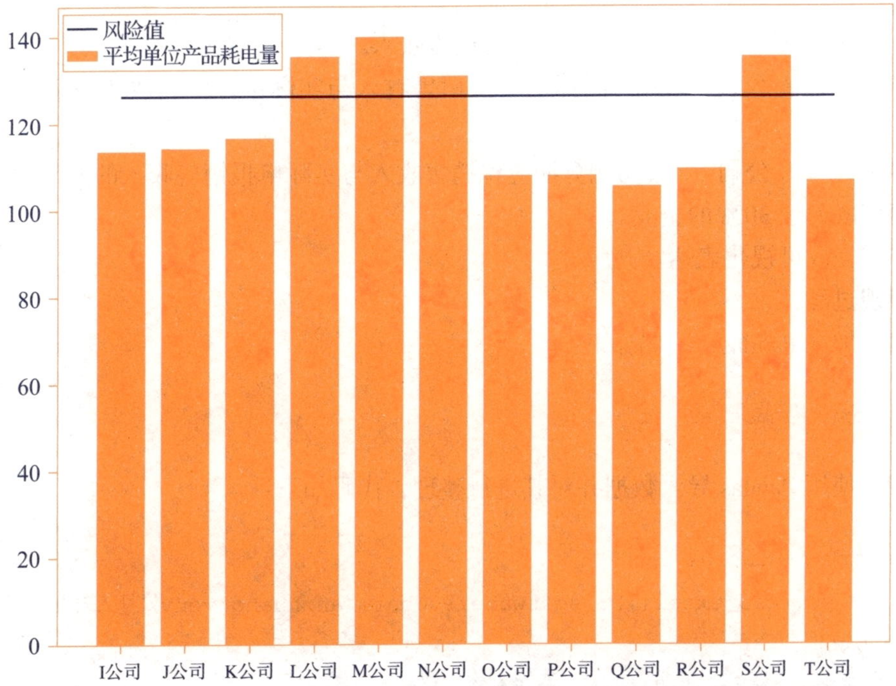

图 4-114 I 公司—T 公司平均单位产品耗电量与风险值的比较图形绘制代码运行结果

可以看出，L、M、N、S 四家企业的平均单位产品耗电量显著高于行业平均水平，需要结合其他信息综合考虑是否存在瞒报销售数量，销售产品不开票、不入账，或发生视同销售收入行为不计、少计应税收入等情况，造成少缴纳增值税、附加税费、企业所得税的税收风险。

（二）投入产出比指标税务风险防控模型分析及可视化

分析背景：以项目三任务二投入产出比指标模型中的部分指标为例，使用项目四前两个任务介绍的方法进行行业企业财务数据的提取，详细介绍使用 Python 进行大数据税务风险分析和可视化的过程。

数据说明：本次分析使用的数据为某地区制革行业的相关数据。该地区制革行业主要从事原材料皮革的初加工，相关数据包括期初库存、1—12 月投入原材料、期末库存、产品平均售价、1—12 月实际申报的销售收入，该行业平均投入产出比在 90% 以

上。数据汇集在一张表格中，表格格式为 XLSX，表格名称为“投入产出比异常数据”。数据字段如下（可登录人大社官网下载 Excel 表格）：

期初库存：各企业 2021 年期初库存的原材料皮革（平方米）

1—12 月投入原材料：1—12 月投入原材料皮革（平方米）

期末库存：12 月期末库存的原材料皮革（平方米）

产品平均售价：各企业该类产品平均售价（元 / 平方米）

1—12 月实际申报的销售收入：各企业 1—12 月实际申报的销售收入合计（元）

实现思路：

（1）计算 A 公司—J 公司测算期产品产量。

（2）计算 A 公司—J 公司测算期应税销售收入。

（3）计算 A 公司—J 公司测算期应税销售收入与实际申报销售收入的差额，即问题值。

（4）计算 A 公司—J 公司测算期应税销售收入与实际申报销售收入的差值率，并筛选出畸变率大于 30% 的企业。

（5）完成可视化表达。

实现过程：

（1）加载 Pandas，代码如下：

```
import pandas as pd
```

（2）使用 Pandas 导入数据并对其进行整理，代码如下：

```
import pandas as pd
df = pd.read_excel('D:/software/PyCharm/anzhuang/venv/ 投入产出比异常数据 .xlsx')
# 整理导入 Python 中的数据：显示所有列，输出右对齐
pd.set_option('max_columns', None)
pd.set_option('expand_frame_repr', False)
pd.set_option('display.unicode.east_asian_width', True)
```

（3）计算 A 公司—J 公司测算期产品产量，代码如下：

```
import pandas as pd
df = pd.read_excel('D:/software/PyCharm/anzhuang/venv/ 投入产出比异常数据 .xlsx')
# 测算期产品产量 =1-12 月投入原材料 *0.9
df[' 测算期产品产量 '] = df['1-12 月投入原材料 '] * 0.9
print(' 测算期产品产量：\n',df[[' 企业名称 ','1-12 月投入原材料 ',' 测算期产品产量 ']])
```

运行结果如图 4－115 所示。

测算期产品产量:

	企业名称	1-12月投入原材料	测算期产品产量
0	A	230150	207135.0
1	B	130765	117688.5
2	C	345000	310500.0
3	D	12345	11110.5
4	E	231400	208260.0
5	F	134599	121139.1
6	G	378900	341010.0
7	H	456700	411030.0
8	I	555500	499950.0
9	J	678800	610920.0

图 4－115　计算 A 公司—J 公司测算期产品产量代码运行结果

（4）计算 A 公司—J 公司测算期应税销售收入，代码如下：

```
import pandas as pd
df = pd.read_excel('D:/software/PyCharm/anzhuang/venv/投入产出比异常数据.xlsx')
df['测算期产品产量'] = df['1-12月投入原材料'] * 0.9
#测算期应税销售收入=(期初库存+测算期产品产量-期末库存)*产品平均售价
df['测算期应税销售收入'] = (df['期初库存']+df['测算期产品产量']-df['期末库存'])*df['产品平均售价']
print('测算期应税销售收入:\n',df[['企业名称','期初库存','测算期产品产量','期末库存','产品平均售价','测算期应税销售收入']])
```

运行结果如图 4－116 所示。

测算期应税销售收入:

	企业名称	期初库存	测算期产品产量	期末库存	产品平均售价	测算期应税销售收入
0	A	0	207135.0	150265	98	5573260.0
1	B	2000	117688.5	49876	103	7190687.5
2	C	4040	310500.0	150900	95	15545800.0
3	D	5033	11110.5	1000	99	1499206.5
4	E	3000	208260.0	200000	93	1047180.0
5	F	0	121139.1	100005	95	2007739.5
6	G	0	341010.0	260000	96	7776960.0
7	H	200	411030.0	350000	104	6367920.0
8	I	1999	499950.0	450006	92	4778756.0
9	J	2030	610920.0	589000	90	2155500.0

图 4－116　计算 A 公司—J 公司测算期应税销售收入代码运行结果

（5）计算 A 公司—J 公司测算期应税销售收入与实际申报销售收入的差额，即问题值，代码如下：

```
import pandas as pd
df = pd.read_excel('D:/software/PyCharm/anzhuang/venv/ 投入产出比异常数据 .xlsx')
df[' 测算期产品产量 '] = df['1-12 月投入原材料 '] * 0.9
df[' 测算期应税销售收入 '] = (df[' 期初库存 ']+df[' 测算期产品产量 ']-df[' 期末库存 '])*df[' 产品平均售价 ']
# 测算期应税销售收入与实际申报销售收入差额 = 测算期应税销售收入 - 实际申报销售收入
df[' 测算期应税销售收入与实际申报销售收入差额 '] = df[' 测算期应税销售收入 '] - df[' 实际申报销售收入 ']
print(' 测算期应税销售收入与实际申报销售收入差额：\n',df[[' 企业名称 ',' 测算期应税销售收入 ',' 实际申报销售收入 ',' 测算期应税销售收入与实际申报销售收入差额 ']])
```

运行结果如图 4－117 所示。

```
测算期应税销售收入与实际申报差额:
  企业名称  测算期应税销售收入  实际申报销售收入  测算期应税销售收入与实际申报差额
0    A   5573260.0   3724000        1849260.0
1    B   7190687.5   4567000        2623687.5
2    C  15545800.0   8902000        6643800.0
3    D   1499206.5   1240000         259206.5
4    E   1047180.0    800000         247180.0
5    F   2007739.5   1800000         207739.5
6    G   7776960.0   5900000        1876960.0
7    H   6367920.0   5600000         767920.0
8    I   4778756.0   4000000         778756.0
9    J   2155500.0   1200000         955500.0
```

图 4－117　计算 A 公司—J 公司测算期应税销售收入与实际申报销售收入的差额代码运行结果

（6）计算 A 公司—J 公司测算期应税销售收入与实际申报销售收入的差值率，并寻找畸变率大于 30% 的企业，代码如下：

```
import pandas as pd
df = pd.read_excel('D:/software/PyCharm/anzhuang/venv/ 投入产出比异常数据 .xlsx')
df[' 测算期产品产量 '] = df['1-12 月投入原材料 '] * 0.9
df[' 测算期应税销售收入 '] = (df[' 期初库存 ']+df[' 测算期产品产量 ']-df[' 期末库存 '])*df[' 产品平均售价 ']
df[' 测算期应税销售收入与实际申报销售收入差额 '] = df[' 测算期应税销售收入 '] - df[' 实际申报销售收入 ']
```

```
# 测算值与实际申报销售收入差值率 = 测算期应税销售收入与实际申报销售收入差额 / 实际申报销售收入
# 使用 round() 函数取计算结果 2 位小数
df['测算值与实际申报销售收入差值率'] = round(df['测算期应税销售收入与实际申报销售收入差额']/df['实际申报销售收入'], 2)
# 筛选测算值与实际申报销售收入差值率大于 30% 的畸变率数据
df1 = df[df['测算值与实际申报销售收入差值率'] > 0.3]
print(print('差值率大于30%的畸变率数据：\n',df1[['企业名称','测算期应税销售收入与实际申报销售收入差额','实际申报销售收入','测算值与实际申报销售收入差值率']]))
```

运行结果如图 4－118 所示。

```
差值率大于30%的畸变率数据：
   企业名称   测算期应税销售收入与实际      实际申报销售收入      测算值与实际申报
              申报销售收入差额                                  销售收入差值率
0    A        1849260.0    3724000         0.50
1    B        2623687.5    4567000         0.57
2    C        6643800.0    8902000         0.75
4    E         247180.0     800000         0.31
6    G        1876960.0    5900000         0.32
9    J         955500.0    1200000         0.80
None
```

图 4－118　筛选畸变率大于 30% 的企业代码运行结果

从图 4－118 中可以看出，A、B、C、E、G、J 这六家企业测算期应税销售收入与实际申报销售收入的差值率在 30% 以上，甚至有的企业少报销售收入达到 70% 以上，存在严重的隐匿销售收入、少缴税款的风险，需要进一步结合相关信息进行确认。

（7）完成可视化表达，代码如下：

```
import pandas as pd
import  matplotlib.pyplot as plt
plt.rcParams['font.sans-serif'] = ['SimHei']
plt.rcParams['axes.unicode_minus'] = False
df = pd.read_excel('D:/software/PyCharm/anzhuang/venv/投入产出比异常数据.xlsx')
df['测算期产品产量'] = df['1-12月投入原材料'] * 0.9
df['测算期应税销售收入'] = (df['期初库存']+df['测算期产品产量']-df['期末库存'])*df['产品平均售价']
df['测算期应税销售收入与实际申报销售收入差额'] = df['测算期应税销售收入'] - df['实际申报销售收入']
```

```
df['测算值与实际申报销售收入差值率'] = round(df['测算期应税销售收入与实际申报销售收入差额']/df['实际申报销售收入'], 2)
#x轴为企业名称，y1折线=畸变率，y轴为测试值与实际申报销售收入差值率
x = df['企业名称']
y = df['测算值与实际申报销售收入差值率']
#将畸变率30%放入列表中做y1折线对应数值，在列表中数值的个数应与df列表行数相等
y1 = [0.3,0.3,0.3,0.3,0.3,0.3,0.3,0.3,0.3,0.3]
#红线是风险值；plot实现折线
plt.plot(x, y, color='b', marker='.',label='测算值与实际申报销售收入差值率')
#y1折线型设置为虚线linestyle='--'
plt.plot(x, y1, color='r',linestyle='--', label='畸变率' )
#y轴的折线点增加数值标签
for a, b in zip(x, y):
    plt.text(a, b, '%.2f' % b, ha='center', va='bottom', fontsize=7)
#显示图例标题
plt.legend(loc='upper left', fontsize=6)
#输出可视化图表
plt.show()
```

运行结果如图4－119所示。

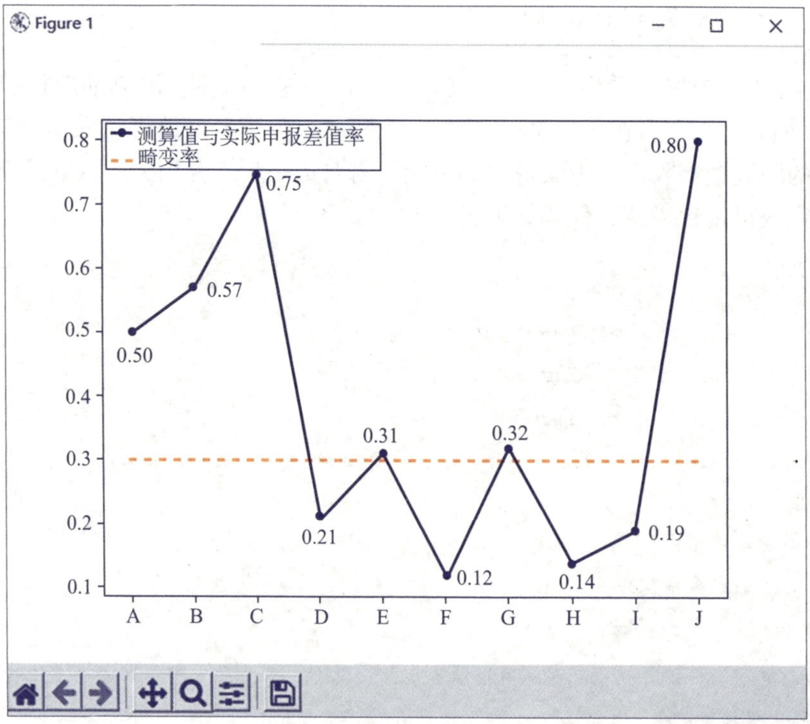

图4－119 A公司—J公司畸变率与30%的比较图形绘制代码运行结果

从图 4 - 119 中可以直观地看出，A、B、C、E、G、J 这六家企业测算期应税销售收入与实际申报销售收入的差值率在 30% 以上，存在严重的隐匿销售收入，少缴税款的风险，需要进一步结合相关信息进行确认。

三、税收征管数据税务风险防控模型分析及可视化

（一）发票数据税务风险防控模型分析及可视化

分析背景：以项目三任务三中的发票作废率指标和红字（红冲）发票指标为例，使用某公司开具发票的信息汇总表数据，采用大数据分析方法分析该公司是否有发票异常问题，并进行预警提示。

数据说明：本次分析使用的数据为某公司 2020—2021 年连续两年的销项发票信息。信息汇集在一张表格中，表格格式为 XLSX，表格名称为“发票明细信息汇总表”。数据字段包括（可登录人大社官网下载 Excel 表格）：

企业名称：销售方企业名称

销方税号：销售方企业纳税人识别号

地区：销售方企业所在地区

发票代码：销售方开具的发票代码

发票号码：销售方开具发票的号码

发票类型：包括增值税普通发票和增值税专用发票

发票状态：分为正常、正常作废、红冲

不含税金额：开具发票的不含税金额

开票税额：开具发票的增值税税额

开票金额：开具发票的价税合计金额

购买方名称：购买方企业名称

购买方纳税人识别号：购买方企业对应的纳税人识别号

开票日期：开具发票的具体日期，格式为 yyyymmdd，如开票日期为 20210316 即表示 2021 年 3 月 16 日开具的发票

实现思路：

第一步，按月份输出汇总销项发票情况分析表。分月汇总各期有效发票、作废发票和红冲发票的数量、占比、金额、税额。

其中：

$$\text{有效发票数量} = \text{正数发票数量} + \text{负数发票数量}$$

$$\text{有效发票占比} = \text{有效发票数量} \div \left(\text{正数发票数量} + \text{负数发票数量} + \text{作废发票数量}\right) \times 100\%$$

$$\text{作废发票占比} = \text{作废发票数量} \div (\text{有效发票数量} + \text{作废发票数量}) \times 100\%$$

$$\text{红冲发票占比} = \text{红冲发票数量} \div \text{有效发票数量} \times 100\%$$

第二步，对有效发票占比、作废发票占比、红冲发票占比进行可视化输出。

具体思路如下：

（1）按开具发票月份进行汇总，分别筛选出发票状态为“作废”“红冲”“正常”的

所有数据。

（2）新建文件，分别用于存放筛选出的数据。

（3）输出所有月份的作废发票汇总表、红冲发票汇总表、正常发票汇总表。

（4）计算有效发票数量、红冲发票数量、作废发票数量。

（5）计算有效发票占比、作废发票占比、红冲发票占比。

（6）筛选有效发票占比、作废发票占比、红冲发票占比指标异常的数据。

（7）将各月有效发票占比、作废发票占比、红冲发票占比以饼状图的形式输出。

实现过程：

（1）加载 Pandas，代码如下：

```
import pandas as pd
```

（2）使用 Pandas 导入数据，代码如下：

```
#文件路径为 Python 文件位置下的相对路径，可根据自己的安装及保存路径对代码中的文件路径进行修改
import pandas as pd
yf=pd.read_excel('D:/software/PyCharm/anzhuang/venv/发票明细信息汇总表.xlsx')
```

（3）清洗数据，将开票日期截取为年月，代码如下：

```
#map 函数实现将 lambda 定义的函数运用于“开票日期”列，lambda 函数实现将数值定义为 x，并执行后续操作，int(str(x)[0:6]) 先将 x 转变为字符串，然后取前六位，再转化为整数
import pandas as pd
df=pd.read_excel('D:/software/PyCharm/anzhuang/venv/发票明细信息汇总表.xlsx')
df['开票日期'] = df['开票日期'].map(lambda x: int(str(x)[0:6]))
```

（4）分别筛选发票状态为“红冲”“正常”“作废”的数据，按开票月份进行汇总，代码如下：

```
import pandas as pd
df=pd.read_excel('D:/software/PyCharm/anzhuang/venv/发票明细信息汇总表.xlsx')
df['开票日期'] = df['开票日期'].map(lambda x: int(str(x)[0:6]))
df1 = df[df['发票状态'] == '红冲'][['不含税金额','开票税额','开票金额','开票日期']].groupby(['开票日期']).sum()
print(df1)
df2 = df[df['发票状态'] == '正常'][['不含税金额','开票税额','开票金额',
```

```
'开票日期']].groupby(['开票日期']).sum()
  print(df2)
  df3 = df[df['发票状态'] == '作废'][['不含税金额','开票税额','开票金额',
'开票日期']].groupby(['开票日期']).sum()
  print(df3)
```

运行结果如图 4－120 至图 4－122 所示。

	不含税金额	开票税额	开票金额
开票日期			
202003	17941.748	538.252	18480.0
202004	1537.866	46.134	1584.0
202109	-2359.224	-70.776	-2430.0

图 4－120 红冲发票按月汇总代码运行结果

	不含税金额	开票税额	开票金额
开票日期			
202001	5508.342	179.658	5688.0
202002	15271.850	458.150	15730.0
202003	6899.013	206.987	7106.0
202004	3203.882	96.118	3300.0
202005	7625.233	228.767	7854.0
202006	4485.426	134.574	4620.0
202007	21482.021	644.479	22126.5
202008	56722.647	1701.753	58424.4
202009	573894.171	17216.829	591111.0
202010	72973.368	2189.232	75163.6
202011	46791.243	1403.757	48195.0
202012	9985.426	299.574	10285.0
202101	7881.555	236.445	8118.0
202102	10097.560	302.940	10400.5
202103	8949.501	268.499	9218.0
202104	7593.201	227.799	7821.0
202105	18657.265	559.735	19217.0
202106	10524.259	315.741	10840.0
202107	19230.273	576.927	19807.2
202108	22624.047	678.753	23302.8
202109	5705.820	171.180	5877.0
202110	12436.886	373.114	12810.0
202111	33656.788	1009.712	34666.5
202112	49096.555	1472.945	50569.5

图 4－121 正常发票按月汇总代码运行结果

开票日期	不含税金额	开票税额	开票金额
202007	11662.134	349.866	12012.0
202008	733.977	22.023	756.0
202009	548737.857	16462.143	565200.0
202011	104081.058	3122.442	107203.5
202012	2883.496	86.504	2970.0
202101	1794.177	53.823	1848.0
202102	897.083	26.917	924.0
202103	1067.957	32.043	1100.0
202104	23.496	0.704	24.2
202105	1794.166	53.834	1848.0
202107	2935.917	88.083	3024.0
202108	3093.201	92.799	3186.0
202109	13368.942	401.058	13770.0
202110	4910.683	147.317	5058.0
202111	4730.000	141.900	4871.9
202112	4730.000	141.900	4871.9

图 4-122　作废发票按月汇总代码运行结果

为方便后续分析，我们也可以把提取出来的数据存储到 Excel 表格中，在前一步代码的基础上补充代码如下：

```
df1.to_excel('D:/software/PyCharm/anzhuang/venv/红冲汇总数据.xlsx')
df2.to_excel('D:/software/PyCharm/anzhuang/venv/正常汇总数据.xlsx')
df3.to_excel('D:/software/PyCharm/anzhuang/venv/作废汇总数据.xlsx')
```

（5）计算有效发票数量、红冲发票数量、作废发票数量，计算有效发票占比、作废发票占比、红冲发票占比，代码如下：

```
import pandas as pd
df=pd.read_excel('D:/software/PyCharm/anzhuang/venv/发票明细信息汇总表.xlsx')
df['开票日期'] = df['开票日期'].map(lambda x: int(str(x)[0:6]))
eff_hc = df[df['发票状态'] == '红冲'][['开票日期','发票状态']].groupby(['开票日期']).count()
eff_zc = df[df['发票状态'] == '正常'][['开票日期','发票状态']].groupby(['开票日期']).count()
eff_zf = df[df['发票状态'] == '正常作废'][['开票日期','发票状态']].groupby(['开票日期']).count()
# 为了后续将三种状态的发票合并到一个表格中便于统计分析，我们把上述三个表格中同为“发票状态”的三列分别重新命名一下，得到三个新表格
```

```
columns_hc = eff_hc.rename(columns = {'发票状态':'红冲发票数量'})
columns_zc = eff_zc.rename(columns = {'发票状态':'正常发票数量'})
columns_zf = eff_zf.rename(columns = {'发票状态':'作废发票数量'})
#将各月红冲、正常、作废的3个表的数据链接为一个整表,并将NaN值转换为0
inte_data1 = pd.merge(columns_hc,columns_zc,on = '开票日期',how = 'right')
inte_data2 = pd.merge(inte_data1,columns_zf,on = '开票日期',how = 'left').fillna(0)
#计算各月有效发票数量
inte_data2["有效发票数量"]=inte_data2['正常发票数量']+inte_data2['红冲发票数量']
#计算发票总量:红冲发票数量+正常发票数量+作废发票数量
inte_data2["发票总量"]=inte_data2['正常发票数量']+inte_data2['红冲发票数量']+inte_data2['作废发票数量']
#计算有效发票占比
inte_data2["有效发票占比"]=inte_data2["有效发票数量"]/inte_data2["发票总量"]
#计算作废发票占比
inte_data2["作废发票占比"]=inte_data2['作废发票数量']/inte_data2["发票总量"]
#计算红冲发票占比
inte_data2["红冲发票占比"]=inte_data2['红冲发票数量']/inte_data2["有效发票数量"]
#筛选红冲发票占比过高的月份,此处以10%为标准,筛选红冲发票占比大于等于10%的月份
inte_data3 = inte_data2[inte_data2['红冲发票占比'] >= 0.1]
print('红冲发票占比大于等于10%的月份明细:\n',inte_data3[['红冲发票数量','红冲发票占比']])
```

运行结果如图 4-123 所示。

```
红冲发票占比大于等于10%的月份明细:
          红冲发票数量    红冲发票占比
开票日期
202003      2.0   0.285714
202004      1.0   0.200000
202109      1.0   0.200000
```

图 4-123　筛选红冲发票占比过高月份明细代码运行结果

```
# 筛选作废发票占比过高月份明细，此处以 50% 为标准，筛选作废发票占比大于等于 50% 的月份
inte_data4 = inte_data2[inte_data2['作废发票占比'] >= 0.5]
print('作废发票占比大于等于 50% 的月份明细：\n',inte_data4[['作废发票数量','作废发票占比']])
```

运行结果如图 4－124 所示。

```
作废发票占比大于50%的月份明细:
          作废发票数量      作废发票占比
开票日期
202109       7.0  0.583333
```

图 4－124　筛选作废发票占比过高月份明细代码运行结果

接下来就可以对红冲发票或作废发票占比过高的月份进行集中检查，寻找原因并分析其合理性，以发现并防控税务风险。

（6）我们也可以使用饼状图的方式来直观查看作废发票和红冲发票占比异常的月份，代码如下：

```
import pandas as pd
import  matplotlib.pyplot as plt
plt.rcParams['font.sans-serif'] = ['SimHei']
plt.rcParams['axes.unicode_minus'] = False
df=pd.read_excel('D:/software/PyCharm/anzhuang/venv/发票明细信息汇总表.xlsx')
df['开票日期'] = df['开票日期'].map(lambda x: int(str(x)[0:6]))
eff_hc = df[df['发票状态'] == '红冲'][['开票日期','发票状态']].groupby(['开票日期']).count()
eff_zc = df[df['发票状态'] == '正常'][['开票日期','发票状态']].groupby(['开票日期']).count()
eff_zf = df[df['发票状态'] == '正常作废'][['开票日期','发票状态']].groupby(['开票日期']).count()
columns_hc = eff_hc.rename(columns = {'发票状态':'红冲发票数量'})
columns_zc = eff_zc.rename(columns = {'发票状态':'正常发票数量'})
columns_zf = eff_zf.rename(columns = {'发票状态':'作废发票数量'})
inte_data1 = pd.merge(columns_hc,columns_zc,on = '开票日期',how = 'right')
inte_data2 = pd.merge(inte_data1,columns_zf,on = '开票日期',how = 'left').fillna(0)
```

```
inte_data2["有效发票数量"]=inte_data2['正常发票数量']+inte_data2['红冲发票数量']
inte_data2["发票总量"]=inte_data2['正常发票数量']+inte_data2['红冲发票数量']+inte_data2['作废发票数量']
inte_data2["作废发票占比"]=inte_data2['作废发票数量']/inte_data2["发票总量"]
inte_data2["红冲发票占比"]=inte_data2['红冲发票数量']/inte_data2["有效发票数量"]
# 此处以作废发票占比饼状图为例，设置各月作废发票占比占全部月份作废发票占比总额的比例为饼状图数据内容
inte_data2['作废发票占比'].plot.pie(autopct="%3.2f%%")
plt.show()
```

运行结果如图 4－125 所示。

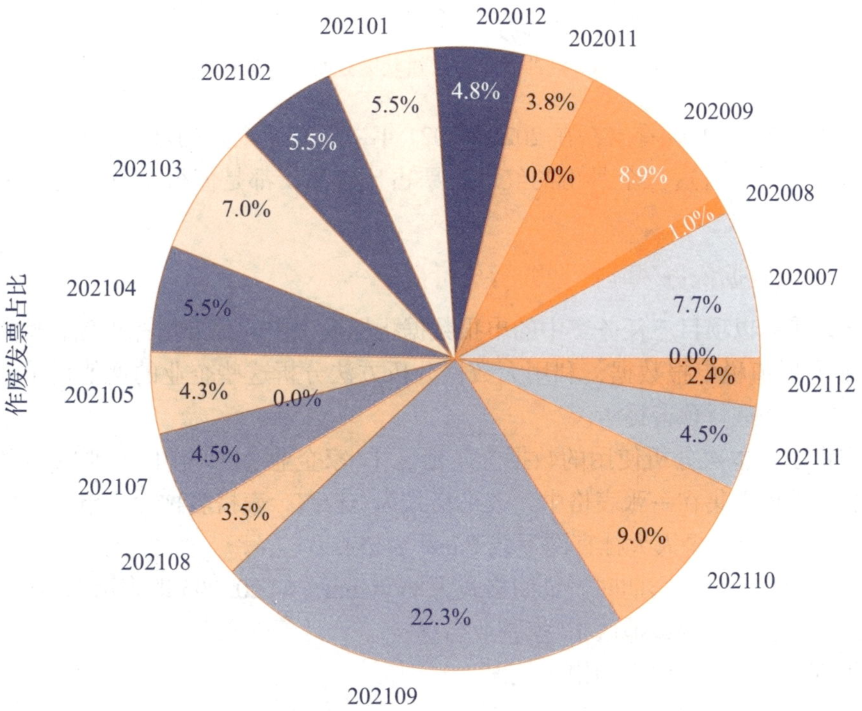

图 4－125　作废发票占比饼状图绘制代码运行结果

从图 4－125 中可以直观地看出，2021 年 9 月作废发票占比的比例最高，达到了 22.3%，是需要重点关注和检查的月份。

将上述代码中各月作废发票占比占全部月份作废发票占比总额的比例替换为各月红冲发票占比占全部月份红冲发票占比总额的比例，即可输出各月红冲发票占比饼状图，替换代码如下：

```
inte_data2['红冲发票占比'].plot.pie(autopct="%3.2f%%")
plt.show()
```

运行结果如图 4－126 所示。

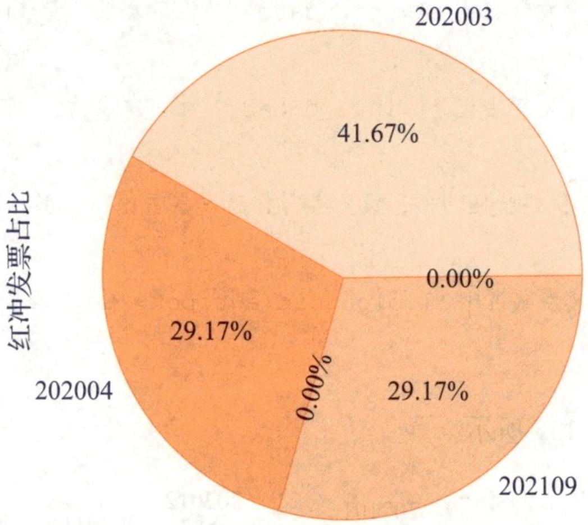

图 4－126　红冲发票占比饼状图绘制代码运行结果

从图 4－126 中可以看出，在 2020—2021 年，只有三个月的红冲发票占比有数值，其他月份皆为零，且这三个月份的红冲发票占比较高，都是值得重点关注的风险较高月份。

（二）申报数据税务风险模型分析及可视化

分析背景：以项目三任务三中的申报数据指标模型中的部分指标为例，使用某地区 17 家企业的增值税申报数据，利用大数据分析方法分析这些企业的增值税申报是否存在异常问题，并进行预警提示。

数据说明：本次分析使用的数据为某地区 17 家企业 2021 年 1 月到 12 月的增值税申报数据。数据汇集在一张表格中，表格格式为 XLSX，表格名称为“申报数据汇总”。数据字段如下（可登录人大社官网下载 Excel 表格）：

期间：为增值税所属期间，日期格式为 yyyymm，如 202005 即表示 2020 年 5 月

企业名称：选取的该地区 17 家企业名称

销售额：企业当期申报的销售额

进项税额：企业当期申报的进项税额

销项税额：企业当期申报的销项税额

留抵税额：企业当期申报的留抵税额

应纳增值税额：企业当期申报的增值税额，应纳增值税 = 销项税额 – 进项税额

实现思路：主要分析企业是否存在连续 3 个月以上零申报或累计 6 个月以上零申报或累计 6 个月以上负申报的税务风险点。零申报的判断标准为企业的当期销售额和应纳增值税额为零，负申报的判断标准为企业当期存在留抵税额。

（1）筛选出销售额和应纳增值税额均为零的公司。

（2）根据筛选结果计算零申报的连续期间。

（3）获取连续 3 个月以上零申报的公司名称。

（4）获取累计 6 个月以上零申报的公司名称。

（5）获取累计 6 个月以上负申报的公司名称。

实现过程：

（1）筛选出销售额和应纳增值税额均为零的公司，代码如下：

```
import pandas as pd
df_zengzhi = pd.read_excel('D:/software/PyCharm/anzhuang/venv/申报数据汇总.xlsx')
# 筛选零申报的企业明细，并命名为 df_zero
df_zero=df_zengzhi[(df_zengzhi['应纳增值税税额']==0)&(df_zengzhi['销售额']==0)]
print('增值税申报结果为 0 的企业：\n', df_zero)
```

部分运行结果如图 4－127 所示。

	期间	企业名称	销售额	进项税额	销项税额	应纳增值税税额
19	202108	B公司	0.0	0.0	0.0	0.0
20	202109	B公司	0.0	0.0	0.0	0.0
21	202110	B公司	0.0	0.0	0.0	0.0
22	202111	B公司	0.0	0.0	0.0	0.0
23	202112	B公司	0.0	0.0	0.0	0.0
60	202101	F公司	0.0	0.0	0.0	0.0
61	202102	F公司	0.0	0.0	0.0	0.0
62	202103	F公司	0.0	0.0	0.0	0.0
63	202104	F公司	0.0	0.0	0.0	0.0
64	202105	F公司	0.0	0.0	0.0	0.0
65	202106	F公司	0.0	0.0	0.0	0.0
66	202107	F公司	0.0	0.0	0.0	0.0
67	202108	F公司	0.0	0.0	0.0	0.0
68	202109	F公司	0.0	0.0	0.0	0.0
69	202110	F公司	0.0	0.0	0.0	0.0
70	202111	F公司	0.0	0.0	0.0	0.0
71	202112	F公司	0.0	0.0	0.0	0.0

图 4－127　筛选零申报企业代码部分运行结果

（2）根据筛选结果计算企业零申报的连续期间，代码如下：

```
import pandas as pd
df_zengzhi = pd.read_excel('D:/software/PyCharm/anzhuang/venv/申报数据汇总.xlsx')
```

```
df_zero=df_zengzhi[(df_zengzhi['应纳增值税额']==0)&(df_zengzhi['销售额']==0)]
# 使用 groupby 函数将期间按企业名称分类；使用 agg 函数计算连续时间；使用 cumsum() 函数计算连续时间累积和；使用 value_counts() 函数统计个数； 最后使用 to_frame() 函数将数据转变为 DataFrame 表格形式，便于后面筛选数据，并将表格命名为 df_zerotime
df_zerotime = df_zero.groupby('企业名称')['期间'].agg(lambda x:(x.diff().fillna(0) -1).cumsum().value_counts()).to_frame()
print('增值税申报结果为 0 的连续期间 :\n',df_zerotime)
```

运行结果如图 4－128 所示。

```
增值税申报结果为0的连续期间:
          期间
企业名称
B公司       5
F公司      12
G公司      12
成都A公司    11
成都C公司     7
重庆D公司     5
```

图 4－128　计算企业零申报的连续期间代码运行结果

从图 4－128 中可以看出，所有存在零申报情况的企业及零申报的次数已经全部统计出来了，需要对它们的零申报情况进行进一步的调查核实，其中 F 公司、G 公司和成都 A 公司连续零申报的时间跨度较长，是最需要重点关注的。

（3）确定连续 3 个月以上应纳增值税额为零的企业。

从上述结果可以直观看出，B 公司、F 公司、G 公司、成都 A 公司、成都 C 公司、重庆 D 公司均存在连续 3 个月以上应纳增值税额为零的情况。

（4）获取累计 6 个月以上零申报的企业，代码如下：

```
import pandas as pd
df_zengzhi=pd.read_excel('D:/software/PyCharm/anzhuang/venv/申报数据汇总.xlsx')
df_zero=df_zengzhi[(df_zengzhi['应纳增值税额']==0)&(df_zengzhi['销售额']==0)]
# 计数每个企业出现的次数，并将新的表格命名为 df_zerotime
df_zerotime= df_zero.企业名称.value_counts()
print(df_zerotime)
```

运行结果如图 4－129 所示。

```
F公司        12
G公司        12
成都A公司      11
成都C公司       7
B公司         5
重庆D公司       5
Name: 企业名称, dtype: int64
```

图 4－129　获取企业零申报次数代码运行结果

从图 4－129 中可以看出，在所有零申报企业中，F 公司、G 公司、成都 A 公司、成都 C 公司累计次数大于 6 次，是需要重点关注的对象。

（5）获取累计 6 个月以上负申报的企业，代码如下：

```
import pandas as pd
df_zengzhi=pd.read_excel('D:/software/PyCharm/anzhuang/venv/ 申报数据汇总 .xlsx')
df_ld=df_zengzhi[df_zengzhi[' 留抵税额 ']>0]
# 计数每个企业出现的次数，并将新的表格命名为 df_ldtime
df_ldtime= df_ld. 企业名称 .value_counts()
print(df_ldtime)
```

运行结果如图 4－130 所示。

```
Series([], Name: 企业名称, dtype: int64)
```

图 4－130　获取企业负申报次数代码运行结果

从图 4－130 中可以看出，筛查结果为空，说明我们筛查的这批企业中不存在负申报的情况。

通过上述三种情况的汇总可以直观地看出存在纳税申报风险的企业名称以及存在的风险问题。税务机关可以据此进行进一步的税收稽查以发现问题的根本所在。

四、第三方数据税务风险防控模型分析及可视化

分析背景：以项目三任务四中的虚设账套指标为例，使用项目四前两个任务中介绍的方法进行行业企业财务数据的提取，详细介绍使用 Python 通过第三方数据进行大数据税务风险分析和可视化的过程。

数据说明：本次分析使用的数据包括某地区 12 家造纸企业 A 企业—L 企业 2020 年年度用水量和申报的 2020 年营业收入数据。根据造纸行业数据可知，造纸企业产品的吨均用水量为 10 立方米，2020 年度产品平均售价为 6 000 元 / 吨。数据汇集在一张表格中，表格格式为 XLSX，表格名称为“用水量及申报营业收入数据”。数据字段

如下（可登录人大社官网下载 Excel 表格）：

序号：表格数据排序

企业名称：该地区 12 家造纸企业名称

年度用水量：各企业 2020 年年度用水量（万立方米）

申报的年营业收入：各企业 2020 年申报的年营业收入（万元）

实现思路：

（1）计算 A 企业—L 企业的营业收入偏差率。

（2）计算 A 企业—L 企业的营业收入偏差率的平均值。

（3）将 A 企业—L 企业的营业收入偏差率进行排序，并寻找超过平均值的畸大值。

（4）完成可视化表达。

实现过程：

（1）加载 Pandas，代码如下：

```
import pandas as pd
```

（2）使用 Pandas 导入数据，代码如下：

```
import pandas as pd
df= pd.read_excel('D:/software/PyCharm/anzhuang/venv/用水量及申报营业收入数据.xlsx')
```

（3）使用 info() 方法查看数据的基本结构，包括字段、数据类型等，代码如下：

```
import pandas as pd
df= pd.read_excel('D:/software/PyCharm/anzhuang/venv/用水量及申报营业收入数据.xlsx')
df.info()
```

运行结果如图 4－131 所示。

```
RangeIndex: 12 entries, 0 to 11
Data columns (total 4 columns):
 #   Column     Non-Null Count  Dtype
---  ------     --------------  -----
 0   序号         12 non-null     int64
 1   企业名称       12 non-null     object
 2   年度用水量      12 non-null     int64
 3   申报的年营业收入   12 non-null     int64
dtypes: int64(3), object(1)
memory usage: 512.0+ bytes
```

图 4－131　查看数据基本结构代码运行结果

从图 4－131 中可以看出，我们用到的数据由四列组成，包括序号、企业名称、年度用水量和申报的年营业收入，其中序号、年度用水量和申报的年营业收入是整数型数据，企业名称是对象型数据。

（4）计算 A 企业—L 企业的营业收入偏差率，代码如下：

```
import pandas as pd
df= pd.read_excel('D:/software/PyCharm/anzhuang/venv/用水量及申报营业收入数据.xlsx')
#计算A企业-L企业的测算营业收入
df["测算营业收入"]=df["年度用水量"]/10*6000
#计算A企业-L企业的营业收入偏差
df["偏差"]=df["测算营业收入"]-df["申报的年营业收入"]
#计算A企业-L企业的营业收入偏差率
df["营业收入偏差率"]=df["偏差"]/df["申报的年营业收入"]
print(df)
```

运行结果如图 4－132 所示。

	序号	企业名称	年度用水量	申报的年营业收入	测算营业收入	偏差	营业收入偏差率
0	1	A企业	500	280866	300000.0	19134.0	0.068125
1	2	B企业	280	150000	168000.0	18000.0	0.120000
2	3	C企业	68	35000	40800.0	5800.0	0.165714
3	4	D企业	35	16509	21000.0	4491.0	0.272033
4	5	E企业	187	85643	112200.0	26557.0	0.310090
5	6	F企业	124	55879	74400.0	18521.0	0.331448
6	7	G企业	26	8000	15600.0	7600.0	0.950000
7	8	H企业	134	76544	80400.0	3856.0	0.050376
8	9	I企业	35	12057	21000.0	8943.0	0.741727
9	10	J企业	311	176779	186600.0	9821.0	0.055555
10	11	K企业	175	95382	105000.0	9618.0	0.100837
11	12	L企业	120	49852	72000.0	22148.0	0.444275

图 4－132　计算 A 企业—L 企业营业收入偏差率代码运行结果

（5）计算 A 企业—L 企业营业收入偏差率的平均值，在上述代码的基础上，补充代码如下：

```
me_data = df['营业收入偏差率'].mean()
print('偏差率平均值：\n',me_data)
```

运行结果如图 4－133 所示。

```
偏差率平均值：
 0.3008483820270843
```

图 4－133　计算 A 企业—L 企业营业收入偏差率平均值代码运行结果

从图 4－133 中可以看出，A 企业—L 企业营业收入偏差率平均值约为 0.30。

（6）将 A 企业—L 企业的营业收入偏差率进行排序，与平均值进行比较，并筛选出大于平均值的畸大值，在上述代码的基础上，补充代码如下：

```
data = df[df['营业收入偏差率'] > me_data ][['序号','企业名称','年度用水量','申报的年营业收入','营业收入偏差率']]
print('偏差率畸大值：\n',data)
```

运行结果如图 4－134 所示。

```
偏差率畸大值：
    序号 企业名称  年度用水量  申报的年营业收入    营业收入偏差率
4    5  E企业    187     85643  0.310090
5    6  F企业    124     55879  0.331448
6    7  G企业     26      8000  0.950000
8    9  I企业     35     12057  0.741727
11  12  L企业    120     49852  0.444275
```

图 4－134　筛选营业收入偏差率畸大值代码运行结果

从图 4－134 中可以看出，E、F、G、I、L 五家企业的营业收入偏差率高于平均值。

（7）完成可视化表达，完整代码如下：

```
#导入可视化表达需要的模块并进行设置
import pandas as pd
import numpy as np
import  matplotlib.pyplot as plt
plt.rcParams['font.sans-serif'] = ['SimHei']
plt.rcParams['axes.unicode_minus'] = False
#导入数据
df= pd.read_excel('D:/software/PyCharm/anzhuang/venv/用水量及申报营业收入数据.xlsx')
#计算A-L等12家企业的测算营业收入
df["测算营业收入"]=df["年度用水量"]/10*6000
#计算A-L等12家企业的营业收入偏差
df["偏差"]=df["测算营业收入"]-df["申报的年营业收入"]
#计算A-L等12家企业的营业收入偏差率
df["营业收入偏差率"]=df["偏差"]/df["申报的年营业收入"]
```

```
#计算平均偏差率并将其作为df[]的一列
df['平均偏差率'] = df['营业收入偏差率'].mean()
#提取可视化需要的数据列并暂存在temp_go中
temp_go = df[['企业名称','年度用水量','申报的年营业收入','营业收入偏差率',
'平均偏差率']]
#给列表的值赋予不同变量
x = temp_go['企业名称']
y1 = temp_go['平均偏差率']
y = temp_go['营业收入偏差率']
#设置x轴刻度标签位置
a = np.arange(len(x))
#plot实现折线;红线表示平均偏差率;蓝线表示营业收入偏差率
plt.plot(x,y1,color='r',label='平均偏差率')
plt.plot(x,y,color='b',label='营业收入偏差率')
#给折线增加数值标签
for a,b in zip(x,y):
    plt.text(a, b, '%.2f'% b, ha='center', va= 'bottom',fontsize=7)
#显示图例标题
plt.legend(loc='upper left', fontsize=6)
plt.show()
```

运行结果如图4-135所示。

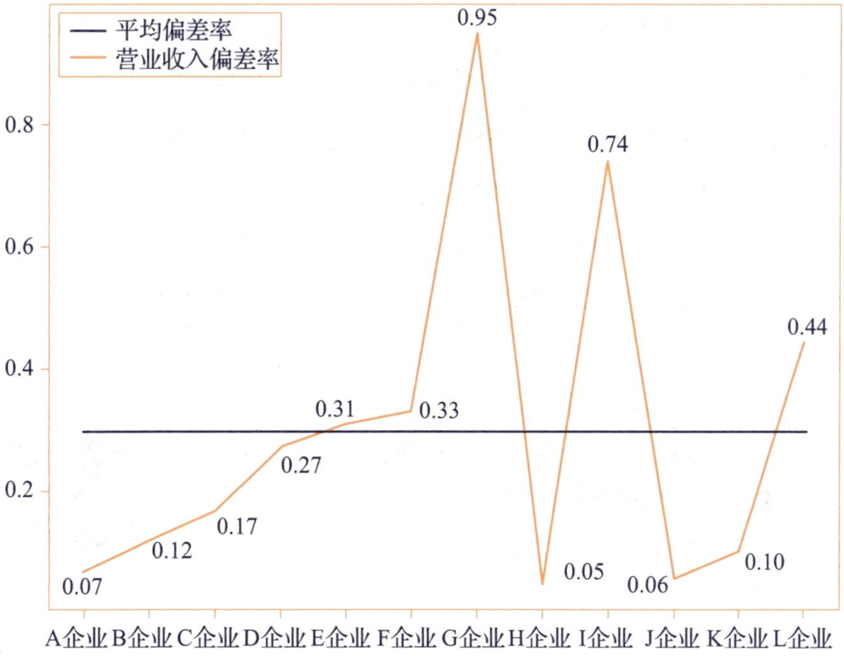

图4-135　营业收入偏差率折线图绘制代码运行结果

从图 4－135 中可以直观地看出，G、I 和 L 三家企业营业收入偏差率畸高，我们需要进一步通过其他相关数据进行虚设账套的风险分析，比如调查企业关联关系人的个人银行账户流水等。如果折线比较平缓，则可以认为营业收入偏差率较大的企业不存在，通过虚设账套漏报增值税和企业所得税的风险较低。

任务实训

1. 表 4－8 所列为某公司连续 10 年的营业收入数据，运用 Python 工具绘制可视化散点图，分析该公司是否存在虚开或隐匿收入的可能。

表 4－8　某公司 10 年营业收入数据　　单位：万元

年份	2013	2014	2015	2016	2017	2018	2019	2020	2021	2022
收入	100.49	126.99	136.56	292.88	255.37	257.51	267.48	277.43	282.21	348.94

2. 表 4－9 所列为上交所某行业部分上市公司 2020 年收入及增值税额数据（公司名称进行脱敏处理），请使用 Python 进行税负率的计算，并筛选出税负率异常的公司。

表 4－9　上交所某行业部分上市公司 2020 年收入及增值税额数据　　单位：万元

销方企业名称	销方税号	收入	税额
A 公司	FMT3DZH9GOIGK6N0PD0	1 922.33	57.67
B 公司	YC6PQVAC9ITGL49QYQ0	417.58	25.06
C 公司	KSPF5Y7CCHGTIDGZZJ0	847 716.00	50 862.96
D 公司	DGNQKF52PV1VYPMQ7M0	1 037 735.85	62 264.15
E 公司	CPX2XEUNEULZ6D1N5K0	16 845.28	1 010.72
F 公司	T91GLWO9BS5L419TBP0	52 427.19	1 572.81
G 公司	DZG3ODSL49WYCIGX3X0	9 771.85	293.15
H 公司	HFZJSX0M89AWRU7S8B0	2 493.75	0.00
I 公司	KPSTT68ZZ5RET63THY0	76.42	4.58

通关测试

手机扫描右方二维码，完成涉税数据模型分析及可视化知识小测试。

素养园地

我国智慧税务建设的三大转变

我国智慧税务建设的三大转变如图 4－136 所示。

“无风险不打扰、有违法要追究、全过程强智控”的税务执法新体系	→	经验式执法向科学精确执法转变
“线下服务无死角、线上服务不打烊、定制服务广覆盖”的税费服务新体系	→	无差别服务向精细化、智能化、个性化服务转变
以“双随机、一公开”监管和“互联网+监管”为基本手段、以重点监管为补充、以“信用+风险”监管为基础的税务监管新体系	→	“以票管税”向“以数治税”分类精准监管转变

图 4－136　我国智慧税务建设的三大转变

05

项目五

大数据税务风险防控案例实战与解析

知识目标

1. 巩固并掌握大数据税务风险防控模型的构建思路。
2. 巩固并掌握涉税数据的采集渠道和加工方法。
3. 巩固并掌握 Python 数据分析和可视化的方法。

能力目标

1. 能够根据企业实际情况选择合适的大数据税务风险防控模型。
2. 能够对大数据税务风险分析所需要的数据进行采集、加工。
3. 能够使用 Python 技术工具对税务风险进行分析和可视化操作。

素养目标

1. 提升把握全局、防范风险的专业素养。
2. 培养社会责任感和勇于担当的精神。
3. 进一步强化法治意识，筑牢守法防线。

任务描述

现在，我们已经完成了大数据及大数据税务风险的认识、税务风险防控模型的构建、涉税数据获取及加工处理、税务风险分析及可视化全部内容的学习。

本任务进行的实战演练和综合实训，考虑到数据敏感性问题，不展开介绍具体企业数据爬取的过程，直接使用脱敏数据进行风险分析和可视化，并完成报告的撰写。大家可使用前面介绍的方法自行爬取数据完成具体企业的税务风险分析和报告撰写。

任务情境

某市税务局税收风险管理部门运用智能化税务风险分析系统，结合区域重点税源税务风险特征状况对具体的风险应对纳税户及税务风险点进行了筛查。其中，对D公司筛查出的涉税风险点有以下几个：

（1）2021年3月疑似存在虚开发票行为。

（2）2021年的增值税申报中，有9个月的进项税额大于销项税额。

（3）2016—2021年连续6年亏损，相关数据如表5-1所示。

表5-1　D公司经营亏损情况一览表　　单位：万元

行次	项目	年度	可弥补亏损额
1	前五年度	2016	−5 496
2	前四年度	2017	−5 360
3	前三年度	2018	−6 053
4	前二年度	2019	−4 569.46
5	前一年度	2020	−5 409.65
6	本年度	2021	−5 591.90

任务清单

结合给定公司的具体信息详细分析出现上述三个涉税风险点的原因，最终判断公司税务风险的实际情况并完成风险分析报告的撰写。

任务准备

（1）掌握Python数据采集、加工、分析及可视化的基本操作。

（2）掌握税务风险分析的方法和角度，能够通过风险特征分析风险点所在，进而采取针对性措施确认风险、防范风险。

（3）能够将Python技术与税务风险防控模型有效结合，借助技术优势提升税务风险防范的效率和效果。

（4）企业基础数据准备（可登录人大社官网下载 Excel 表格）：已通过金税四期开票系统后台获得公司 2021 年的所有开票明细；已通过金税四期税务申报系统平台获得公司及辖区企业 2021 年各税种申报信息、财务报表信息等申报数据；已通过公司开户行取得公司 2021 年以来的银行流水；已通过公司上报信息取得公司 2021 年以来的商品物流信息。需要特别说明的是，本案例只分析公司作为销售方的银行流水、发票明细、货物明细，不涉及公司作为购买方的数据，案例中的银行流水、交易明细和发货单内容为一一对应关系。

任务实施

一、公司基本信息获取

（一）公司基本情况

通过企业官网、国家信用信息专网和其他网络信息渠道爬取、搜集并整理公司基本情况信息如下：

D 公司是一家跨国家居用品生产制造公司，成立于 2002 年，专业从事家居用品的设计、开发、生产和销售。公司目前拥有 3 个大型生产基地，厂房和营业面积 40 000 余平方米，配备先进的生产设备以及自动化生产线，具有强大的产品研发能力，不断开发出新颖、时尚、独具一格的家居用品，深受消费者的欢迎和喜爱。

公司目前拥有的产品系列有厨房用品类、居家用品类、一次性用品类、清洁用品类、收纳整理类、卫浴用品类等。

经过 20 余年的发展，公司建立了较为完善的线上、线下营销通路和网络，在全国范围内拥有百余家省、地级销售代理商，累积了强大的渠道优势。公司的销售终端主要集中在大卖场和全国各地的地方性超市，公司还与多家国内外全国性连锁超市建立了密切的长期合作伙伴关系。

（二）“一户式”公司涉税信息

通过税务系统“一户式”查询模块，结合公司增值税、企业所得税申报信息提炼总结公司涉税信息情况如下：

（1）该纳税人由在我国境内注册的外资企业 M 投资有限公司投资设立，非汇总纳税企业，非上市公司。

（2）公司注册资本：2020 年 7 200 万元，2021 年 7 200 万元；从业人数：2020 年 324 人，2021 年 314 人；资产总额：2020 年 41 961 万元，2021 年 45 608 万元。存在境外关联方交易。

（3）公司实行企业会计准则，使用金蝶软件进行会计核算，固定资产折旧方法为年限平均法，存货核算方法为先进先出法，坏账核算方法为备抵法，所得税计算方法为资产负债表债务法，发票开具的一般规则为收款后提供发票。

二、发票虚开风险的详细核查

（一）通过增值税税负率评估虚开风险

分别从增值税纳税申报数据和企业财务数据中提取年度应纳增值税额和应税销售收入的数据，计算并分析累计增值税税负率。代码如下：

```
import pandas as pd
df1=pd.read_excel("D:/software/PyCharm/anzhuang/venv/2021年应纳增值税.xlsx")
df2=pd.read_excel("D:/software/PyCharm/anzhuang/venv/2021年利润表.xlsx")
df2["税负率"]=df1["应纳增值税额"]/df2["营业收入"]
print(df2["税负率"])
```

运行结果如图 5－1 所示。

```
0    0.008562
Name: 税负率, dtype: float64
```

图 5－1　计算公司 2021 年增值税税负率代码运行结果

2021 年行业平均税负率为 4.4%，D 公司税负率明显偏低，一般来说，如果存在对外虚开发票的情况，增值税的税负率会偏高，因此公司对外虚开增值税发票的可能性较低，但也不排除公司在虚开的同时隐匿收入或取得虚开增值税发票的可能，两相作用税负率也会降低。为进一步明确风险，我们继续对公司前三年度的增值税税负率进行考察。代码如下：

```
import pandas as pd
import numpy as np
import matplotlib.pyplot as plt
plt.rcParams['font.sans-serif'] = ['SimHei']
plt.rcParams['axes.unicode_minus'] = False
df1=pd.read_excel("D:/software/PyCharm/anzhuang/venv/2018-2020年应纳增值税.xlsx")
df2=pd.read_excel("D:/software/PyCharm/anzhuang/venv/2018-2020年利润表.xlsx")
df2["税负率"]=df1["应纳增值税额"]/df2["营业收入"]
df2["行业税负率"]=[0.0523,0.0476,0.0455]
宽度=0.3
plt.bar(x=df1["报表日期"],height=df2["税负率"],color='yellow',width=宽度,label="税负率")
```

```
    plt.bar(x=np.arange(len(df1["报表日期"]))+宽度,height=df2["行业税负率"],
color='blue',width=宽度,label="行业税负率")
    plt.legend
    plt.title("2018-2020年税负率与行业税负率比较分析")
    for x,y1 in enumerate(df2["税负率"]):
        plt.text(x, y1, '%.2f' % y1, ha='center', va='bottom',fontsize=7)
    for x,y2 in enumerate(df2["行业税负率"]):
        plt.text(x, y2, '%.2f' % y2, ha='center', va= 'bottom',fontsize=7)
    plt.show()
```

运行结果如图 5－2 所示。

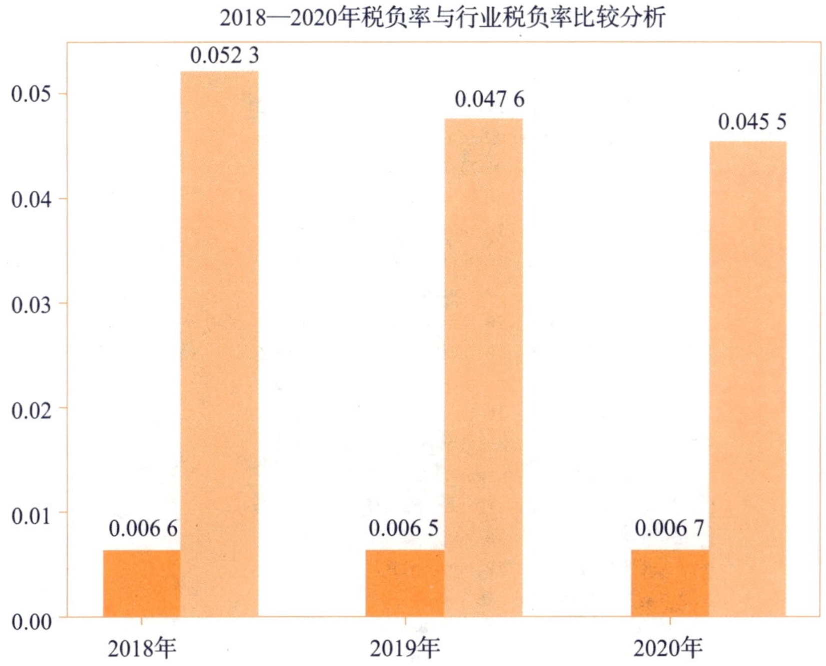

图 5－2　D 公司 2018—2020 年税负率与行业税负率比较分析代码运行结果

从图 5－2 中可以看出，D 公司 2018—2020 年连续三年的增值税税负率普遍低于行业平均水平，且低于 2021 年税负率，这就说明，公司在很大程度上存在隐匿收入或取得虚开发票的风险；2021 年税负率虽然不高，但也高于前三年的水平，2021 年对外虚开的风险也凸显出来，需要进一步详细分析。

（二）通过“三流一致”标准发现虚开线索

为获取准确清晰的数据，我们收集了公司 2021 年以来所有的开票、银行流水和物流信息。根据前期风险系统提示，公司虚开发票的风险主要集中在 2021 年 3 月，因此我们首先提取 2021 年 3 月的数据进行分析，通过第一步的数据筛选，缩小工作范围，减少工作量，提高工作效率，以更精准地识别和发现风险。

（1）使用 info() 方法查看发票明细、银行流水和货物明细数据的基本结构，包括字段、数据类型等，代码如下：

```
import pandas as pd
df1=pd.read_excel("D:/software/PyCharm/anzhuang/venv/ 发票明细 .xlsx")
df2=pd.read_excel("D:/software/PyCharm/anzhuang/venv/ 银行流水 .xlsx")
df3=pd.read_excel("D:/software/PyCharm/anzhuang/venv/ 货物明细 .xlsx")
print(df1.info())
print(df2.info())
print(df3.info())
```

运行结果分别如图 5－3、图 5－4、图 5－5 所示。

```
<class 'pandas.core.frame.DataFrame'>
RangeIndex: 10 entries, 0 to 9
Data columns (total 15 columns):
 #   Column      Non-Null Count  Dtype
---  ------      --------------  -----
 0   企业名称       10 non-null     object
 1   销方税号       10 non-null     object
 2   发票代码       10 non-null     int64
 3   发票号码       10 non-null     int64
 4   发票类型       10 non-null     object
 5   发票状态       0 non-null      float64
 6   商品名称       10 non-null     object
 7   单价         10 non-null     float64
 8   数量         10 non-null     int64
 9   不含税金额      10 non-null     float64
 10  开票税额       10 non-null     float64
 11  开票金额       10 non-null     float64
 12  购买方名称      10 non-null     object
 13  购买方纳税人识别号  10 non-null     object
 14  开票日期       10 non-null     int64
dtypes: float64(5), int64(4), object(6)
```

图 5－3　查看发票明细数据结构代码运行结果

```
<class 'pandas.core.frame.DataFrame'>
RangeIndex: 10 entries, 0 to 9
Data columns (total 3 columns):
 #   Column  Non-Null Count  Dtype
---  ------  --------------  -----
 0   日期      10 non-null     int64
 1   付款方     10 non-null     object
 2   金额      10 non-null     float64
dtypes: float64(1), int64(1), object(1)
```

图 5－4　查看银行流水数据结构代码运行结果

```
<class 'pandas.core.frame.DataFrame'>
RangeIndex: 10 entries, 0 to 9
Data columns (total 4 columns):
 #   Column  Non-Null Count  Dtype
---  ------  --------------  -----
 0   日期      10 non-null     int64
 1   商品名称    10 non-null     object
 2   数量      10 non-null     int64
 3   收货方     10 non-null     object
dtypes: int64(2), object(2)
```

图 5-5　查看货物明细数据结构代码运行结果

通过对表格数据结构的分析可以总结得出，要提取 2021 年 3 月的数据，可分别通过“开票日期”“日期”“日期”三个字段对发票明细、银行流水和货物明细进行筛选，得出我们需要的数据。

（2）对 2021 年 3 月数据进行提取，代码如下：

```
import pandas as pd
df1=pd.read_excel("D:/software/PyCharm/anzhuang/venv/ 发票明细 .xlsx")
df2=pd.read_excel("D:/software/PyCharm/anzhuang/venv/ 银行流水 .xlsx")
df3=pd.read_excel("D:/software/PyCharm/anzhuang/venv/ 货物明细 .xlsx")
# 使用 astype 函数将整数类型转变为字符串类型，并提取前六位
df1_03=df1[df1[" 开票日期 "].astype("str").str[:6]=="201903"]
df2_03=df2[df2[" 日期 "].astype("str").str[:6]=="201903"]
df3_03=df3[df3[" 日期 "].astype("str").str[:6]=="201903"]
```

为了方便接下来分析，我们可以把提取到的数据存储到 Excel 表格中，补充代码如下：

```
df1_03.to_excel(R"D:/software/PyCharm/anzhuang/venv/ 发票明细 03.xlsx",
sheet_name= " 发票明细 03",index=False,float_format="%.2f",na_rep=" 空值 ")
df2_03.to_excel(R"D:/software/PyCharm/anzhuang/venv/ 银行流水 03.xlsx",
sheet_name= " 银行流水 03",index=False,float_format="%.2f",na_rep=" 空值 ")
df3_03.to_excel(R"D:/software/PyCharm/anzhuang/venv/ 货物明细 03.xlsx",
sheet_name= " 货物明细 03",index=False,float_format="%.2f",na_rep=" 空值 ")
```

（3）通过关联信息分别比对提取出来的三张表格的差异值，可以初步判断“三流”是否一致并寻找虚开的线索，代码如下：

```
import pandas as pd
# 读取 xlsx 文件中指定列的数据
fp3 = pd.read_excel("D:/software/PyCharm/anzhuang/venv/ 发票明细 03.xlsx",
usecols=[6, 8, 11, 12])
```

```
hw3 = pd.read_excel("D:/software/PyCharm/anzhuang/venv/ 货物明细 03.xlsx", usecols=[1, 2, 3])
yh3 = pd.read_excel("D:/software/PyCharm/anzhuang/venv/ 银行流水 03.xlsx", usecols=[1, 2])
# 判断逻辑：购买方名称都出现在这 3 个表中，则为“三流”一致，否则为“三流”不一致。购买方指发票明细中的“购买方名称”、货物明细中的“收货方”和银行流水中的“付款方”
fp3['购买方名称']
hw3['收货方']
yh3['付款方']
# 使用 set() 函数将列表转换为数据集，并去掉列表中的重复值
list_fp = set(fp3['购买方名称'])
print(list_fp)
list_hw = set(hw3['收货方'])
print(list_hw)
list_yh = set(yh3['付款方'])
print(list_yh)
# 将上述 3 个集合进行交集处理，交集结果就是“三流一致”的购买方。交集举例：购买方 [1,2,3,4]，收货方 [1,2,3,5]，付款方 [1,2,3,4,5,6]，则三者交集结果为 [1,2,3]
result_intersection = list_fp & list_hw & list_yh
print(result_intersection)
# 发票明细表中购买方集合与“三流一致”集合的差集，如果有结果集，则判断为有发票流、无货物流或无资金流，无结果则返回 set()。差集举例：购买方 [1,2,3,4]，则三者交集结果为 [1,2,3]，差集结果为 [4]
only_fp = list_fp - result_intersection
print(only_fp)
# 货物明细表中收货方集合与“三流一致”集合的差集，如果有结果集，则判断为有货物流、无发票流或无资金流，无结果则返回 set()
only_hw = list_hw - result_intersection
print(only_hw)
# 银行流水中付款方集合与“三流一致”集合的差集，若有结果集，则判断为有资金流、无发票流或无货物流，无结果则返回 set()
only_yh = list_yh - result_intersection
print(only_yh)
```

运行结果如图 5－6 所示。

```
{'深圳盱虹萩漫莞烂帟愁损理局'}
set()
set()
```

图 5－6　“三流”不一致筛查代码运行结果

说明：此处企业名进行了脱敏处理，后同。

从图 5－6 中可以看出，深圳盱虹萩漫莞烂帟愁损理局有发票信息但无货物信息和银行流水信息，存在极大的虚开发票风险，需要进一步结合相关信息进行判断。

三、企业申报异常的风险识别与确认

（一）企业申报异常风险识别

通过引入申报异常风险核查模型，使用 Python 这一技术工具，可以从海量的申报信息中将风险企业筛选出来。具体到本案例中的公司，可通过增值税申报行为分析判断公司是否存在异常行为，设置规则如下：连续 3 个月以上零申报或累计 6 个月以上零申报或累计 6 个月以上有留抵税额。

（1）筛选连续 3 个月以上零申报的企业，代码如下：

```
import pandas as pd
import numpy as np
df_zengzhi=pd.read_excel('D:/software/PyCharm/anzhuang/venv/申报数据明细.xlsx')
#筛选销售额和增值税额同时为0的公司，并命名为df_zero
df_zero=df_zengzhi[(df_zengzhi['增值税']==0)&(df_zengzhi['销售额']==0)]
#计算增值税为0的最长连续时间，使用groupby函数将期间按企业名称分类，使用agg函数计算连续时间，使用cumsum()函数计算连续时间累积和，使用value_counts()函数统计个数，并使用max()函数筛选连续时间的最大时间段，最后使用to_frame()函数，将数据转变为DataFrame表格形式，便于后面筛选数据，并将表格命名为df_zeroUp
df_zeroUp=df_zero.groupby('企业名称')['期间'].agg(lambdax:(x.diff().fillna(0)-1).cumsum().value_counts().max()).to_frame()
#获取大于3个月销售额和增值税额同时为零申报的公司名称，.index为获取公司名称，.tolist()为转为list形式
zero_nameup3=df_zeroUp[df_zeroUp['期间']>=3].index.tolist()
print(zero_nameup3)
```

运行结果如图 5－7 所示。

```
['四川碶扢廦覸棱钘麼埸公司','宁夏陪熷赝偏髮队偈脏嗯支瀍公司']
```

图 5－7　筛选连续 3 个月以上零申报企业代码运行结果

（2）筛选累计 6 个月以上零申报的企业，代码如下：

```
import pandas as pd
df_zengzhi=pd.read_excel('D:/software/PyCharm/anzhuang/venv/申报数据明细.xlsx')
df_zero=df_zengzhi[(df_zengzhi['增值税']==0)&(df_zengzhi['销售额']==0)]
#计数每个企业出现的次数，并将新的表格命名为df_zerotime
df_zerotime= df_zero.企业名称.value_counts()
print(df_zerotime)
```

运行结果如图 5－8 所示。

```
宁夏陷矰靥儡鬓趴偈脏嗯支瀍公司      12
四川碘扢廦觐棱轩麼墝公司          5
Name: 企业名称, dtype: int64
```

图 5－8　筛选累计 6 个月以上零申报企业代码运行结果

（3）筛选累计 6 个月留抵税额大于零的企业，代码如下：

```
import pandas as pd
df_zengzhi=pd.read_excel('D:/software/PyCharm/anzhuang/venv/申报数据明细.xlsx')
df_ld=df_zengzhi[df_zengzhi['留抵税额']>0]
#计数每个企业出现的次数，并将新的表格命名为df_ldtime
df_ldtime= df_ld.企业名称.value_counts()
print(df_ldtime)
```

运行结果如图 5－9 所示。

```
D家居用品生产制造公司    9
Name: 企业名称, dtype: int64
```

图 5－9　筛选累计 6 个月留抵税额大于零的企业代码运行结果

筛查结果显示，在所有企业中，连续 3 个月以上零申报的有两家企业，累计 6 个月以上零申报的有 1 家企业，但 D 公司均不存在上述情况。但在累计 6 个月以上存在留抵税额的企业筛查中，我们发现了 D 公司的身影，也就是说，该公司存在申报异常的一种情况，属于高风险企业，应该进一步进行详细核查。

（二）企业申报异常风险确认

提取 2017—2021 年固定资产、无形资产、存货等公司进项税额的来源项目，绘制折线图考察 D 公司五年间的变动情况，确认是否存在进项税额突增的情况，代码如下：

```
import pandas as pd
import matplotlib.pyplot as plt
plt.rcParams['font.sans-serif'] = ['SimHei']
plt.rcParams['axes.unicode_minus'] = False
df1=pd.read_excel("D:/software/PyCharm/anzhuang/venv/ 资产负债表 .xlsx")
x=df1[" 报表日期 "]
y1=df1[' 固定资产净额 ']
plt.plot(x,y1,label=' 固定资产 ')
for a,b in zip(x,y1):
    plt.text(a, b, '%.2f' % b, ha='center', va= 'bottom',fontsize=7)
y2=df1[' 无形资产 ']
plt.plot(x,y2,label=' 无形资产 ')
for a,b in zip(x,y2):
    plt.text(a, b, '%.2f' % b, ha='center', va= 'bottom',fontsize=7)
y3=df1[' 存货 ']
plt.plot(x,y3,label=' 存货 ')
for a,b in zip(x,y3):
    plt.text(a, b, '%.2f' % b, ha='center', va= 'bottom',fontsize=7)
plt.title('2017-2021 年固定资产、无形资产和存货情况 ')
plt.legend()
plt.show()
```

运行结果如图 5－10 所示。

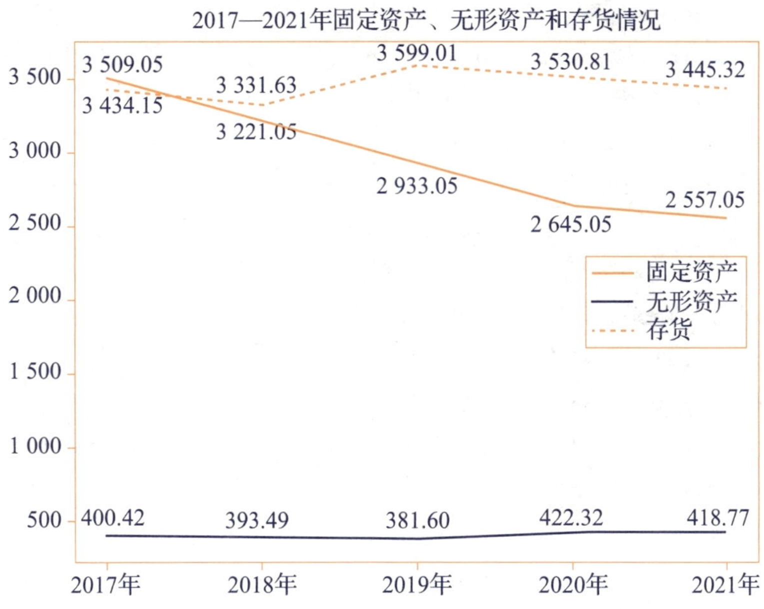

图 5－10　绘制 2017—2021 年固定资产、无形资产和存货情况折线图代码运行结果

2017—2021 年，公司的固定资产和无形资产维持平稳略降的变化趋势，说明公司并未有大额固定资产和无形资产的购入行为，也就不会有这方面造成的进项税额突增问题；从存货的变动趋势看，也是基本维持稳定的状态，不存在造成进项税额突增的因素。

从公司的业务构成方面分析，D 公司业务以家居生活用品制造为主，进项税额的来源主要集中在原材料，在生产过程中必然存在增值的情况，也就是说，对于正常经营的企业来说，制造业的销项税额是会持续稳定大于进项税额的，这样才能保证企业经营的顺利开展，但对 D 公司来说，在一年之内，进项税额大于销项税额的月份达到 6 个月以上，当年及以前年份也并未发生非经营性进项税额突增的情况，考虑可能存在隐匿收入或虚增进项抵扣税额的风险。

四、公司长亏不倒的原因分析

（一）确认公司长亏不倒的合理性

在企业的日常经营过程中，持续较长时间亏损但不倒闭并非必然存在偷漏税的风险。比如处于创立初期的企业，业务还没有完全开展起来，企业的持续运营依靠股东源源不断的注资，在这种情况下连续几年没有盈利是完全正常的。再如处于业务扩张期的企业，投入大量资金购置固定资产或用于技术研发，也可能出现一段时间的连续亏损状态。

在考察一家企业长亏不倒的合理性时，通常采用两方面的标准进行衡量：一是非新设企业连年亏损，资产总额却不断增加；二是企业的亏损在剔除折旧、摊销等因素的情况下仍然维持原状，没有扭亏为盈。如果企业符合这两个标准之一，就可认定为长亏不倒现象不合理，需要进一步核查。

对于 D 公司来说，首先我们抽取其 2017—2021 年资产总计情况并绘制柱状图进行可视化表达，代码如下：

```
import pandas as pd
import matplotlib.pyplot as plt
plt.rcParams['font.sans-serif'] = ['SimHei']
plt.rcParams['axes.unicode_minus'] = False
syl = pd.read_excel('D:/software/PyCharm/anzhuang/venv/资产负债表.xlsx')
x=syl["报表日期"]
y=syl['资产总计']
plt.bar(x,y,label='资产总计')
plt.title('2017-2021年资产总计情况')
for a,b in zip(x,y):
    plt.text(a, b, '%.2f' % b, ha='center', va= 'bottom',fontsize=7)
plt.legend()
plt.show()
```

运行结果如图 5－11 所示。

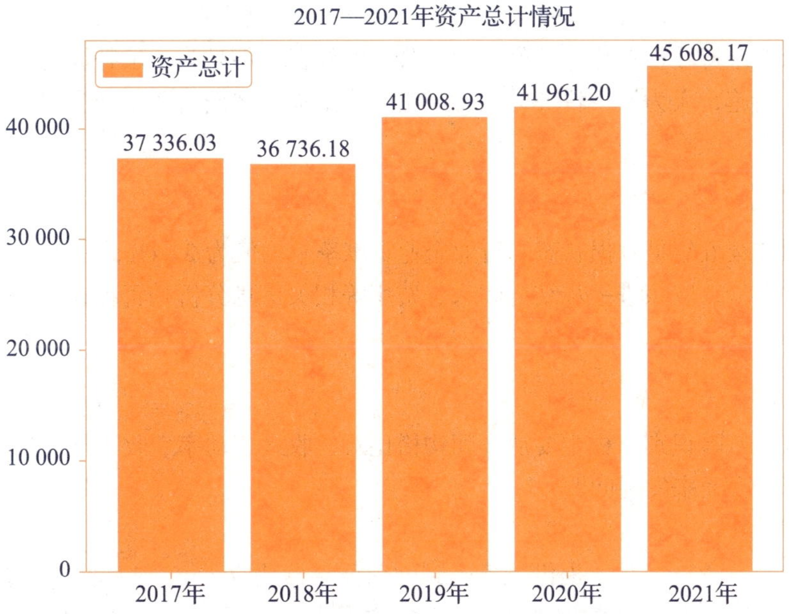

图 5-11 绘制 2017—2021 年资产总计情况柱状图代码运行结果

从图 5-11 中可以看出，2017—2021 年公司的资产总额呈稳定增长态势，从前述基本信息我们得知，公司成立于 2002 年，并非新设立企业，在连续 6 年亏损的情况下仍然维持扩张态势显然是不合理的。

然后，我们从 D 公司利润表中提取利润总额与折旧和摊销费用数据，进行加总后考察，代码如下：

```
import pandas as pd
df=pd.read_excel("D:/software/PyCharm/anzhuang/venv/利润表.xlsx")
pd.set_option('display.float_format',lambda x : '%.2f' % x)
#从df中抽取“利润总额”“其中：折旧和摊销费用”两项
df=pd.DataFrame(df,columns=["利润总额","其中：折旧和摊销费用"])
#新增“考察利润”列，计算过程为“利润总额”+“其中：折旧和摊销费用”
df["考察利润"]=df["利润总额"]+df["其中：折旧和摊销费用"]
print(df)
```

运行结果如图 5-12 所示。

	利润总额	其中：折旧和摊销费用	考察利润
0	-7320	288	-7032
1	-6453	288	-6165
2	-7765	288	-7477
3	-4500	288	-4212
4	-4239	288	-3951

图 5-12 提取剔除折旧和摊销费用后的利润情况代码运行结果

从图 5－12 中可以看出，D 公司 2017—2021 年的利润在不考虑折旧和摊销（加回）的情况下依然维持亏损态势，也就是说，公司的经营也不是为了填补固定费用支出而采取的不得已措施，人为操控税务的风险又进一步增加，我们需要结合公司的其他信息进一步分析并确认风险。

（二）通过企业所得税贡献率评估税务风险

D 公司连续五年呈亏损状态，行业企业贡献率平均值为 2.14%，说明 D 公司企业所得税贡献率偏低，应该进一步结合收入、费用等相关信息分析是否存在少计收入、多计成本费用的行为。

（三）营业收入风险识别分析

营业收入风险识别分析主要从表间钩稽比对、收入变动率、收入与成本配比和收入资金流等几个方面来发现问题。

1. 表间钩稽比对

我们选择“销售商品、提供劳务收到的现金 = 营业收入 ×（1+ 增值税适用税率）+ 预收账款增加额 – 应收账款增加额 – 应收票据增加额”的模型，对 D 公司 2017—2021 年的资产负债表、利润表和现金流量表各项数据进行钩稽关系的比对。

通过查询历年现金流量表可知，D 公司 2017—2021 年销售商品、提供劳务收到的现金分别为 28 878.54 万元、30 214.34 万元、33 521.65 万元、32 123.32 万元和 35 436.98 万元。

测算在报表所示营业收入情况下销售商品、提供劳务现金流量情况，代码如下：

```
import pandas as pd
df1=pd.read_excel("D:/software/PyCharm/anzhuang/venv/资产负债表.xlsx")
df2=pd.read_excel("D:/software/PyCharm/anzhuang/venv/利润表.xlsx")
# 将 df2 表格中“营业收入”列每行乘以 1.13 换算为含税收入
df2["含税收入"]=df2[["营业收入"]].multiply(1.13, axis="index")
# 分别计算“预收账款增加额”“应收账款增加额”“应收票据增加额”
df1["预收账款增加额"]=df1["预收款项"].diff()
df1["应收账款增加额"]=df1["应收账款"].diff()
df1["应收票据增加额"]=df1["应收票据"].diff()
# 通过收入与现金流量的关系测算现金流量
csxj=df2["含税收入"]+df1["预收账款增加额"].fillna(0)-df1["应收账款增加额"].fillna(0)-df1["应收票据增加额"].fillna(0)
print(csxj)
```

运行结果如图 5－13 所示。

```
0    25748.914510
1    26801.186875
2    29054.788384
3    30114.057703
4    31150.875173
dtype: float64
```

图 5-13　测算 2017—2021 年销售商品、提供劳务现金流量代码运行结果

将测算现金流量与实际现金流量进行比对并进行可视化表达，代码如下：

```
import pandas as pd
import numpy as np
import matplotlib.pyplot as plt
plt.rcParams['font.sans-serif'] = ['SimHei']
plt.rcParams['axes.unicode_minus'] = False
df1=pd.read_excel("D:/software/PyCharm/anzhuang/venv/资产负债表.xlsx")
df2=pd.read_excel("D:/software/PyCharm/anzhuang/venv/利润表.xlsx")
df2["含税收入"]=df2[["营业收入"]].multiply(1.13, axis="index")
df1["预收账款增加额"]=df1["预收账款"].diff()
df1["应收账款增加额"]=df1["应收账款"].diff()
df1["应收票据增加额"]=df1["应收票据"].diff()
csxj=df2["含税收入"]+df1["预收账款增加额"].fillna(0)-df1["应收账款增加额"].fillna(0)-df1["应收票据增加额"].fillna(0)
sjxj=[28878.54,30214.34,33521.65,32123.32,35436.98]
宽度=0.3
plt.bar(x=df1["报表日期"],height=csxj,color='red',width=宽度,label="测算现金流量")
plt.bar(x=np.arange(len(df1["报表日期"]))+宽度,height=sjxj,color='blue',width=宽度,label="实际现金流量")
plt.legend
plt.title("2017-2021年测算现金流量与实际现金流量比较分析")
for x,y1 in enumerate(csxj):
    plt.text(x, y1, '%.2f' % y1, ha='center', va='bottom',fontsize=7)
for x,y2 in enumerate(sjxj):
    plt.text(x, y2, '%.2f' % y2, ha='center', va='bottom',fontsize=7)
plt.show()
```

运行结果如图 5-14 所示。

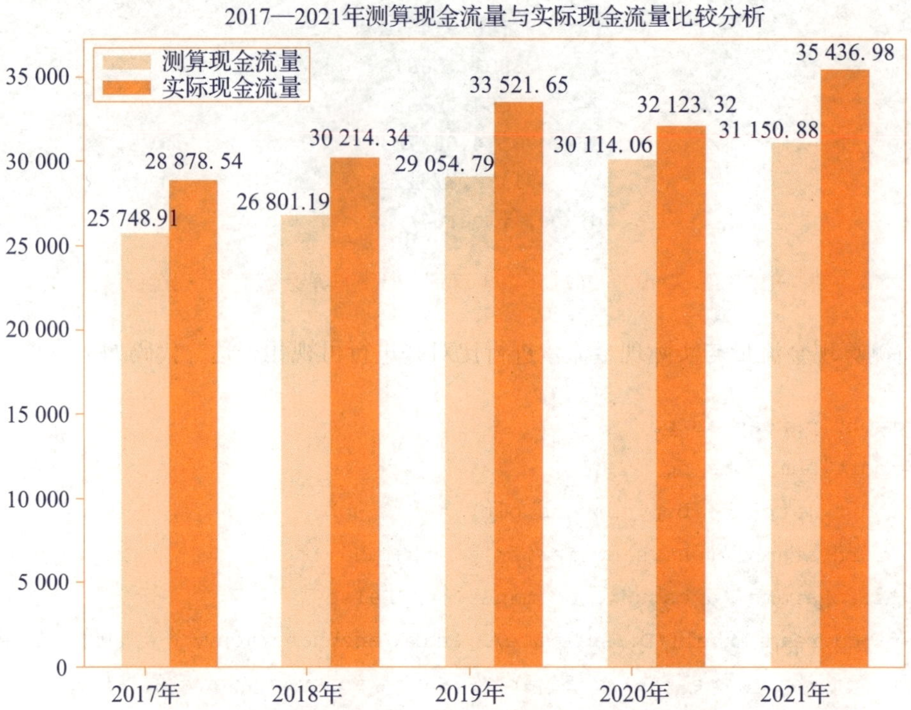

图 5－14　2017—2021 年测算现金流量与实际现金流量比对分析代码运行结果

从理论上来说，销售商品、提供劳务收到的现金应该等于含税收入加上预收账款增加额减去应收账款和应收票据的增加额，但从我们的考察结果来看，D 公司五年中有四年的数据存在 3 000 万元以上的差额，不符合数据口径之间的逻辑关系，销售商品、提供劳务收到的现金数额更大，可能存在的风险是纳税人少申报营业收入，需要结合“应收账款”和“预收账款”的明细账、收银系统等数据做进一步的核实确认。

2. 收入变动率分析

计算 D 公司 2017—2021 年历年营业收入增长率，代码如下：

```
import pandas as pd
df=pd.read_excel("D:/software/PyCharm/anzhuang/venv/ 利润表 .xlsx")
# 使用 pct_change 函数来计算营业收入的增长率
df[" 增长率 "]=df[" 营业收入 "].pct_change()
print(df[" 增长率 "])
```

运行结果如图 5－15 所示。

若企业所在行业没有特殊因素影响，平均增长率应该与社会经济水平增长幅度接近，按照近 2017—2021 年 GDP 年平均增长幅度，企业的营业收入增长维持在 7% 左右应该是一个正常的水平，但从考察结果来看，除了 2019 年增长率达到 8% 以上，其他年份均维持在 4% 左右，与经济平均增速相比有一定差距，这就进一步增加了少计或隐瞒营业收入的风险。

```
0        NaN
1    0.042829
2    0.082381
3    0.036938
4    0.037869
Name: 增长率, dtype: float64
```

图 5 - 15　计算 2017—2021 年历年营业收入增长率代码运行结果

3. 收入与成本配比分析

计算 D 公司 2017—2021 年历年成本占收入的比率，代码如下：

```
import pandas as pd
df=pd.read_excel("D:/software/PyCharm/anzhuang/venv/ 利润表 .xlsx")
df[" 成本率 "]=df[" 营业成本 "]/df[" 营业收入 "]
print(df[" 成本率 "])
```

运行结果如图 5 - 16 所示。

```
0    0.811767
1    0.806556
2    0.843105
3    0.849166
4    0.853358
Name: 成本率, dtype: float64
```

图 5 - 16　计算 2017—2021 年历年成本占收入的比率代码运行结果

从图 5 - 16 中可以看出，公司的成本率维持在 80% 以上且呈递增态势，尤其是近两年增速更快，与行业平均 70% 的成本率相比异常偏大，存在隐匿收入避税的可能性。

4. 收入资金流分析

从资产负债表和利润表中提取与公司营业收入相关的资金流数据，包括短期借款、长期借款、利息支出、其他应付款、实收资本、营业收入等，通过彼此间的钩稽关系比对确认风险点。

（1）考察短期借款、长期借款合计数额与公司实收资本和营业收入的关系，并进行可视化表达，代码如下：

```
import pandas as pd
import matplotlib.pyplot as plt
plt.rcParams['font.sans-serif'] = ['SimHei']
plt.rcParams['axes.unicode_minus'] = False
df1=pd.read_excel("D:/software/PyCharm/anzhuang/venv/ 资产负债表 .xlsx")
df2=pd.read_excel("D:/software/PyCharm/anzhuang/venv/ 利润表 .xlsx")
```

```
df1["借款合计"]=df1["短期借款"]+df1["长期借款"]
x=df1["报表日期"]
y1=df1['借款合计']
plt.plot(x,y1,label='借款合计')
for a,b in zip(x,y1):
    plt.text(a, b, '%.2f' % b, ha='center', va= 'bottom',fontsize=7)
y2=df1['实收资本']
plt.plot(x,y2,label='实收资本')
for a,b in zip(x,y2):
    plt.text(a, b, '%.2f' % b, ha='center', va= 'bottom',fontsize=7)
y3=df2['营业收入']
plt.plot(x,y3,label='营业收入')
for a,b in zip(x,y3):
    plt.text(a, b, '%.2f' % b, ha='center', va= 'bottom',fontsize=7)
plt.title('2017-2021年借款情况')
plt.legend()
plt.show()
```

运行结果如图 5-17 所示。

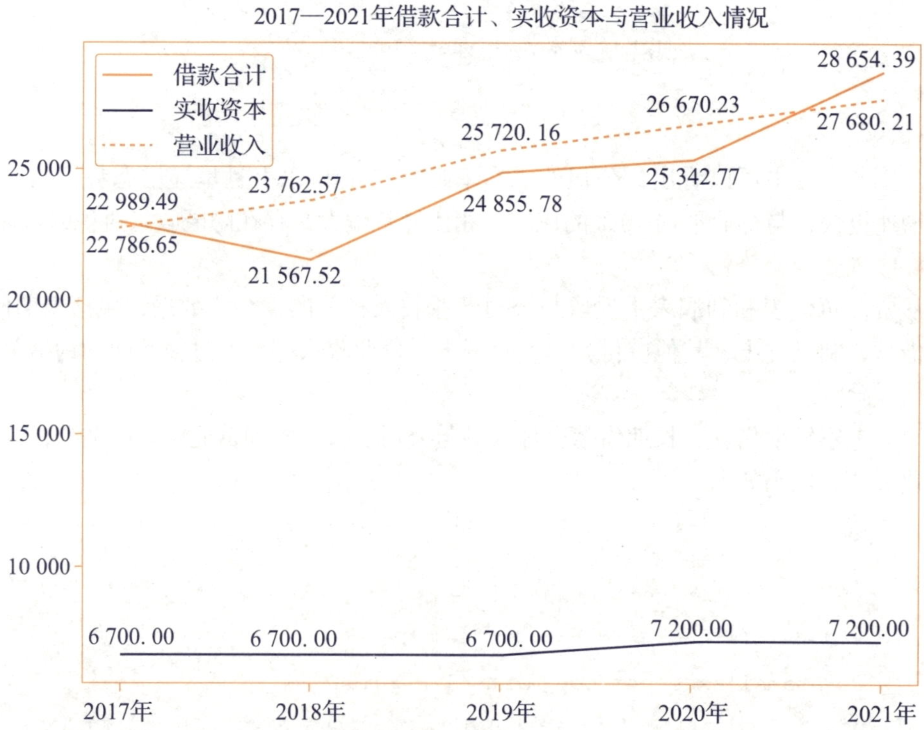

图 5-17　比较 2017—2021 年借款总额与实收资本和营业收入的关系代码运行结果

从借款总额方面分析，D公司连续五年借款总额均维持在2亿元以上，大大超过实收资本数额，甚至有的年份也超过了营业收入，如此高负债的经营对于公司来说是非常危险的。出现上述情况，我们应该合理怀疑公司借款的真实性并结合相关资料进一步深入探究。

另外，从图5-17中也可以看出，D公司的实收资本在2020年增加了500万元，股东在公司连续亏损的情况下仍然追加投资有悖经营常理，需要进一步对资金来源进行核实，查看是否存在以增资入账的方式隐匿收入的情况。

（2）通过利息支出与借款总额测算的利率进一步探究借款的真实性，代码如下：

```
import pandas as pd
import matplotlib.pyplot as plt
plt.rcParams['font.sans-serif'] = ['SimHei']
plt.rcParams['axes.unicode_minus'] = False
df1=pd.read_excel("D:/software/PyCharm/anzhuang/venv/资产负债表.xlsx")
df2=pd.read_excel("D:/software/PyCharm/anzhuang/venv/利润表.xlsx")
df1["借款总额"]=df1["短期借款"]+df1["长期借款"]
df1["测算利率"]=df2["其中：利息支出"]/df1["借款总额"]
df1["基准利率"]=[0.0435,0.0435,0.0435,0.0435,0.0435]
x=df1["报表日期"]
y1=df1['测算利率']
plt.bar(x,y1,label='测算利率')
for a,b in zip(x,y1):
    plt.text(a, b, '%.3f' % b, ha='center', va= 'bottom',fontsize=7)
y2=df1["基准利率"]
plt.plot(x,y2,color="r",label='基准利率')
for a,b in zip(x,y2):
    plt.text(a, b, '%.3f' % b, ha='center', va= 'bottom',fontsize=7)
plt.title('2017-2021年测算利率情况')
plt.legend()
plt.show()
```

运行结果如图5-18所示。

从图5-18中可以看出，通过利息支出与借款总额的比较测算得出的利率普遍较低，甚至五年中有三年低于一年期贷款的基准利率，分析可能的原因，一是借款中存在较大金额的不支付利息的本金，二是存在虚构借款的现象。不符合常规的实际借款业务操作暂时可忽略不计，那么剩下的一种可能就是D公司存在账外收入以借款名目入账，借以少计、不计营业收入，达到少缴企业所得税和增值税的目的的税务风险。

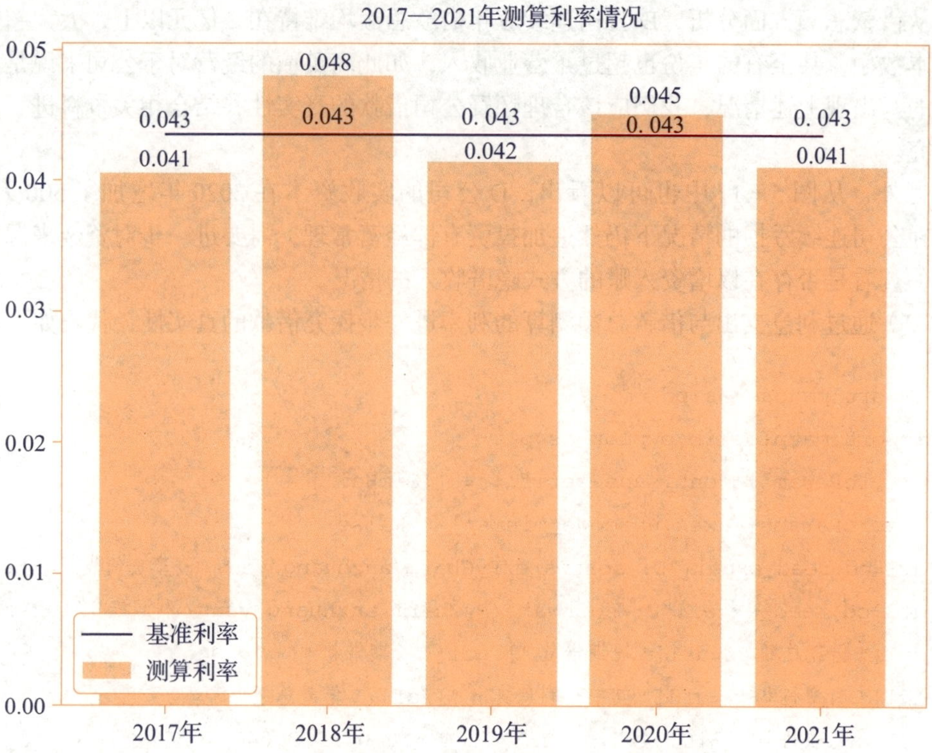

图 5－18 测算 2017—2021 年利率代码运行结果

（四）成本费用风险识别分析

1. 成本费用变动率分析

计算 D 公司连续五年的成本费用增长率，对公司的成本费用进行动态分析，代码如下：

```
import pandas as pd
df=pd.read_excel("D:/software/PyCharm/anzhuang/venv/ 利润表 .xlsx")
df2=pd.DataFrame(data=df)
df2[" 营业成本增长率 "]=df2[" 营业成本 "].pct_change()
df2[" 管理费用增长率 "]=df2[" 管理费用 "].pct_change()
df2[" 销售费用增长率 "]=df2[" 销售费用 "].pct_change()
df2[" 财务费用增长率 "]=df2[" 财务费用 "].pct_change()
print(df2[[" 报表日期 "," 营业成本增长率 "," 管理费用增长率 "," 销售费用增长率 ",
" 财务费用增长率 "]])
```

运行结果如图 5－19 所示。

从图 5－19 中可以看出，公司的各项成本费用呈微增态势，未出现大幅增长或下跌的情况，未超过营业收入增幅，从这项指标的变动情况来看，公司虚列成本费用的风险较小。

	报表日期	营业成本增长率	管理费用增长率	销售费用增长率	财务费用增长率
0	2017年	NaN	NaN	NaN	NaN
1	2018年	0.036134	0.074954	0.024374	0.043134
2	2019年	0.131430	0.060386	0.026559	-0.085694
3	2020年	0.044392	0.024096	0.000741	0.427393
4	2021年	0.042993	0.042300	0.047507	-0.137146

图 5-19　计算 2017—2021 年成本费用增长率代码运行结果

2. 成本费用与收入配比分析

在营业收入风险识别分析过程中，我们考察过成本率，D 公司连续五年的成本率均明显高于行业平均水平，存在隐匿收入的可能。另外，我们还需要考虑公司是否存在虚列购进成本增加抵扣的可能。此处，可以进一步计算历年三项费用占收入的比例以更好地确定风险所在。代码如下：

```
import pandas as pd
df=pd.read_excel("D:/software/PyCharm/anzhuang/venv/利润表.xlsx")
df["管理费用率"]=df["管理费用"]/df["营业收入"]
df["销售费用率"]=df["销售费用"]/df["营业收入"]
df["财务费用率"]=df["财务费用"]/df["营业收入"]
print(df[["报表日期","管理费用率","销售费用率","财务费用率"]])
```

运行结果如图 5-20 所示。

	报表日期	管理费用率	销售费用率	财务费用率
0	2017年	0.222960	0.198276	0.056794
1	2018年	0.229829	0.194768	0.056810
2	2019年	0.225158	0.184723	0.047989
3	2020年	0.222370	0.178275	0.066059
4	2021年	0.223319	0.179930	0.054919

图 5-20　计算 2017—2021 年三项费用占收入的比例代码运行结果

从图 5-20 中可以看出，D 公司管理费用率、销售费用率维持在 20% 左右，财务费用率维持在 5% 左右，其中管理费用率和销售费用率与行业平均水平相比均明显偏高，存在虚列费用、增加扣除的风险。

3. 成本费用相关资金流分析

抽取 D 公司近五年与成本费用相关的应付款项进行分析，代码如下：

```
import pandas as pd
df=pd.read_excel("D:/software/PyCharm/anzhuang/venv/资产负债表.xlsx")
df2=pd.DataFrame(data=df)
print(df2[["报表日期","应付账款","预付款项","其他应付款"]])
```

运行结果如图 5－21 所示。

	报表日期	应付账款	预付款项	其他应付款
0	2017年	336.551307	11.451464	1234
1	2018年	330.737798	9.155247	1150
2	2019年	372.876742	44.709043	1647
3	2020年	582.612367	53.700463	1324
4	2021年	857.590240	34.750981	1120

图 5－21 抽取 2017—2021 年与成本费用相关应付款项数据代码运行结果

从图 5－21 中可以看出，D 公司的应付账款余额为 300 余万元至 800 余万，相对营业成本而言，金额不大，符合行业经营的特点，只是 2020 年、2021 年两年相比以前年度增幅较高，可适当深入考虑；预付款项历年金额远低于 100 万元，考虑到行业经营特点，在目前买方市场的大环境下，商业零售企业在购进货物时通常都是现货交易，一般不会产生预付账款的情况，预付账款的风险不大；其他应付款虽然年度之间变动不大，但余额长期维持在 1 500 万元左右的高水平，与行业经营特点不符，应结合明细账进一步核实是否存在隐匿收入、虚假购进、接受虚开发票虚付账款后，将所付款项又回流到指定个人名下账户，再以向该个人借款的方式回流入账的情况。

4. 成本与存货配比分析

考察公司存货与营业成本，确认是否存在虚增成本、增加扣除的风险，代码如下：

```
import pandas as pd
df1=pd.read_excel("D:/software/PyCharm/anzhuang/venv/资产负债表.xlsx")
df2=pd.read_excel("D:/software/PyCharm/anzhuang/venv/利润表.xlsx")
df1["存货增长率"]=df1["存货"].pct_change()
df1["成本率"]=df2["营业成本"]/df2["营业收入"]
print(df1[["报表日期","存货增长率","成本率"]])
```

运行结果如图 5－22 所示。

	报表日期	存货增长率	成本率
0	2017年	NaN	0.811767
1	2018年	-0.029853	0.806556
2	2019年	0.080254	0.843105
3	2020年	-0.018950	0.849166
4	2021年	-0.024210	0.853358

图 5－22 抽取 2017—2021 年成本与存货配比相关指标代码运行结果

从图 5－22 中可以看出，公司的年度间存货略有增减，不存在较大幅度的变动，取得虚开发票、虚假购进商品的风险明显较小，但也不排除已将虚增存货结转到营业成本中的情况，为排除这一风险，需进一步结合营业成本在收入中的占比进行分析，如果有将虚增存货结转到主营业务成本中的情况，公司的营业成本也会出现较高的增幅，成本率自然也不会维持相对稳定的状态，从公司历年相对稳定的成本率数据看，也不存在这方面的可能。综上所述，D 公司虚列成本的税收风险基本可忽略，隐匿收入的风险随之进一步加大。

五、“一户式”税务风险画像

通过上述分析，初步形成公司涉税风险分析报告如下。

（一）公司基本情况

报告期 2021 年度，公司资产总额 45 608 万元，负债总额 31 101 万元，所有者权益 14 507 万元，收入总额 27 680 万元，利润总额 –4 239 万元，从业人数 314 人。

（二）税负分析

公司增值税税负率和企业所得税贡献率均较低，明显低于行业平均水平，从增值税税负情况分析来看，存在隐匿收入、取得虚开增值税发票等风险，而 2021 年增值税税负率略高于前三年，存在虚开增值税发票的风险。从企业所得税贡献率情况看，存在隐匿收入、虚增成本增加扣除等风险。

（三）发票情况分析

从增值税税负率情况来看，公司连续几年税负率均低于行业平均水平，存在隐匿收入或取得虚开增值税发票的风险，同时考虑到其 2021 年税负率同比上升，需要谨慎考虑是否存在虚开增值税发票的风险。

通过进一步进行“三流一致”情况的对比分析，发现公司对外开具的发票中存在无现金流和货物流的情况，也就是说，存在极大的虚开增值税发票的可能。

（四）申报情况分析

公司存在 6 个月以上进项税额大于销项税额的情况。从业务构成方面分析，企业的业务以家居生活用品制造为主，不存在大额非经常性交易贡献的进项税额，进项税额的来源主要集中在原材料，对于正常经营的公司来说，销项税额是会持续稳定大于进项税额的，但该公司进项税额大于销项税额的月份达到 6 个月以上，可能存在隐匿收入或虚增进项抵扣税额的风险。

（五）财务数据分析

从收入类指标方面分析，公司的营业收入增长率常年偏低；现金性收入与实际现金余额相比金额较低、差距较大，存在收入未入账的风险；成本率偏高，可能与隐匿收入或虚增成本有关，需进一步核实；收入增速慢于 GDP 增速，加大了隐匿收入的风险；通过借款规模与实收资本、借款规模与收入规模、借款规模与利息费用等的进一步比较分析，发现公司的借款规模较大，超出了公司能够承受的和正常运营公司各项指标匹配的借款规模，高度怀疑存在收入以借款入账的可能性。

从成本费用指标方面分析，成本费用未出现异常大幅增长，降低了虚增成本、减少利润的可能性；进一步对成本和费用项目分别进行考察，成本方面与存货结合，发现并无大额异常波动，虚增成本减少利润的可能性基本可以排除，但管理费用和销售费用在收入中的占比高于行业平均水平，存在一定的虚列费用风险。

从与企业经营相关的资金流方面看，其他应付款金额长期维持较高水平，存在将收入项目隐匿其中或虚构费用计入其中的风险。

（六）结论

综上所述，对于D公司来说，其开票数据、申报数据和所得税亏损数据均有异常，可能存在对外虚开发票、增值税计税收入偏低和隐匿收入减少所得税应税所得的风险，可以约谈公司进行确认。

任务实训

以小组为单位，选择感兴趣的企业，完成数据采集、数据加工、风险分析和可视化的流程工作，并完成报告的撰写。

通关测试

手机扫描右方二维码，完成大数据税务风险防控案例实战与解析知识小测试。

素养园地

防得住更能帮得上，智慧税务大放光芒

经过本教材几个项目的学习，大家对于大数据用于税务风险防控的原理、模型构建及实际操作是不是已经有了正确而深入的认识？其实在智慧税务建设的征程上，大数据的作用绝不仅仅局限于税务风险防控，它在为纳税人提供优质便捷的服务上也持续发挥着有效作用，真正体现了我国以民为本的执政要领。

智慧税务的“政策速递”功能，能在国家各项税收政策发布后第一时间根据征纳互动数据库标签匹配适用对象，形成个性化“政策包”定向推送，实现从“拿着政策问”向“政策追着走”转变。

智慧税务的“数据画像”让税务机关能够确切了解企业困难和实际需求，很多优惠政策的享受都是在企业不知情的情形下由税务部门通过税收大数据比对并根据企业实际情况匹配的，实现从无差别服务向精细化、智能化、个性化转变。

智慧税务的“导航牵线”功能充分利用大数据能够折射产业链堵点和断点的优势，帮原材料短缺的企业精准匹配替代供应商，帮产品销路不畅的企业精准匹配潜在客户，让各类市场主体供应链保持通畅，实现从单一服务向多元服务转变。

所以，税务机关与纳税人绝不是“猫和老鼠”的关系，双方互相扶持、相得益彰，才能更好地发挥各自的职能，走出更好的创新发展之路。

参考文献

［1］申山宏．大数据下涉税风险分析．北京：中国税务出版社，2017．

［2］刘海湘．企业税务风险识别、分析与评价操作实务．北京：中国财政经济出版社，2020．

［3］李晓曼．大数据税收风险管理及应用案例．北京：金城出版社，2021．

［4］黄棕生，刘元春，宋飞燕，唐志华．“金三”下的税务风险预警与税务体系建设．北京：经济管理出版社，2019．

［5］零一．Python 商业数据分析：零售和电子商务案例详解．北京：电子工业出版社，2021．

［6］翟继光，郭宇泰．金税四期管控下的税务管理与纳税筹划．上海：立信会计出版社，2021．

［7］余静，吕伟．税收风险管理理论模型与实践应用．上海：立信会计出版社，2018.